新しい英語教育のために

理論と実践の接点を求めて

New Perspectives on English Language Education

はじめに

　昭和22年，新制中学校の発足にともない英語が選択科目として義務教育に導入されてから今年でちょうど60年，人間で言えば大きな節目の年に本書を上梓することができ，喜びもひとしおです。

　本書は，日本における英語教育の理論研究と教育実践の歴史を背景として，両者について様々な今日的課題を掘り起こし，検討し，さらに提言をしようとするひとつの試みです。本書のタイトルである『新しい英語教育のために―理論と実践の接点を求めて』には，そのような意図が込められています。小学校から大学までの英語教育が幅広く取り上げられ，テーマも多岐に渡っていますが，25編の論考においては，各執筆者の長年の，そして同時に最新の教育や研究に基づき，理論と実践の接点を探る試みが様々な形で具現化されています。

　一方，これまでの実に多様な理論研究と膨大な実践活動を前にすると，"There is nothing so practical as a good theory."（K. Lewin）に示された理論と実践の一体化は，理想ではあっても，教育という変数の多さゆえに，現実には非常に難しいことのようにも思われます。副題の中の「接点を求めて」には，そういう率直な感覚の上に立って，それでもなお，高いハードルを超えるための努力を続けていこうとする気概も表明されています。

　本書は，5つの章から構成されており，第1章と第5章には，小学校の英語教育も含め，より基盤的な視点からのアプローチによる論考が収められています。第2～4章では，論考はサブテーマ毎にまとめられており，さらにおおむね中学校，高等学校，大学関連という順序で配列されています。

　本書は，当初，筑波大学大学院教授望月昭彦先生のご定年退官をお祝いするための記念論文集として企画されました。先生は，平成19年3月末にご定年をお迎えになりますが，ご在職の9年間に，公私にわたり，文字通り，献身的，情熱的に筑波大学の英語教育学の発展に多大なご貢献をなさいました。その御薫陶は，学内外を問わず，国内はもとより教員研修留学生制度などを通じて世界にも広がってきています。

そのような背景から，記念論文集の計画が筑波大学関係者の間で自然にわきあがりました。先生に計画についてお伝えしたところ，大変喜んでいただきましたが，その際，より多くの方々に読んでいただけるような内容の本として企画出版してはどうかという御助言をいただきました。そこで望月先生には，編著者代表となっていただき，さらには，先生のご友人，お知り合い，教え子の方々など多くの碩学，気鋭の執筆者をご紹介いただきました。今回執筆をお願いした方々全員から短い期間にもかかわらず，原稿をお寄せいただきましたが，これもひとえに望月先生のお人柄の賜物に他なりません。

　このようにして，出版される運びとなりましたが，本書には最初の企画の面影が少し残されています。まず，望月先生には日頃の御研究の成果として御高論を2編お寄せいただきました。また，あとがきに代えて，「英語教師としての歩み」と題する思い出の記録を頂戴しました。先生の常に前向きで何事にも真剣なお姿が映し出され，特に若い読者にとっては，力強いメッセージにもなっていると思います。

　望月先生のご健勝と益々のご発展をお祈りするとともに，本書が，英語教員を目指す学生や英語の先生方をはじめ，英語教育関係の皆様に広くご活用いただければ幸いです。

　最後になりましたが，本書完成まで常に暖かい助言と大きな助力を与えてくださった株式会社成美堂編集部の岡本広由氏，中澤ひろ子氏，本書の出版についてご快諾くださった佐野英一郎社長に，心より御礼を申し上げます。

2007年　陽春

編集委員一同

CONTENTS

はじめに ii

第1章　背景・構想

英語教育とバイリンガリズム　二言語の切り替えのしくみ　　岡　秀夫　　2
文法教授と文法学習　　山岡　俊比古　15
学習指導要領の変遷に見る英語の音声・発音指導　　大嶋　秀樹　28
音読に先立つリスニングとスピーキング　　島岡　丘　41
わが国における小学校英語教育の方向性について
　　―必修英語を成功させるための条件　　渡邉　時夫　54

第2章　語彙・教材・メディア

語彙指導における連語の活用と効果　　太田垣　正義　68
EAP 語彙知識における広さと深さの関係　　島田　勝正　75
データ支援型英語学習と教材研究の視点　　久保田　章　87
英語授業に活かす談話分析　　杉浦　正好　100
英語教育と e-learning　　早瀬　光秋　113

第3章　基本4技能・コミュニケーション能力

高等学校学習指導要領を具現化するリーディング指導　　鈴木　基伸　128
リスニング指導　―繰り返し聞くことから　　平井　明代　140
音読指導を問い直す　　久保野　雅史　153
オーセンティック教材を用いたシャドーイングによる指導　　山田　登　165
中学校英語授業での常設的コミュニケーション活動のあり方　　三浦　孝　178
スピーキング指導　―スピーチ「未成年の主張」を通して　　山本　敏子　191
Local and Global Paraphrasing
　　with Monolingual Dictionaries　　磐崎　弘貞　204
大学におけるプロセス・ライティング　　望月　昭彦　215

第4章　評価・テスティング

中学校におけるテストの波及効果の実際　　杉本　博昭　230
Factors Affecting Reading Item
　　Difficulty in the National Center Test　　卯城　祐司　244
クローズテストと英語教育　　望月　昭彦　256

第5章　展望・戦略

行政と研究の連携について
　　―小学校英語のシラバス・デザイン　　髙梨　庸雄　272
中学校入学以前の英語体験が中学校入門期の学習に及ぼす影響　蒔田　守　285
英語教師に関わる様々な意思決定要因と
　　その判断能力を育てる授業の試みについて　古家　貴雄　297
アクション・リサーチ と「一般化」　　佐野　正之　310

英語教師としての歩み　　望月　昭彦　323
編著者代表略歴　328
和文索引　329
英文索引　333
執筆者一覧　335

第1章　背景・構想

英語教育とバイリンガリズム
二言語の切り替えのしくみ

岡　秀夫

1. 複言語主義とICC

　ヨーロッパは1993年にEU（欧州連合）という形で統合された。通貨はユーロで統一されたが，言語・文化に関しては「統一の中の多様性」(diversity in unity) というスローガンのもと，それぞれの独自性を尊重するという基本的な姿勢がある。それにもとづき，新しいヨーロッパの市民像は"plurilingualism"（複言語主義）という用語で表される。これは多言語主義 (multilingualism) とは異なる。多言語主義はひとつの社会で2つの言語が併用されている状況をさすが，複言語主義は社会よりも個人に焦点をあて，一人の個人の中で複数の言語が共存している状態をさす。つまり，コミュニケーション能力の成立にはすべての言語知識と経験，異文化に対する理解が寄与し，状況に応じて使い分けながら機能していくと考える。それゆえ，目標は"理想的な"ネイティブ・スピーカーではなく，「すべての言語能力が何らかの役割を果たすことができる言語空間を作り出すこと」（吉島他, 2004, pp. 4-5）となる。

　このような新しいパラダイムが生まれてきた結果，ネイティブ神話は崩れ，共通言語を介して意思伝達する人はすべて「異文化間コミュニケーター」(intercultural communicator) とみなされる (Cook, 1999)。ただし，誰でも異文化間コミュニケーターになるわけではない。いわゆる外国語として学習している段階にある人は，第二言語学習者（L2 learner）と分類される。それと区別して，第二言語を何らかの意思伝達のために使っている人を"L2 user"と呼び，ここでいう異文化間コミュニケーターになる。

ネイティブ，ノンネイティブにかかわらず，誰もが国際英語という共通の土俵の上で，異文化間の相互理解に取り組むのである。そのような異文化間コミュニケーションで求められる能力は従来の枠組みでは十分にとらえることができず，新しく"intercultural communicative competence"（異文化間伝達能力：ICC）という概念を想定しなければならない（Byram, 1997）。ICCは，ネイティブ対ノンネイティブという壁をこえて互いに相互作用するとき，異文化間での相互理解を達成するのに求められる力である。

2. 言語能力観の推移

　外国語教育の分野で，この四半世紀の間に言語能力観がとくに次の2点において変化してきた。そのひとつは，知っているだけでは使えないという認識からcommunicative competence（伝達能力: CC）が生まれたが（Canale & Swain, 1980），最近，CCでも異文化間で機能するのには十分でないことがわかってきた点である。CCはあくまでもネイティブを基準としたモノリンガル的なアプローチで，言語面が支配的で，社会言語的な部門は取り入れられたものの，社会文化的要素は含まれない。つまり，異文化間コミュニケーションから見たとき，言語使用の全体的なコンテクストを取り込んでいない。また，言語能力，社会言語能力，談話能力，方略能力という4つの構成素に分類したが，結局のところそれらを平面的に並べた記述モデルであって，それらがどのように有機的に関連して運用に結びつくかには触れない。そのため，コミュニケーションのもつ動的な過程が欠落している。

　この限界を克服したのが，Bachman（1990）のプロセスとしてのとらえ方である。その特徴は，次ページの図1に見るように，言語能力と知識構造を併せて実践的に運用するとき，総合的なフィルターの働きをするstrategic competence（方略的能力）の重要性を認めた点にある。

　もうひとつ見逃してはならない変化は，方略的能力のストラテジーのとらえ方に関してである。つまり，ストラテジーは，従来，ノンネイティブ

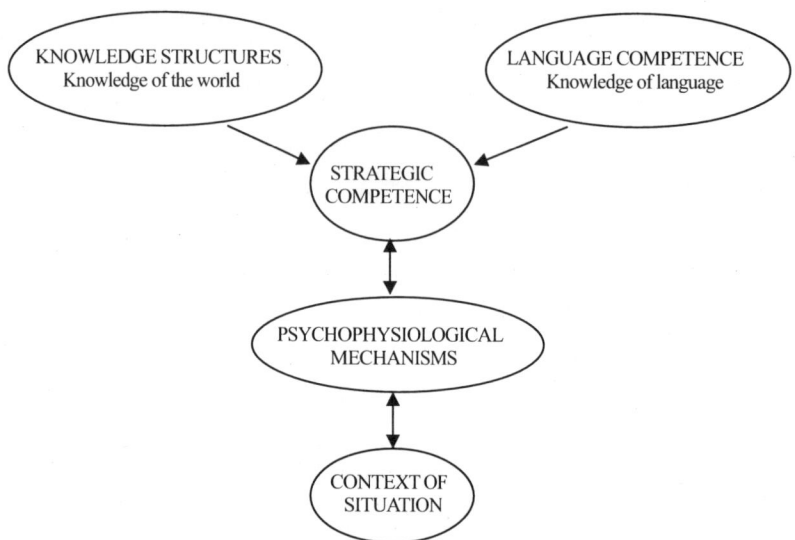

図1. Communicative language ability (Bachman, 1990, p.85)

の不完全な言語能力を補うものでしかなかった (Tarone, 1980)。ところが，このようなとらえ方ではノンネイティブの不完全な力を強調するばかりで，第二言語使用者がコミュニケーションの効果をあげようと積極的に努力する姿が無視されてしまう。異文化間コミュニケーションを見ると，ネイティブ，ノンネイティブを問わず，相手と共有している知識とその落差に配慮しながら，それに応じて情報の量と質を調節し，相互理解を達成しようと努力しているのである。つまり，ストラテジーを能力不足からくる問題解決のためだけに限定しないで，Faerch and Kasper (1983) の「達成型ストラテジー」に見られるようにもっと肯定的にとらえて，コミュニケーションを促し，より効果的にするものととらえることが求められる。

　このように実践的なコミュニケーションとは異文化間の「意味の交渉」 (negotiation of meaning) であるとすると，従来の CC の枠組みだけでは説明がつかない。とりわけ，ネイティブ中心に言語的側面を偏重している点と，参画者による相互作用的側面について何も言及しない点で不十分といわざるをえない。コミュニケーションは全人的な取り組みであるにもか

かわらず，CC では言語的要素に大きく偏り，総合性が無視されている。言語習得のスキル面だけが強調され，言語技能において理想化されたネイティブ・モデルに近づくことばかりが目標とされた。その結果，ノンネイティブがすでにもっている知識には注意が払われず，コミュニケーションの内容はなおざりにされた。また，言語活動に含まれる4つのコンポーネントに分類したものの，ただ平面的に記述するのみで，それら相互のかかわりあいや重要性の比重もわからない。つまり，コミュニケーションの動的なプロセスについては何も語らず，相手との関係における相対性やそのために必要とされる意味の交渉への配慮はどこにもない。

　そのような限界をはらんだ CC に代わって，新しい ICC の概念は，異文化間コミュニケーションの視点からまず知識の共通基盤を設定し，そこから相互理解に至る過程を動的な相互作用ととらえる。つまり，文化の違う相手や場の要求との兼ね合いによって，伝達の量や伝達のしかたを調節し，必要に応じて意味の交渉を行うのである。その特徴は「総合性」と「相対性」という2つのキーワードで表すことができよう。つまり，「総合性」とは，ただことばだけの問題ではなく，全人的な取り組みが求められることをさす。参画者は言語能力だけでなく世界の知識を背景に，相手との共有知識にもとづいて意味の交渉に取り組む。また，「相対性」というのは，伝達したい情報を表出するのに，唯一絶対的なものがあるわけではなく，相手や場のニーズによって変動する性格をもつことをいう。相手と共有している知識や情報に応じて，文化差なども考慮に入れながら，伝えるべき内容を量的，質的に調節しなければならない（この情報の調節のしかたに関しては，次のもので数式化して詳しく論じている：Oka, 1991；岡, 2005）。

3. バイリンガルのコード・スイッチング

　異文化間の伝達能力を考える上で，バイリンガルの言語使用の実態が有益な情報を提供してくれる。つまり，彼らは二言語を併用する中で，独自の言語使用域として「コード・スイッチング」（Code-switching: CS）と

呼ばれる言語の切り替え装置を発達させているからである。そして，このことは外国語学習におけるL1とL2の関係につながり，CSのしくみを探ることから外国語学習にいろいろな示唆がえられる。たとえば，2つの言語の認知的なかかわりを探ったり，外国語学習における母語使用の問題を考える上で有益になろう。というのは，CSは外国語学習における翻訳の働きに相当するからである。

　このような目的で，CSに語用論的な立場からアプローチしたい。つまり，いつ，誰が誰に対して，どのような状況で，なぜ言語を切り替えるのかというような言語の運用面にフォーカスするのである。そうすると，二言語の優位性（dominance）がCSに与える影響について，均衡バイリンガルとは異なり，従属バイリンガルの場合は二言語能力に左右され，優勢な言語への依存が著しいことがわかる。このことは，外国語学習においてL2の熟達度による制約という形で切実な問題になる。

　次に，二言語の相対的な能力ばかりでなく，どのように習得したのか，そのプロセスがCSに影響を与える。日本における二言語による子育てにおいて，一親一言語型と内外別言語型では併用パターンにも質的な違いが生まれてくる。前者は相手による使い分けにもとづくので，文間の切り替えが主流であるのに対して，後者の場合には，ひとつの談話内での切り替えは少なく，特定の場面ではモノリンガル的な使用が中心となる。

　言語の選択を決定する上で，社会的な面で相手の要因が大きい。日・英語のバイリンガルの3歳の子供が，日本人の顔をした大人に"What's your name?"と尋ねられて困惑した例は，顔かたちと言語のスイッチが連動していたためと推測される。それに対して，カナダのモントリオールの店で，入ってきたお客に"Good morning! Bonjour!"と両方の言語で話しかけ，相手の言語選択にゆだねるやり方は，顔つきと言語の対応が日本のように簡単ではない社会環境に見られる巧妙な方略である。また，話し相手は必ずしも一人ではなく，その会話場面の参画者全体を含む。そのため，日本語の得意でない英語母語話者が一人加わっただけで，場全体が英語に切り替わることもある。共有されている言語が優先的に選択されるのである。

CSの語用論には，言語的，社会的要因だけでなく，ユーザーの心理的側面もかかわってくる。日・英語バイリンガルの幼稚園児が，迎えに来たアメリカ人の母親の話しかける英語に対して執拗に日本語でしか答えなかったケースは，ピア・プレッシャー心理からと解釈される。逆に，ある特定の人を排除するためにその人のわからない言語を選択したり，まわりに聞かれてはまずい場合に言語をスイッチするというような，マイナス志向で言語を切り替えるケースもある。

　バイリンガルのユニークな併用パターンとして，文化が違うために対応する表現が見つからないとき，もとの表現をそのまま借用の形で用いる。

子供：We are having *Ensoku* tomorrow.
母親：Do you need *Bento*, then?

　一応言語的に対応する用語（excursion, lunch box）はあるにせよ，文化的な含蓄まで十分に表しきれないので，バイリンガルにとってはそのままの表現を用いる方が心理的によりしっくりとくるのである。もちろん，そのような文化的な意味合いが相手に共有されていることが前提になるが。

　この共有された文化的知識は重大な意味合いをもってくる。というのは，共有された知識量に応じて，言語化すべき情報量が決まるからである。異文化コミュニケーションを効果的なものにするためには，相手との共有知識に応じて，その落差をうまく埋めるよう調節しなければならない。たとえば，日本のお風呂の入り方を説明するのに，相手の外国人がどれだけ日本の生活習慣になじんでいるのかによって，一から説明しないといけない場合もあり，逆に何の説明もいらない場合もある。そのあたりの情報量をうまく調節しないと，説明が不十分なものになったり，逆に退屈なものになってしまう。

　ときには，異文化間で次のようなショートカットのストラテジーを選択することもできる。たとえば，日本のセンター試験のことをくどくどと説明する代わりに，相手がアメリカ人なら，端的に"It's like SAT."と表すのである。文化的に対応するものがある場合，それに言及することによっ

てそれ以上の説明は必要なくなり効率的になる。文化的意訳の手法のひとつである。

　このように，CSは相手，場面，話題によって引き起こされるが，そこには言語的要因だけでなく，文化的，心理的な作用が関与してくる。CSを引き起こす語用論的な要因を分類すると，次の表1のようになる。

表1　コード・スイッチングの語用論的な要因（岡，1995, p.132）

言語的要因
(1) 言語能力（の欠如）
(2) 文化的理由：対応する表現がない
(3) 相手，参画者により：話しかける相手をはっきりさせる
社会的要因
(4) トピック：お金の話になるとSからEへスイッチする
(5) 場所：公の場 vs. くだけた場
(6) 役割関係：友達として vs. 仕事上の交わり
(7) 脈絡：前の話者との連続性
心理的要因
(8) 情緒的理由：強調，はっきりさせるため反復，人の話を引用，感嘆・感情表現
(9) 心情的理由：帰属意識，誰かを排除するため

　このように分類されたバイリンガルのCSは，外国語学習に対してどのような示唆を与えるのであろうか。まず，切り替えは意図的か，意図的でないかに分けることができる。意図的というのは，社会の規範であるからではなく，対人間において，交渉の道具として話し手がわざわざ有標を選択することをさす。特定の社会的文脈で何が無標なのかを知っていて，特定のコミュニケーション上の目標を達成するために，有標を選択するのである。

　それに対して，多くのバイリンガルにおいてはそのような切り替えは習慣化されていて，無意識的に生ずる。つまり，言語の切り替えが内在化されていて，無意識のレベルでスイッチが切り替わる。このような無標の切

り替えが起こるためには，話し手が両言語に堪能であるばかりでなく，両言語がイン・グループのアイデンティティにとってプラスの評価を受けていることが条件になる。外国語学習における切り替えにおいては，そのあたりの操作をどれだけ無意識的に遂行できるかが課題となろう。

　もうひとつ，CSを誘発する要因によって，積極的な選択と消極的な選択に分けられる。前者は特定の効果を意図したCSで，たとえば前ページの表にも見るように，強調したり，はっきりさせたり，目立たせたりすることによって表現を豊かにし，コミュニケーションを強化しようとする。また，誰に話しかけているのかその相手をはっきりさせたり，心理的にしっくりさせるというような動機もある。さらに，団結の裏返しとして，誰かを排除するためとか周りにわかられまいとして，マイナス志向ではあるにせよ積極的な言語選択が働くこともある。

　それに対して，後者の消極的な選択とは，やむをえずまたは強制されてCSを選択する場合をさす。その典型的な例として，一方の言語能力で不足している部分を補うために，優勢な言語に依存する方向にスイッチする。これはL2学習において頻繁に見られ，コミュニケーション方略として扱われる。L2の不十分な力を補うために，いろいろな方略を用いてコミュニケーションの崩壊を避けようとする。しかし，足らないものばかりに注意を奪われるのではなく，上のバイリンガルの場合からもわかるように，もっと前向きな取り組みとしてとらえる必要があろう。それによって，異文化間でのコミュニケーションが一層促進されるのである。

4. 外国語学習における言語の切り替え

　ふたつの言語の認知のしくみに関して，バイリンガルは等位型と複合型に分けられるが，さらにそれを外国語学習者にあてはめて考えると，「従属型」(subordinate) と表されよう。

　一般のバイリンガルの二言語併用パターンとは違い，従属型バイリンガル（とくにL2学習者）の場合，すべてがL1を通して行われるので，L2の解読・産出に時間がかかるばかりでなく，L1からの干渉が避けがたい。

L2が自動化されていないため，同時並行的に処理できないので，ひとつずつ連続的に処理せざるをえない。それゆえ，従属型バイリンガルの課題は，L1の干渉をできるだけ最小限に抑え，処理過程をどれだけ自動化して迅速に遂行できるかにかかっている。

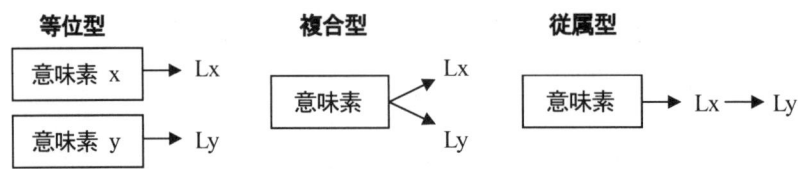

図2．バイリンガルの認知のしくみ（Weinreich, 1968, pp.9-10をもとに）

　ノーベル賞を受賞した田中耕一氏が「"もったいない"は英語にない概念」と発言したことが報じられたが（朝日新聞，2003/1/9），これを日本語にしかない思考回路ととらえることが，まさにそのような発想面での問題を象徴している。というのは，すぐに対応する表現が見つからないと考えるのは対訳式で学習してきた産物であり，自分の頭の中のレキシコンに対訳の図式が存在しないと，その概念が相手文化に存在しないと思い込んでしまうのである。「もったいない」に一語で対応する表現を探し求めるとなかなか見つからないが，それが使われているコンテクストを考えると「…するには大切すぎる」となり，"too precious to…"と表すことができよう。

　このように，日本語を文字どおりに英語に置き換えようとするため，従属バイリンガルは時間ばかりとられ，干渉に悩まされる。それを克服するには，英語で話すときには発想を切り替えることが求められる。たとえば，「トムはパソコンがくわしい」という文を直接的に"Tom is (kuwashii)…??"とか，"Personal computer is…??"と訳そうとしたのでは産出プロセスが暗礁に乗り上げてしまう。ここで素早く発想を変えて，「…がくわしい」とは「…についてたくさん知っている」ことだと置き換えて，Tom knows a lot about computers. とすればよい。つまり，「和文和訳」的な手法である。発想が違うために直接的には訳しにくい場合，このようにいっ

たん英語の発想の枠組に合うような日本語に置き換えるのである。つまり,「文化的意訳」のストラテジーである。

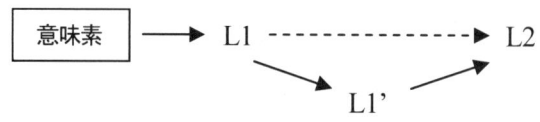

図3. 第二言語習得のための発想回路

もとの従属型バイリンガルの図式に,そのような操作（L1'）を加えると,上の図3のようになる。図はより複雑になったように見えるかもしれないが,L2の力が伸びるにつれて,L1への依存度は減じ,相対的な処理の時間は短くなっていく。このようにして,はじめのうちは意図的になされていたCSも,アウトプットの練習を積むことにより次第に自動化されていく。ここで忘れてならないのは,自動化の過程も一様ではなく,表現により質的な違いがあることに注意しなければならない。How do you do? のような決まり文句で,反復練習によりそのままチャンクとして覚えてしまえる定型表現は習慣化しやすいが,It…for〜to…のように構文を応用しながら自分の内容を伝えようとする場合には,考えながら文を組み立てていかなければならない。処理しなければならないのは,言語操作だけでなくメッセージの内容である。このようなときには,語彙や文法などの言語的レベルがどれだけ自動化されているかが鍵になってくる。形態が自動化された段階に達してはじめて,内容面に注意を集中させることができる。つまり,内容中心（content-based）の活動を円滑なものにするためには,クリアすべきしきいがある。

5. おわりに：指導への示唆

新しく指導要領に登場した「実践的コミュニケーション能力」をただ単に英会話ができるというレベルで考えるのは不十分で,異文化間コミュニケーションにおけるICCという視点を提示した。そのような目標に向け

て，外国語学習では言語の切り替えを円滑にし，運用能力として育てていくべきことを強調した。最後に，これまで議論してきたことをもとに指導への示唆を探ると，大きく次の3点にまとめることができよう。

まず，外国語習得過程に関して，(a)ルールを知らなければ新しい文を創造できないが，知っているだけでも使えるようにはならない。使うためのアウトプット練習が必要になる。(b)練習も機械的な練習だけでは応用できるようにはならないが，機械的な練習もやっておかないとあとのコミュニカティブな活動がうまくいかない。つまり，練習をうまく段階づけて配列する必要がある。認知心理学者Andersen (1983) は「宣言的知識」と「手続き的知識」に区別した。それによれば，認知技能は宣言的知識として始まり，3段階の発達段階をへて手続き的知識が育成され，自動的に言語運用ができるようになるのである。(c)ただし，習得のプロセスもすべての言語材料で一様ではなく，そのまま丸ごと定式的な表現として覚えるべきものと規則を知っておくべき構造とがある。つまり，事例的知識と規則的知識の区別で，それによって，練習の方法も反復練習による習慣化が求められるのか，パターン・プラクティスによる自動化が求められるのかという違いになる。

第2に，L2の運用能力の習得には，認知的な面と習慣形成の両方が含まれ，そこで求められるのはプロセスの時間をできる限りゼロに近づけることである。すなわち，「統制的処理」は処理過程に注意を払いながらワーキング・メモリー（作業記憶）上で行われ，その容量を消費するので一度にひとつしか処理できない。同時に並行した処理を可能にするためには，練習によって手続化を促し，「自動的処理」ができるようにしなければならない。つまり，練習の目的は，処理にかかる注意量を減少させ，処理手続きを効率化することにある。その意味において，時代遅れになったパターン・プラクティスも，言語習得過程で果たすべき役割をもっている。McLaughlin他 (1983) のモデルが示しているように，まず，意識化をともなった暗記・反復練習を通して外国語の基礎的リソースを蓄積し，それを自動的に利用できるようにしておかなければならない。それがクリアされていないと，より高度な外国語の使用はむずかしい。

3点目として，自動化を促すにはもちろん使用機会の増大が大切ではあるが，さらに力を伸ばし，より高度な外国語を運用できるようにするためには，自動化という機械的な側面ばかりでなく，内容面に注意を払うことが大切になってくる。今までに表現したことのない内容に挑戦するというような形で，一段上の言語使用へ自らを追い込むことが内容を高めることにつながる。追い込まれた状況で言語使用を試みることが自動化にとって有効になるが，それは「知っていること」（宣言的知識）を「使えること」（手続き的知識）へ変えていく働きをするからである（de Bot, 1996）。それと同時に，内容の適切さは相手によってダイナミックに変動するので，情報の量と質を場のニーズに合わせて調整する必要があることを忘れてはならない。

このように，実践的コミュニケーション能力は総合性と相対性に配慮しながら，プロセスを自動化することと内容を高めることによって達成されよう。

◆参考文献

Andersen, J. (1983). *The architecture of cognition*. Cambridge, MA: Harvard University Press.
Bachman, L. (1990). *Fundamental considerations in language testing*. Oxford: Oxford University Press.
de Bot, K. (1996). The Psycholinguistics of the output hypothesis. *Language Learning, 46*, 529-555.
Byram, M. (1997). *Teaching and assessing intercultural communicative competence*. Clevedon: Multilingual Matters.
Canale, M., & Swain, M. (1980). Theoretical bases of communicative approaches to second language teaching and testing. *Applied Linguistics, 1*, 1-47.
Cook, V. (1999). Going beyond the native speaker in language teaching. *TESOL Quarterly, 33*, 185-209.
Faerch, C., & Kasper, G. (Eds.) (1983). *Strategies in interlanguage communication*. London: Longman.
McLaughlin, B. *et al.* (1983). Second language learning: An information processing perspective. *Language Learning, 33*, 135-158.
Oka, H. (1991). The role of input in formal instruction. 東京大学教養学部『言語

文化センター紀要』12, 1-15.
Tarone, E. (1980). Communicative strategies, foreigner talk, and repair in interlanguage. *Language Learning*, *30*, 417-431.
Weinreich, U. (1968). *Languages in contact*. The Hague: Mouton.

岡秀夫 (1995)「コード・スイッチングをめぐる諸問題」広島大学英語教育研究室（編）『松村幹男先生退官記念英語教育学研究』(pp.122-133) 広島：渓水社
岡秀夫．山内豊．藤尾美佐 (2005)「ストラテジーはどのように機能するのか？—『実践的コミュニケーション能力』を考える」東京大学外国語教育学研究会『研究論集』第9号, 1-20.
吉島茂他（訳・編）(2004)『外国語の学習．教授．評価のためのヨーロッパ共通参照枠』東京：朝日出版社

文法教授と文法学習

山岡　俊比古

1. 文法とは何か

　ことばを身につけることにおいて，文法の学習は不可欠である。このことは，ことばの統語レベルにおける処理が二様態システム（dual-mode systems）で行われ，統語的分析を伴わない処理を担う「事例に基づく知識（exemplar-based knowledge）」のシステムと，統語規則の適用を計算する分析的な処理を受けもつ「規則に基づく知識（rule-based knowledge）」のシステムが併存し（Skehan, 1998），前者の知識がこれまで考えられていた以上に重要な部分を占める（Skehan, 1998, p. 31）としても，依然として当てはまる。このことは次の2点によって指摘できる。

　まず第一に，事例に基づく知識と規則に基づく知識は，学習結果としての所産のレベルにおいては多分に相互独立的であるが，学習過程のレベルにおいては，統語化（syntacticalization）や再語彙化（relexicalization）が示すように，相互依存的である。統語化とは，類別化によるパターン発見をもとに規則を抽出していく過程であり，再語彙化とは，統語的な分析的処理対象であった表現単位の事例知識化を示す。

　次に，事例に基づく知識の安定化の背後に，規則的知識が控えていることを指摘すべきである。これは，事例知識の一つの典型でもある語彙項目の記憶において，音韻レベルの規則である音素配列論的規則が意識下において作用していることで示唆される。つまり，音素配列論に矛盾する項目は可能でない語彙項目として拒否されるが，それと同様に，語彙的成句（lexical phrase）とも呼ばれる表現単位の集合である事例に基づく知識に

おいて、統語規則にもとる語の配列を含む成句は排除されるであろう。事例に基づく知識を構成する語彙的成句は、意識下レベルにおける統語的なチェックを伴ってそのシステムに蓄積されると考えられる。

　文法が、この二様態システムのうち、主に規則に基づく知識に該当するのは当然である。しかしながら、規則的知識としての文法は多様な解釈を許し、ことばの学習における文法の役割について、相反する主張さえ生み出す原因となっている（山岡，2001）。鳥飼（2006）も日本人英語学習者の間違った文法のとらえ方（英会話ができないのは文法にこだわるからとする意見）に触れている。この現状において、肝要なことは、文法の本質を正しく把握することである。

　本論においては、文法をことばの意味と形式の関係づけという観点から以下のように捉える O'Grady（1997, p.1）の定義を採用し、これを文法の本質とする。

> A central tenet of virtually all research on language acquisition is that the ability to use language stems from the fact that, as children, all normal human beings acquire a grammar—a cognitive system that determines the relationship between form and meaning in all possible sentences of their language.

　この定義の要点は、形式をそれが担う意味との対応関係において動的に捉えていることにあり、文法を意味の言語形式化の過程と言語形式からの意味の再現の過程において作用するものと定義している点が重要である。その基本的機能を踏まえ、ここではこの種の文法を処理文法（processing grammar）（cf. Garrett, 1986, 1991）と呼ぶことにする。処理文法こそが学習の対象となる文法である。

　一方で、文法の一つの定義としては可能であるが、その学習がことばの学習に必ずしも直接的に繋がらない文法として、記述文法（descriptive grammar）ないしはその簡略版としての学校文法がある。このような文法においては、意味に対峙される形式レベルにおいて観察される構造的な対

比関係が重要視される。例えば，英語の疑問文は肯定文との構造的対比において導入され，説明される。このこと自体は間違いではなく，言語規則が体系化されていることを反映するもので，その意味において，当然ともいえる。しかしながら，言語運用の実際において，疑問文を表出する際に，肯定文との対比をそのつど意識しているとは到底考えられず，疑問の意味と疑問形式の関係がダイレクトに処理されるはずである。もし，学校文法による文法教授が，しばしばそうなってしまうように，形式レベルの理解に留まるとしたら，真の意味での文法学習の対象となる処理文法の学習は促進されないことになる。

　さらに，言語規則の体系性に関し，少なくとも学校文法において扱われることのない精緻なレベルの体系性に触れる必要がある。このレベルの体系性は，通常は認知的な把握の対象外にあるが，体系性を精緻なレベルにおいて強固に支えているものである。たとえとして，英語の動詞類（動詞と助動詞）が構成する体系性に触れる。英語の6つの動詞類（法助動詞のうち must は例外として別個に取りあげる）を5つの分類基準に従って分類すると，表1の結果となる。(cf. Yamaoka, 2000)

表1　英語動詞類の体系性

	FV	*be* MV	*be* Aux	*do* Aux	Modals	*must*
過去形	+	+	+	+	+	-
主語一致	+	+	+	+	-	-
過去分詞形	+	+	+	-	-	-
独立性	+	+	-	-	-	-
無倒置	+	-	-	-	-	-

動詞類
　FV：full verbs
　be MV：*be* as a main verb
　be Aux：*be* as an auxiliary
　do Aux：*do* as an auxiliary
　Modals：modal auxiliaries
　must：*must*

分類基準
　過去形：過去形の有無
　主語一致：主語との一致の有無
　過去分詞形：過去分詞形の有無
　独立性：動詞として独立的か否か
　無倒置：疑問文で倒置されないか否か

このようなレベルの体系性は，典型的に英語母語話者の知識の中にあるが，その形成は関与する個々の規則の学習とその相互的な関連づけの結果としてなされる性質を持っている。ここで注意すべきことは，関与する個々の規則は，上で述べた処理規則として体験されることである。処理規則としての規則の学習と，その学習結果として規則の精緻な体系化を区別する必要がある。前者は言語運用を直接的に導く，リアルタイムで作用する動的なものであるのに対し，後者は前者の根底にあり，規則の体系的な関係性を軸とするもので，その意味において静的な性質を帯びる。

　このような規則の精緻な体系的知識としてのことばの知識は，チョムスキーが述べる言語能力と同じものとみなすことができる。Taylor（1988）が注意深く述べているように，チョムスキーが主張する言語能力としてのことばの知識は，ことばの処理のレベルに関わるものではなく，その結果としての所産のレベルに関わるものである。つまり，彼の言語能力の捉え方は，言語運用における言語使用者のリアルタイムにおける認知的過程については何も言わず，そのことばの使用能力がどのように学習されるかという学習過程についても何も言わないのである。したがって，動的な性質を帯びる処理文法に対し，規則の体系的な関係性を軸とする静的な文法知識を能力文法（competence grammar）と呼ぶことにする。

　以上の議論から，文法の種類として，少なくとも以下の3つを区別することができる。

(1) 処理文法：言語運用の実際において言語使用者の心の中でリアルタイムに機能し，意味と形式の関係を繋ぐ動的な文法
(2) 能力文法：処理文法を構成する個々の処理規則の洗練化とその意識下における相互関連づけの結果として，体系的存在として形成される静的な文法
(3) 記述的学校文法：能力文法を可能で必要な程度において記述し，簡略化してメタ言語的に示した文法

　以上の3つの文法の区別は重要である。言うまでもなく，ことばを身につけることにおいて目標となるのは，処理文法である。

2. 文法の学習

　母語習得を典型として，自然な言語学習においては，処理文法がまず学習され，その結果として能力文法ができあがる。この発達の道筋は疑いがなく，さして問題ともならない。（ただし，本論で用語を採用したチョムスキーの論によると，言語能力は普遍文法によって生得的に与えられている原理とパラメータによって予め規定される部分があり，それは学習の対象とならないことになるが，本論では，パラメータ値の設定も含めた原理の具体的作用の仕方の学習は経験によると考えるので，能力文法をあくまで学習の結果として把握する。）

　問題となるのは処理文法がどのように学習されるかである。この点に関し，2つのことを確認する必要がある。まず，処理文法は意味と形式の関係を決定づけるものと定義されるが，それは特定の意味とそれを実現する特定の形式との対応関係を処理する規則で構成されていると考えることができる。次に，このような意味と形式との対応関係を処理する規則の学習がどのように行われるかについては，その規則の一般化という観点から，2つの発達段階を区別することが可能である。1つは項目学習（item-learning）の段階であり，もう1つは範疇学習（category-learning）の段階である。前者は "Learners … learn a particular expression as an exemplar showing how an intended meaning is encoded onto a particular form or how the procedures connecting them are executed." と定義され，後者は "Learners … abstract rules that govern a set of different expressions of the same construction." と定義される（Yamaoka, 2005）。

　項目学習は特定の意味と形式の繋ぎ止めを体験する個別項目的な事例学習である。既に述べたように，繋ぎ止めとしての処理規則は，動的な性質を帯びており，これはまさにそれを実体験することでしかアクセスし得ず，経験することもできない。この意味における事例学習としての項目学習は，必須の学習段階であるといえる。同じ項目を繰り返し体験することによって，その項目が示している特定の意味と形式の繋ぎ止めの事例をより確実に体験できることになる。

事例体験的な項目学習の項目的個別性からの脱却を図り，その規則の一般化に向けて学習を展開するのが範疇学習である。範疇学習のためには，当該処理規則の作用をいくつかの異なった個別事例を通して体験することが必要となる。同じ処理規則の作用を異なった表現事例を通して処理体験することの意味は，比較対照による共通性の発見を促すことにあり，これによってはじめてその規則の一般化が可能となる。

　最近において提示された言語習得モデルである用法依存モデル（Usage-Based Model）（Tomasello, 2003）の用語を借りるなら，項目学習においてはトークン頻度（token frequency）が意味を持ち，範疇学習においてはタイプ頻度（type frequency）が鍵となる。

　範疇学習は当該処理規則の一般化を行う段階であるが，その中に更にいくつかの段階を設定することができる。英語を例にしてこのことを以下で説明する。'S＋be＋Complement' は最も一般化された処理規則の一例であるが（正確には，処理規則の形式レベルにおける記述），そこに至るまでに，図1に示す中途的な一般化の段階を設定することができる。

　図1の例からわかるように，処理規則の一般化は徐々に段階的に進み，

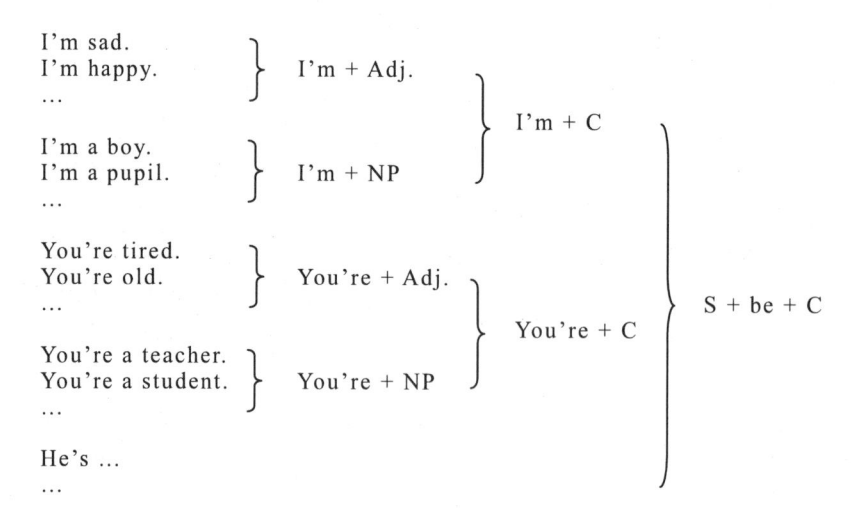

```
I'm sad.
I'm happy.         ⎫
...                ⎬  I'm + Adj.  ⎫
                   ⎭              ⎬  I'm + C   ⎫
I'm a boy.         ⎫              ⎭            ⎪
I'm a pupil.       ⎬  I'm + NP                 ⎪
...                ⎭                           ⎪
                                               ⎬  S + be + C
You're tired.      ⎫                           ⎪
You're old.        ⎬  You're + Adj. ⎫          ⎪
...                ⎭                ⎬ You're+C ⎪
You're a teacher. ⎫                 ⎭          ⎭
You're a student. ⎬  You're + NP
...               ⎭

He's ...
...
```

図1．'S（subject）＋be＋C（complement）' に至る一般化の諸段階

蓄積的である。また，処理規則の一般化が進むほど，その一般化は意識下のレベルに任されるようになる。さらに加えて，各段階における一般化のためには，その段階におけるタイプ頻度を経験することが必須となることも指摘すべきである。

　学習の目標となる処理文法は，個々の処理規則の作用を具体的に示す個別事例を通して経験され，トークン頻度によってより確定的に学習され，更にタイプ頻度によって一般化されて学習される。つまり，処理文法の学習過程は，トークン頻度とタイプ頻度を伴った事例学習から範疇学習へと進むのであり，これ以外の方法をとることは想定しにくい。

　認知心理学で行われている宣言的知識 (declarative knowledge) と手続的知識 (procedural knowledge) の区別を言語知識に当てはめると，処理文法の知識は手続的知識となる。この知識の区別を導入したアンダーソンの最近の ACT-R 理論によると (Anderson, 1993)，手続的知識の起源は，その手続が遂行される工程 (production) がどのように遂行されるかを示す具体的な事例についての宣言的な記憶であるとされており，ここでも事例が規則の学習においてもつ決定的な役割が強調されている。まさに，規則の学習は，その規則の作用を示す事例を具体的に体験することによってのみ学習の対象とすることができるのである。

　項目的な事例を通した体験的学習から始まり，範疇学習によってその一般化を重ね，最終的に最大限に一般化された個々の処理規則が，それぞれ相互の対比関係の中に位置づけられると，これがいわゆる体系学習 (system-learning) となる。体系学習は "establishment of interrelations between one abstract rule and another" と定義され (Yamaoka, 2005)，その結果としての知識は，まさにその体系性において特徴づけられることとなる。言うまでもなく，体系学習の結果としてできあがるのは，先に定義した能力文法である。

　現実場面の中で，望む限りの時間を充てながら，豊かな言語入力を得ることのできる自然な言語学習に対し，現実場面を伴うことなく，量的にも質的にもきわめて限定された入力だけしか期待できない外国学習環境における言語学習の場合には，目標となる当該言語の処理文法の学習を促進す

べく，教師は何ができるのであろうか。このことについては，次の節で議論する。

3. 文法の教授

　外国語学習と自然な言語学習の学習環境の違いにもかかわらず，外国語を身につけることにおいても文法学習は必須であり，その文法とは処理文法に他ならない。さらに，処理文法の学習は，それを構成する個々の処理規則に触れる必要があるが，処理規則の動的な性質の故に，その具体的事例を項目的に体験することでしかその学習は始まらず，その規則の一般化においても体験が要求される。つまり，処理文法の学習は，外国語学習にあっても自然な言語学習にあっても，本質的に同じ過程をとる。

　自然な言語学習においては，処理規則の学習の前提となる意味の確認と対応する形式の確認は学習者自身に任される。ここではそれを可能にする時間的余裕と現実性を伴った言語入力の豊富さがある。このことが期待できない外国語学習においては，それを補うために何らかの手を打つ必要がある。

　外国語学習者の年齢，つまり認知的発達段階の違いによって，この手の打ち方が異なってくる。本論では，認知発達が形式的操作段階にある日本人中学生の場合についてのみ議論することにする。

　英語を学ぶ日本人中学生のような外国語学習者に対して行われる，意味の確認と対応する形式の確認を促進するための手だてがいわゆる形式教授（formal instruction）である。形式教授は様々な形態をとるが，言語の意味に対比される形式に焦点を当てることと，そのために記述的学校文法を利用する共通的特徴がある。しかしながら，記述的学校文法の扱いについては，歴史的変遷がある。形式教授の最も伝統的なものが，文法翻訳教授法（Grammar Translation Method）で行われた文法教授であるが，ここでは記述的学校文法そのものを学習者に教え込むとする前提があった。これに対し，教師主導型への反省と，学習主体としての学習者の認識と，記述的学校文法そのものは教授・学習の対象ではなく，対象となるのは処理文

法であるとする確認から，形式教授の捉え方が変わり，文法に対する意識昂揚（C-R：consciousness-raising）とか形式焦点化教授（FFI：form-focused instruction）と呼ばれるようになった。

例えば，意識昂揚を唱える Rutherford & Sharwood Smith（1985）は，教師の役割の限定性を認識した上で，この概念を"the deliberate attempt to draw the learner's attention specifically to the formal properties of the target language"と定義している。その役割と機能については，「近道」と「手段」という用語を使って以下のように述べている。

> It is notoriously difficult to deny adult learners explicit information about the target language … since their intellectual maturity as well as previous teaching/learning experience makes them cry out for explanations. … Teachers, and doubtless many learners as well, view explanations as short-cuts. It may be 'natural' to learn languages in a purely intuitive manner but how long will it take to amass a sufficient amount of implicit knowledge and the appropriate skills for using it? (Sharwood Smith, 1981, p. 160)

> … C-R is the means to an end, not the end itself. That is, whatever it is that is raised to consciousness is not to be looked upon as an artifact or object of study to be committed to memory by the learner and thence recalled by him whenever sentences have to be produced. Rather, what is raised to consciousness is not the grammatical product but aspect of the grammatical process, … (Rutherford, 1987, p. 104)

手段としての意識昂揚が担う目標が，文法の所産にあるのではなく，それを生み出す過程に向けられているという指摘は，本論における学習目標としての処理文法の把握と同一であり，それに至る近道としての意識昂揚の位置づけは，本論における外国語学習環境における事実確認に符帳する。

以上のように，外国語学習において打つ必要のある手の一つとして，処理文法の学習を促進すべく，その前提作りとして，意識昂揚を挙げることができる。これは前提的な教育的処置（pedagogical intervention）である。
　外国語学習において必要な教育的処置は，この前提作りに限定されない。この前提の上でなされるべき，学習のための本質的な過程として，目標となる処理規則の作用を実体験することが不可欠である。このレベルの学習が文法学習の本質的な過程であり，その必要性は自然な言語学習の場合と異なることがないことは既に述べたとおりである。
　そもそも形式教授は，意識昂揚のみならず，それをもとにした諸活動をも含むものとして定義される。Ellis（2006, p.84）による形式教授の以下の定義が参考となる（ここで彼は文法教授という用語を用いている）。

> Grammar teaching involves any instructional techniques that draws learners' attention to some specific grammatical form in such a way that it helps them either to understand it metalinguistically and/or process it in comprehension and/or production so that they can internalize it.

　この幅のある定義のごとく，形式教授は，当該形式のメタ言語的な理解に留まる場合と，それに加えて当該形式を言語運用を通すことによって処理体験し，それによって内在化を図る場合がある。前者は，処理体験を必要とするまでもない単純な形式の場合に当てはまるものであろう（単純さは主に学習者の母語と目標言語の相互関係によって決まる）。後者は，本論が唱える学習目標となる処理文法を構成する処理規則の作用を学習者が実体験することと同一で，これが本質的な学習過程である。
　この本質的学習過程を助けるために可能な教育的処置はどのようなものであろうか。まず第一に，自然な言語学習と同様に，外国語学習の場合においても，この処理体験を項目的な事例学習から始め，タイプ頻度を高めた更なる事例学習を通して規則を一般化していく以外に学習の道筋はないということを指摘する必要がある。
　第二に指摘すべきことは，外国語学習においては，この処理規則の体験

においても，自然に任せることはできないということである。処理規則の体験を通した学習を滞りなく進めるのは，適度なトークン頻度と必要なだけのタイプ頻度による経験であるが，自然な言語学習においてはこれが自ずと満たされ，それに対応して学習が進む。これに対し，外国語学習においては，そのようなことは全く期待できず，そもそも少ない時間の中の限られた言語入力を意図的に構成する必要がある。このレベルにおける教育的処置は，学習の本質的過程に関わる処置である。

外国語学習の文法学習における本質的な教育的処置は，学習者に目標となる処理規則を具体的かつ効率的に体験させる工夫に他ならない。いうまでもなく，その体験は形式から意味に向ける場合と逆に意味から形式に向かう場合がある。前者は入力処理（input processing）であり，後者は出力処理（output processing）である。VanPatten & Cadierno（1993）の指摘を待つまでもなく，学習上は前者が後者に先行する。入力処理を旨とする入力処理活動は，単なる理解の繰り返しではなく，意味と形式の連結（FMCs: form-meaning connections）をねらうものであり（VanPatten, Williams & Rott, 2004），まさに本論で主張する処理規則を体験させるものに合致する。

後者の出力処理活動は，Swain（1995）の出力仮説（Output Hypothesis）を理論基盤とするが，ここでの力点は，目標となる処理規則を表出によって体験させることであり，意味の言語的実現としてのFMCsを形成することである。

教育的処置としての入力処理活動と出力処理活動は，学習上の順番性はあるものの，相補的でもある。とりわけ，出力仮説で唱えられる出力経験のもつ意味を考慮に入れると，出力処理活動は重要である。この観点において，外国語学習における模倣と繰り返しを，FMCsを形成するための出力処理活動として見直すことが必要である（Yamaoka, 2006）。

文法教授は文法学習を促進するための教育的処置で，学習者による事例を通した処理規則の体験と一般化を促すもので，前提的処置としての意識昂揚と本質的処置としての処理活動の場の提供とで構成される。

◆参考文献

Anderson, J. R. (1993). *Rules of the mind.* Hillsdale, NJ: Lawrence Erlbaum.

Ellis, R. (2006). Current issues in the teaching of grammar: An SLA perspective. *TESOL Quarterly, 40,* 83-107.

Garrett, N. (1986). The problem with grammar: What kind can the language learner use? *Modern Language Journal, 70,* 133-148.

Garrett, N. (1991). Theoretical and pedagogical problems of separating "grammar" from "communication". In B. F. Freed (Ed.), *Foreign language acquisition research and the classroom* (pp. 74-87). Lexington, MA: Heath and Company.

O' Grady, W. (1997). *Syntactic development.* Chicago: The University of Chicago Press.

Rutherford, W. (1987). *Second language grammar: Learning and teaching.* London: Longman.

Rutherford, W., & Sharwood Smith, M. (1985). Consciousness-raising and universal grammar. *Applied Linguistics, 6,* 274-282.

Sharwood Smith, M. (1981). Consciousness-raising and the second language learner. *Applied Linguistics, 2,* 159-168.

Skehan, P. (1998). *A cognitive approach to language learning.* Oxford: Oxford University Press.

Swain, M. (1995). Three functions of output in second language acquisition. In G. Cook & B. Seidlhofer (Eds.), *Principles and practice in applied linguistics: Studies in honor of H. G. Widdowson* (pp. 125-144). Oxford: Oxford University Press.

Taylor, D. S. (1988). The meaning and use of the term 'competence' in linguistics and applied linguistics. *Applied Linguistics, 9,* 148-168.

Tomasello, M. (2003). *Constructing a language: A usage-based theory of language acquisition.* Cambridge, MA: Harvard University Press.

VanPatten, B., & Cadierno, T. (1993). Input processing and second language acquisition: A role for instruction. *Modern Language Journal, 77,* 45-57.

VanPatten, B., Williams, J., & Rott, S. (2004). Form-meaning connections in second language acquisition. In B. VanPatten, J. Williams, & S. Rott (Eds.), *Form-meaning connections in second language acquisition* (pp. 1-26). Mahwah, NJ: Lawrence Erlbaum.

Yamaoka, T. (2000). *A study of the catalytic interface position in second language learning.* Tokyo: Taga-Shuppan.

Yamaoka, T. (2005). From item-learning to category learning: A learning process of procedural knowledge of language. *Annual Review of English Language*

Education in Japan, 16, 21-30.

Yamaoka, T. (2006). On the importance of imitation and repetition in foreign language learning. *Annual Review of English Language Education in Japan, 17*, 1-10.

鳥飼玖美子 (2006)『危うし！小学校英語』東京：文藝出版
山岡俊比古 (2001)「外国語学習における文法規則の学習について」『言語表現研究』第 17 号, 18-28.

学習指導要領の変遷に見る英語の音声・発音指導

大嶋 秀樹

1. はじめに

　音声とは，本来，人間が物理的に発する，言語を表す音のことである。一旦，人間の口から発せられると，音声は，言語によるコミュニケーション（communication）と深く関わり，その価値や成否に強い影響を与える。発音や音声が原因で，うまく意思の疎通ができなかったり，誤解が起きることもある。近年，日本の中学校，高等学校の英語教育では，音声によるコミュニケーション能力の育成が重視され，音声とコミュニケーションとの関係が見直されている。しかし，他方では，英語教育で，音声指導や発音指導の話題が大きく取り上げられることは少ない。ここ 10 年を振り返っても，例えば，英語教育専門誌の音声指導や発音指導の特集は，『現代英語教育 1998 年 7 月号』と『英語教育 2005 年 12 月号』の 2 回であり，英語教育の視点から音声や発音とコミュニケーションについて論じた文献も多くはない。この原因には，モデル（model）や学習内容，学習指導観，教室での指導法や先生方の役割の問題などが指摘されている（田辺, 1990; 緑川, 1998; Harmer, 2001; 有本, 2005; 小菅, 2005）。本論では，こうした中から，モデル，学習内容，学習指導観について，中学校，高等学校学習指導要領の変遷から，それらの位置づけをたどり，音声・発音指導の意義と必要性について考えてみたい。

2. 現行学習指導要領における音声・発音指導についての見方

　学習指導要領の改訂に伴い，平成14年度から中学校で，また，平成15年度から高等学校で，それぞれ学年進行で始まった新しい教育課程は，現在では，中学校から高等学校までのすべての学年にゆきわたっている。なかでも，英語の学習指導要領（文部省，1998; 1999a）は，「実践的コミュニケーション能力の育成」を改善の基本方針に，生徒が英語を実際に使ってコミュニケーションを図ることができる能力の育成を目指している。

　学習指導要領では，目標の実現のための生徒の活動を言語活動と呼び，言語活動を進めるために必要な学習内容を言語材料と呼んでいる。このうち，中学校では，特に音声によるコミュニケーション能力の育成を重視して，「強勢，イントネーション，区切りなど基本的な英語の音声を捉え，正しく聞き取ること」（「聞くこと」），「基本的な英語の音声の特徴に慣れ，正しく発音すること」（「話すこと」）を，言語活動で取り上げている。高等学校では，「リズムやイントネーションなど英語の音声的な特徴に注意しながら，発音すること」を言語活動の指導上の配慮事項に示している。言語材料の音声の項目には，中学校では，「現代の標準的な発音」，「語と語の連結による音変化」，「語，句，文における基本的な強勢」，「文における基本的なイントネーション」，「文における基本的な区切り」を挙げている。また，高等学校では，中学校での音声によるコミュニケーション能力の重視を踏まえて，「現代の標準的な英語」を言語材料とした学習指導を求めている。

　こうした内容のうち，中学校では，言語材料の音声の項目を音声によるコミュニケーション能力の育成に関わる学習内容として位置づけ，相手が伝えようとしていることを理解し，自分の考えや気持ちを正しく相手に伝えるためには，英語の音声に関する基本的な学習が大切であるという考えを示している（文部省，1999b）。また，「現代の標準的な発音」という音声・発音指導のモデルについては，「現在，英語は世界中で広く使用され，その使われ方も様々であり，発音や用法など多様性に富んだ言語である。その多様性に富んだ現代の英語の発音の中で，特定の地域やグループの

人々の発音に偏ったり，口語的過ぎたりしない，いわゆる標準的な発音を指導するものとする」という見方を示している（文部省，1999b）。

　高等学校では，「現代の標準的な英語」というモデルについて，オーラル・コミュニケーションI及び英語Iでは，「現代の標準的な英語」とは，「現在国際的に広く日常的なコミュニケーションの手段として運用している英語を意味しており，特定の地域や集団においてしか通用しない方言などに偏らない英語のことである」との見方を示している（文部省，1999c）。加えて，オーラル・コミュニケーションIでは，「ただし，それらの英語はそれぞれに標準的ではあるが，同一であるわけではなく，様々な面，とりわけ発音や語彙の面で，多様な違いを含んでいる。（中略）生徒には，様々な英語があり，それらが国際的に広くコミュニケーションの手段として使われていることに気づかせることによって，それら様々な種類の英語に対して偏見をもつことのないように指導することが大切である。ただし，このことは，多様な英語を生徒の学習のモデルとして提示することを求めているものではない」と述べ，多様な英語を認める一方で，標準的な英語をモデルとして採用することを求めている（文部省，1999c）。

　このように，現行の学習指導要領は，音声によるコミュニケーション能力の育成ための，強勢，イントネーション，区切りなどの音声に関する基本的な学習の必要性を述べ，音声・発音指導を重視する姿勢を示している。また，音声・発音のモデルについては，「現代の標準的な発音，英語」という基準を挙げ，様々な英語が国際的なコミュニケーションの手段として使われている実態に配慮しつつ，国際的に広く受け入れられた偏りのない「現代の標準的な発音，英語」をモデルとすることが必要であると述べている。

3. 従来の学習指導要領における音声・発音指導についての見方

3.1　昭和22年学習指導要領英語編（試案）

　日本の中学校，高等学校の学習指導要領における英語の音声，発音指導

に関する記述は，昭和22年発表の学習指導要領英語編（試案）（文部省，1947）に始まる。当時の学習指導要領は，中学校，高等学校の内容が合わせて28ページ，本編10章と「発音について」という附録で構成されていた。音声に関する記述は，「第四章　教材」の「教材一覧表」，「第五章　学習指導法」の「各単元の学習法」の節の「聴き方と話し方」，「読み方」の各項，及び「学習指導法の改善」の節，「第六章　学習結果の考査」の「聴き方と話し方」，「読み方」の各項，第七章から第十章までの各学年の「英語科指導」の「聴き方と話し方」，「読み方」の各項，及び附録に見ることができる。第四章では，第7学年（中学1年）の「聴き方・話し方」の項に「発音の練習」が，第五章では，「英語の音（English sounds）を聞いて，みずからも音を出してみる」とか，「新しい単語の発音をさせる」という指導法，「教師も自分の英語，特に発音をみがくべきである。教師の英語は生徒に対して模範とならなければならない」という先生方に向けた記述も見える。第六章では，「発音記号」，「アクセント（accent）」が，第七章以降の各学年の「英語科指導」では，「正しい発音・アクセントおよびイントネイション（イントネーション，intonation）」の記述が見られる。「附録」では，アメリカ音とイギリス音を対照させながら，日本語の発音との違いを挙げて，個々の母音（Daniel Jones が考案した，「基本母音」（cardinal vowels）の図を模した表も見える）や子音，単語の発音について具体的に解説している。音声・発音のモデルについては，附録で「イギリスの音とアメリカの音との相違点に注意し，アメリカの発音に習熟されたい」という記述が見られ，音声・発音指導のモデルに「アメリカの発音」を採用している。また，英語科教育の目標に示した，「聴き方と話し方とは英語の第一次の技能（primary skill）である」という記述からは，音声を重視した態度がうかがえる。

3.2　昭和26年学習指導要領英語編（試案）

　昭和22年の学習指導要領英語編（試案）は，昭和26年には改訂を受ける。昭和26年改訂の学習指導要領外国語科英語編（試案）（文部省，1952）は，全3巻全7章759ページからなり，第3巻には，ⅠからⅢまで

の附録が付く。本編，附録とも英文で書かれ，附録のⅠ（「動詞の型」）を除いては，日本語の大意訳が付いた。このうち，音声については，昭和26年改訂学習指導要領では，「第1章　英語教育課程の目標」で，「指導すべき英語の性質」という項が設けられ，その中で，「容認標準英語（Received Pronunciation）」を詳しく取り上げ，「教育を受けた英語国民はお互を理解するのにほとんど困難がないのであるから，教えるべき英語の性質も教育をうけた英語国民の言葉であるべきである」と述べ，指導すべき英語の一つとして，「容認標準英語」が一般に広く知られていることを紹介している。さらに，「英語は英語国民のことばであるばかりでなく国際的な言語である以上」，「生徒に期待される最低の基準は，生徒が大して困難なしに自己を理解させるようになることである。これは他のことがらとともに，生徒の発音と語調が誤解を防ぐにじゅうぶん正しいものであるべきであることを意味する」と国際的な言語としての英語の側面に配慮しながら，生徒が学ぶ英語の音声・発音には一定のモデルや基準が必要であるという見方を示している。これに関しては，付録の「いわゆるイギリス音とアメリカ音との比較」という節では，「日本の学生は，イギリス，アメリカのどちらでも，（中略）おのおのの国の教育ある人々のことばを学ぶことが望ましいということができる」という記述があり，音声・発音指導のモデルには，「アメリカ音」，「イギリス音」を取り上げている。

　また，他にも，音声に関する具体的な項目が多く取り上げられており，第3章「教材のうちの言語材料の難易による配列」では，音声に関する段階的な難易に応じた指導が，第4章，第5章「中学校，高等学校における英語指導計画」の学年別の目標では，「例にならって英語の音を発する能力」，「正しい抑揚・リズムを使う能力」，「発音記号を読む能力」，「英語らしく発音する能力」が，第7章「英語における生徒の進歩の評価」では，「発音の正確さ」の評価が取り上げられている。加えて，附録Ⅱの「発音記号・抑揚符および連音の諸問題」では，「発音表記」，「イギリス音とアメリカ音との比較」，「単語のアクセントと文のアクセント」，「イントネーション」，「連音」，「単語の弱形強形」についての解説や具体例が詳しく示されており，音声に対する配慮が強く感じられる。また，「伝達手段とし

ての英語」を意識した「言語活動」,「ことばとしての英語」という記述が登場し,第1章「英語教育課程の目標」では,「伝達手段としての英語」の学習指導に力を尽くすべきであるというコミュニケーションへの配慮も感じられる。

3.3 昭和31年高等学校学習指導要領外国語編
　その後,昭和26年改訂学習指導要領のうち,高等学校の部分は,教育課程の改訂に伴い,昭和31年に再改訂を受け,高等学校学習指導要領外国語編(文部省, 1955)となり,それまでの中学校,高等学校合冊の学習指導要領からは独立する。この改訂では,「目標」の項に,「英語の発音は,一般に英国式の発音と米国式の発音とに区別されているが,発音の学習指導にあたっては,英国式の発音であろうと,また,米国式の発音であろうと,標準的な発音を指導する」と記され,現在の学習指導要領まで続く,「標準的な発音」という音声・発音指導のモデルに関する記述がはじめて登場する。また,「聴き方」と「話し方」の分野では,「英語の発音,アクセント,強形,弱形,くぎり,抑揚,リズム,速さなど慣れさせる」という,音声に関する具体的な学習指導項目を示している。さらに,発音記号については,中学校では指導しても指導しなくともよいことになっており,「発音を指導する手段として」の「読むことができるようになるため」の発音記号の指導は良いが,「書く」指導までは必要はないと述べ,音声・発音指導上の発音記号の取り扱いについての指針が示されている。改訂学習指導要領では,音声・発音に配慮した記述が多く見られるが,改訂前の「言語活動」や「ことばとしての英語」,「伝達手段としての英語」といったコミュニケーションへの配慮をうかがわせる記述がなくなり,「言語活動」が「学習活動」に変わり,言語の形式を重視する内容になっている。

3.4 昭和33年中学校学習指導要領
　一方,昭和26年改訂学習指導要領のうち,中学校の部分も,昭和33年に改訂を受け,中学校学習指導要領(文部省, 1958)として独立し,以後,中学校,高等学校の学習指導要領はそれぞれ別々の版となる。昭和33年

改訂の中学校学習指導要領では、「英語の音声に慣れさせ」という目標を、教科の目標の先頭に示し、1年生で「英語の発音、アクセント、初歩的な抑揚などに親しませ、聞くことや話すことに慣れさせる」ことを学年の目標に掲げ、言語材料についても「発音については、現代のイギリスまたはアメリカの標準的な発音によるもの」とし、「アクセントについては、第1アクセントを用いて話し、読むことができる」ようにさせ、「抑揚については、下降調および上昇調を用いて話し、読むことができる」ようにさせるという音声に関する指導項目を掲げている。

また、指導上の留意点として「英語特有の発音を指導するために、その補助的な手段として万国音標文字のうち必要なものを提示してよい」とし、2、3年生では、言語材料に「発音を指導する補助的な手段として万国音標文字を加え、これを見て発音できるようにさせる」という、音声・発音指導への音声記号の利用を推奨している。発音については、「現代のイギリスまたはアメリカの標準的な発音によるものとする」という音声・発音指導のモデルを示している。しかし、改訂が先行した高等学校学習指導要領と同じく、コミュニケーションに関する記述は姿を消し、「学習活動」は、形式的な練習を重視する内容になっている。

3.5 昭和35年高等学校学習指導要領

さらに、高等学校については、学習指導要領は、昭和35年にも改訂を受ける（文部省、1960）。音声に関しては、先に改定された、昭和33年改訂の中学校学習指導要領に対応しており、目標では「英語の音声に慣れさせ」という記述が、「聞くこと、話すこと」についての学習内容の項では、「語の発音、強形、弱形、アクセントや文のくぎり、抑揚、リズム、速さなどに習熟させる」記述が、また、扱う英語については、「現代の標準的な英語を扱うことを原則とする」という音声・発音指導のモデルを示している。しかし、「学習活動」に示した内容は、英語を聞かせ、倣って言わせるとか、文の置き換えや転換、英問英答といった、形式を重視した練習が中心で、音声によるコミュニケーションを重視する活動は含まれていない。

3.6 昭和44年中学校学習指導要領，昭和45年高等学校学習指導要領

その後，学習指導要領は，中学校については昭和44年に，高等学校については昭和45年に改訂が実施される。中学校学習指導要領（文部省，1969），高等学校学習指導要領（文部省，1970a）では，再び，学習内容に，「言語活動」という記述が登場する。目標の項では，英語の音声に慣れさせ，聞き，話す能力の基礎を養ったり，基礎的な能力を伸ばしたりすることが示されている。「言語活動」では，形式の練習中心ではなく，場面や状況に合わせた身近で日常的な英語の使用が取り上げられている。音声については，中学校では，「現代のイギリスまたはアメリカの標準的な発音」というモデルが示され，配慮するべき言語材料については，「文の抑揚のうち，下降調および上昇調」，「文における基本的なくぎり」，「文における基本的な強勢」，「語のアクセントのうち，第1アクセント」が挙げられている。こうした音声に関する事項は，高等学校での踏襲が明記され，「言語活動」の導入に伴い「運用能力」を重視する学習指導観が示されている（文部省，1970b）。

3.7 昭和52年中学校学習指導要領，昭和53年高等学校学習指導要領

昭和52年には中学校学習指導要領（文部省，1977）が，昭和53年には高等学校学習指導要領（文部省，1978）が，それぞれ改訂を受ける。目標には，英語を理解し，英語で表現する能力を養うとともに，言語に関する関心を深め，外国の人々の生活や物の見方の理解を得させることを挙げている。音声については，「読むこと」の言語活動で，「はっきりした発音で正しく音読すること」ということを示している。一方，言語材料については，中学校学習指導要領では，「現代の標準的な発音」，「文の基本的な音調」，「文における基本的な区切り」，「文における基本的な強勢」，「語のアクセント」という記述があり，高等学校学習指導要領でも，中学校と同様の言語材料を使った学習指導を行うことを示している。また，この改訂を境に，音声・発音指導のモデルからは，「イギリスまたはアメリカの」という地域を限定した表現がはずれ，「現代の標準的な発音」という表現に変わる。これについては，地域にかかわらず標準的な英語を話す人が多

くなり，「標準的な」とは偏りのない「英語を話す教養ある人々の一般的な発音」を指導することになるという変更の背景が示されている（鈴木，1977）。

3.8 平成元年中学校，高等学校学習指導要領

平成元年改訂の中学校，高等学校の学習指導要領には，コミュニケーションという記述が登場する（文部省，1989a，1989b）。それに伴い，コミュニケーション能力の育成のために，「聞くこと」，「話すこと」の指導の充実に重点を置き，音声による指導を重視した改訂となる（文部省，1989c）。中学第1学年の「話すこと」の言語活動で，「語句や文をはっきりと正しく言うこと」が指導事項として示され，音声指導を入門期から継続して行うことの必要性を説いている。また，「正しく」言えるようにするためには，言語材料の音声の項で示した，「現代の標準的な発音」，「語のアクセント」，「文の基本的な音調」，「文における基本的な区切り」，「文における基本的な強勢」の5項目について十分指導することを挙げている（文部省，1989a）。さらに，「現代の標準的な発音」については，「現在，英語は国際語と呼ばれるほど世界の人々に使用され，多様性に富んだ言葉である。その多様性に富んだ現在の英語の発音の中で，文語的過ぎたり，あるいは口語的過ぎたり，また特定の地域やグループの人々の発音に偏したりしないいわゆる標準的な発音を指導することが大切である」と述べ，偏りのない発音を標準的な発音として規定している。こうした指導は，高等学校学習指導要領でも，継続することを明記している（文部省，1989a）。

4. 音声・発音指導のモデル，学習内容，学習指導観の変遷

ここで，過去から現在までの学習指導要領に見る音声・発音指導のモデル，到達目標，学習指導観の変遷を整理してみたい。まず，音声・発音指導のモデルは，「アメリカの発音」→「アメリカかイギリスの教育のある人々の英語」→「英国式か米国式の標準的な発音」→「現代の標準的な発音，

英語」へと変化している。また,「現代の標準的な発音,英語」というモデルの規定も,「英語を話す教養ある人々の一般的な発音」→「特定の地域やグループの人々の発音に偏ったり,口語的過ぎたりしない発音」→「現在国際的に広く日常的なコミュニケーションの手段として運用している英語」へと,コミュニケーションを意識した内容に変わってきている。また,音声・発音に関する学習内容では,当初から,発音,アクセント,イントネーション,リズムへの配慮が示され,順次,文の区切り,語,句,文の強勢,語と語の連結による音変化などが加わり,現在に至っている。言語活動では,「はっきりした発音で正しく音読すること」(中学校,「読むこと」)→「語句や文を正しく言うこと,読むこと」(中学校,「話すこと」,「読むこと」)→「強勢,イントネーション,区切りなどの基本的な英語の音声の特徴をとらえ,正しく聞き取ること,音声の特徴に慣れ,正しく発音すること」(中学校,「聞くこと」,「話すこと」)へと変化し,音声・発音の正確さに関わる内容と合わせて,コミュニケーションにおける音声・発音の理解度や適切さに関わる内容が加わっている。こうした変化は,実践的コミュニケーション能力の育成のために,音声とコミュニケーションの関係を見直し,コミュニケーションに配慮した音声・発音指導を期待するものといえる。

5. コミュニケーションに配慮した音声・発音指導

　では,学習指導要領が期待する,コミュニケーションに配慮した音声・発音指導とはどのようなものなのか。現代の標準的な発音,英語というモデルについては,現行の学習指導要領は,明確な定義は示してはいない。これについて,田辺(1990, 2003a, 2003b)は,一般に,外国語としての英語のモデルを求める場合,これまでの長い伝統であったイギリス英語かアメリカ英語にモデルを求める場合と,世界に通用する自立性のある英語を作り上げ,これにモデルを求める場合の,2つの考え方があること,また,国際性のある英語は,発音したとき,英語として理解される発音である必要があること,国際性のある英語として,自分の型を持つためには,

モデルを利用するのが早道であること，日本の教室で教えられてきた英語がイギリス英語とアメリカ英語をベースとした標準英語であるということから，「現代の標準的な発音，英語」は，実質的には，「現代のイギリスまたはアメリカの標準的な発音，英語」，つまり，イギリスの標準英語（Received Pronunciation, RP）または一般アメリカ英語（General American, GA）になるという見解を示している。こうした，RP や GA を標準的な発音，英語とみなす見解は，竹林（1996）や van Ek & Trim（1998）にも共通し，学習指導要領の歴史的変遷を見ても無理のない見方といえる。そうすると，中学校，高等学校での英語の音声・発音のモデルは，RP，地域性を考慮すれば（田辺，2003b），GA になる（別の議論は，Kachru, 1985 を参照）。

発音・音声指導については，学習指導要領は，「語と語の連結による音変化」，「語，句，文における強勢」，「文におけるイントネーション」，「文における区切り」といった，いわゆる韻律的要素（prosodies）を学習内容として示している。音声・発音指導には，（正確さ（accuracy）に関わる指導）（個々の音に重点を置いた指導，atomistic approach）と（わかりやすさ（intelligibility）に関わる指導）（強勢，リズム，イントネーション，区切りに重点を置いた指導，holistic approach）があり（Hedge, 2000 参照），最近は，情報の伝達と深く関わる韻律的要素が重視される傾向にある。学習指導要領でも，以前の個々の音の正確さを重視する指導から，現在の韻律の要素を重視する指導へと重点が移ってきている。ただ，日本語と英語の音声体系の違いを考慮すると，音声・発音指導には，正確さとわかりやすさのバランスも重要で，その基準となるモデルが，「現代の標準的な発音，英語」である点は見逃がしてはならない。実際，言語活動では，英語の韻律的要素に配慮しながら，「正しく」聞き取り，発音するということを明示している。

したがって，学習指導要領が期待する，音声によるコミュニケーション能力の育成を重視した音声・発音指導とは，RP，或いは，GA に相当する「現代の標準的な発音，英語」をモデルに，特に，英語の音声に特有の韻律的特徴を理解し，これに習熟しながら，正しく英語を聞き取り，発音で

きる指導ということになる。

6. おわりに

　本論では，学習指導要領の変遷をたどりながら，音声・発音指導のモデル，学習内容，学習指導観を概観した。学習指導要領も示すように，中学校，高等学校における英語教育は，コミュニケーションを接点に，教室の英語と国際社会で日常的に使われる実践的な英語との関係を強化する方向へと進んできている。その一つの表れが音声によるコミュニケーション能力の育成の重視であり，そのためには，正しくわかりやすい音声・発音の習得が必要で，これを支えるのが音声・発音指導ということになる。

◆参考文献

Harmer, J. (2001). *The practice of English language teaching*. London: Longman.
Hedge, T. (2000). *Teaching and learning in the language classroom*. Oxford: Oxford University Press.
Kachru, B. B. (1985). Standards, codification and sociolinguistic realism: The English language in the outer circle. In R. Quirk and H. G. Widdowson (Eds.), *English in the world: Teaching and learning the language and literatures* (pp.11-30). Cambridge: Cambridge University Press.
van Ek, J. A., & Trim, J. L. M. (1998). *Threshold 1990* (revised ed.). Cambridge: Cambridge University Press.

有本　純（2005）「発音指導における教師の役割」『英語教育』第54巻，第10号，27-29．
小菅和也（2005）「基本的な指導法に新しい工夫を加えて」『英語教育』第54巻，第10号，10-13．
鈴木忠夫（1977）『中学校外国語科（英語）新学習指導要領の内容と指導の実際』東京：開隆堂出版
竹林　滋（1996）『英語音声学』東京：研究社
田辺洋二（1990）『学校英語』東京：筑摩書房
田辺洋二（2003a）「これからの英語教育のあり方」「英語が使える日本人」の育成ためのフォーラム講演（2003年3月17日）
田辺洋二（2003b）『これからの学校英語』東京：早稲田大学出版部

緑川日出子 (1998)「発音に自信がないという先生方のために」『現代英語教育』
　　第35巻，第4号，6-8.
文部省 (1947)『学習指導要領　英語編（試案）』東京：教育図書
文部省 (1952)『中学校　高等学校　学習指導要領外国語科　英語編（試案）』
　　東京：中央書籍
文部省 (1955)『高等学校　学習指導要領　外国語科編』東京：教育図書
文部省 (1958)『中学校学習指導要領　昭和33年（1958年）改訂版』東京：明治
　　図書
文部省 (1960)『高等学校学習指導要領』東京：大蔵省印刷局
文部省 (1969)『中学校学習指導要領』東京：大蔵省印刷局
文部省 (1970a)『高等学校学習指導要領』東京：大蔵省印刷局
文部省 (1970b)『中学校指導書外国語編』東京：開隆堂出版
文部省 (1977)『中学校学習指導要領』東京：大蔵省印刷局
文部省 (1978)『高等学校学習指導要領』東京：大蔵省印刷局
文部省 (1989a)『中学校学習指導要領』東京：大蔵省印刷局
文部省 (1989b)『高等学校学習指導要領』東京：大蔵省印刷局
文部省 (1989c)『中学校指導書外国語編』東京：開隆堂出版
文部省 (1998)『中学校学習指導要領』東京：大蔵省印刷局
文部省 (1999a)『高等学校学習指導要領』東京：大蔵省印刷局
文部省 (1999b)『中学校学習指導要領（平成12年12月）解説外国語編』東京：
　　東京書籍
文部省 (1999c)『高等学校学習指導要領解説外国語編英語編』東京：開隆堂出版

音読に先立つリスニングとスピーキング

島岡　丘

はじめに

　最近の英語教育界では，音読に重点をおいて指導することが英語力を向上させるのによいとする傾向が強いようだ。音読のテーマを検討すると，発音と聞き取りの問題になる。望ましいのは，まず英語らしい発音ができることである。その理由は，それが英語を聴きとりやすくするからである。
　聞く，話す，読む，書くの4技能をバランスよく習得するのが理想的であるが，現実を見ると，漢字文化圏の日本では，視覚重視の立場が伝統的に守られてきた。外国語学習においても音声それ自体に真剣に取り組むことが少なく，音声は「いずれまた」，という引き延ばし的な学習態度が多く見られる。また，発音の向上よりは，自分の意見を持ち，それを積極的に伝える態度の方が重要であるという主張もある。しかし，内容伝達とその媒体としての言語の正確さのいずれも大事なのである。音素レベルの習得は，音声学の知識と発音記号によって，一般に考えられているよりも容易に到達できる。むしろ，発音に自信がないと，折角よい意見を持っていても，発表することに躊躇してしまうことになりやすい。
　筆者は日本語に英語の特徴を加味することで，従来では多くの時間をかけてきた音声習得が比較的容易になると主張している。
　日本人は特に /l/ と /r/ の区別ができないなどの理由で，積極的に発言しない傾向があった。これらの問題を地道に解決を計るための研究・応用は幅広く行われるべきであるが，この小論もこの面に役立てば幸いである。

1. /l/ と /r/ の識別について

1.1 /l/ と /r/ の区別は不可能か

　一昔前は，「英文科」といえば，英米文学とか英語学が中心であった。某英文学の教授は，定年の最終講義で，同僚や教え子などの前で，「今でも /l/ や /r/ の区別がつきません」と堂々と言われたことがある。また，東北出身の英語の先生は，/l/ と /r/ の区別ができる先生はあまりいないのではないかと学会の席で真面目な顔で言われたことがある。そのような教授に教わった人や，発音を重視しない学会の関係者は，当然ながら発音に対する関心が薄かったと思われる。

　筆者は，母語に無い発音は，初めは出しにくいが，練習すればその習得は不可能ではないと主張してきた。英語音声学の世界的権威である John C. Wells も 2006 年の夏期英語音声学コースの講義で，/l/ と /r/ との区別は決して不可能ではないことを主張している。同氏は前にも，ある優秀な日本の女子留学生による，日本人は /l/ の発音ができないとの同胞を蔑むような発言に，悲しみを覚えたと語ったことがある。

1.2　英語の子音体系における /l/ と /r/ の位置

　/l/ は，たかが一つの子音に過ぎないという考え方は誤りであろう。子音音素は1つ1つ独立しているのではなく，子音体系の一部をなしているからである。

　子音の体系は，意図的に動かし得る発音器官（articulator）―下唇，舌先，前舌，奥舌―を中心にして考えると把握しやすい。すなわち，前後の位置関係では，下唇を使って両唇閉鎖，唇歯摩擦，円唇音を発音できる。また，舌先を用いて，歯茎閉鎖，歯茎摩擦，歯間摩擦，側面接近音を出すことができる。さらに，唇を丸めることによって，舌先の位置を歯茎より後退させることができ，その位置で，歯茎口蓋破擦，歯茎口蓋摩擦，歯茎口蓋接近音を出すことができる。

　一方，前舌を動かすことによって前母音だけでなく，半母音の /j/ を出すことができる。また，奥舌を使って，軟口蓋閉鎖音を出すことができる。

	唇	舌先		前舌－奥舌	
	m	n		ŋ	
	p	t	tʃ	k	閉鎖音
	b	d	dʒ	g	
	f	θ	s	ʃ	ħ	摩擦音
	v	ð	z	ʒ	
		l			接近音
	w		r	j	

3・3四角形で示した英語の子音体系

　これらをまとめると，子音の種類は，前後に3つ，上下に3つに分けることができる。音声学の専門書には咽頭壁の下に位置づけられる声帯で出される声門音を加えたり，閉鎖と摩擦が合体した破擦音（affricate）を設けているが，体系的な把握はこのような3分割（別名3・3四角形，3・3 square）が理解しやすい。
　/l/ と /r/ は子音体系としての位置づけは，どちらも舌先音である。つまり，/l/ は舌先が上歯茎に接触することを前提とする歯茎音であり，/r/ は舌先がやや後方に移動した，歯茎口蓋音である。歯茎音は /l/ のほかにも /n, t, d, s, z/ がある。一方，/r/ は円唇を伴う子音と調音位置が共通する。一般的な普遍原理は円唇が伴うと，その反作用として，調音器官が後退する。日本語には円唇子音が /w/ 以外はないので，英語の学習には，円唇音を特に練習する必要がある。Jack Windsor Lewis 教授は，円唇音をまとめて，/tʃ, dʒ, ʃ, ʒ; r/ のように一息で言うことがあったが，そのような練習は日本語話者は円唇をほとんど用いないので有効に働く。具体的な発音指導の際には，近似カナを用いて，「チュ，ヂュ：シュ，

ジュ；ッル」のように示してはどうだろう。ただし，その前提としてヂは閉鎖音でジは摩擦継続音として定着していなければならない。

/l/ と /r/ の識別は，次のような日常的な単語においても必要である。これらの最小対立語の識別は英語学習の最低の到達目標としたい（発声法については次項参照）。

lack/rack	lie/rye	lice/rice
lock/rock	play/pray	cloud/crowd
clown/crown	climb/crime	glass/grass
glow/grow	blew/brew	flight/fright
alive/arrive	collect/correct	elect/erect 　以下省略

1.3　/l/ と /r/ の発声法

/l/ の発声は，調音位置に関する限り，咽頭壁と軟口蓋背面の接触の有無を除いて，鼻音の /n/ と同じであることを強調したい。なぜなら，多くの日本語話者は /l/ の発音が不正確で，/r/ と聞き間違えることが極めて多いからである。

例えば，筆者が，*light* と *right* の出だしの l/r を識別するのに，次のような方法を用いる。視覚に訴えるために，*light* は「ｽライｔ」と表記し，*right* は「ｩライｔ」と表記する。筑波大学，広島大学，聖徳大学などで実験したところ，ほとんど100％の学生達が「生まれて初めて /l/ を自信をもって発音できるようになった」と喜んでくれた。

一方，子音連結（consonant cluster）中の l/r の識別は，日本語に子音連結が無いために，発声には工夫が必要だ。C＋/l/＋V の場合（C＝子音，V＝母音），この順で発音しようとすると，子音間に母音が挿入されやすいので，むしろ，/l/ の構えを先に整え，その態勢を壊さないようにして，その次に子音を発音するようにする。つまり，$/l/^1+C+/l/^2+V$ のように発音するのである。ただし，$/l/^1$ と $/l/^2$ の間に断絶を作らず，舌先が歯茎についたなら，その状態を $/l/^2$ まで持続せねばならない。この動きが円滑にいかない場合は，舌先の動きが前舌の動きと分離していない状態にあ

ると考えられる。日本語の場合は前舌が比較的高い位置を占めている状態であるが，英語では前舌が低く保たれるので，舌先が活発に動きやすいのである。

/r/ の場合は2つの点に注目する。1つは，唇を丸めるということと，もう1つは舌先が口蓋に付かないということである。C+/r/ の子音連結の場合は，特に，/tr-/，/dr-/ に注目する。一般に英語の特徴には，後続音を意識して先行音の調音点が後続音の調音点に影響される傾向—予測的特徴（anticipatory feature）という—がある。EIL（English as an international language）の主張者として名高い Jennifer Jenkins は筆者に「イギリス人は /r/ の前の /t, d/ はそれぞれ，[tʃ, dʒ] になる」と語った。例えば，tree は「チュイー」，dream は「ヂュイーム」と表記し，そのように発音しても良いはずである。/r/ の持つ円唇性は既に「ュ」によって音節頭に含まれているからである。このことから，上例の l/r で対立する語は次のように区別することができる。

 alive「ァ㇇ライヴ」/arrive「ァㇴライヴ」
 collect「ク㇇レクト」/correct「クㇴレクト」
 elect「イエ㇇レクト」/erect「イエㇴレクト」

2. tennis における帯気音の /t[tʰ]/ と舌先音の /n/

tennis を日本語の「テニス」と同じような発音と考えると日本語の特徴を英語に転化して，誤りを固定化することになる。まず，出だしの /t-/ は舌先音である。日本語の /t/ も舌先音になることが多いが，日本語では前舌が口蓋に近いため，口の中に息が溜まるスペースがあまりない。それに対して，英語は舌先だけが歯茎につき，前舌が低い位置に保たれているために，舌先の背後に息が十分溜まるようになっており，/t/ の発声と共に強い息が出る。これを帯気音（aspiration）と言う。帯気音が伴わないと，英語母語話者は /d/ と間違って聞き取ることが多いという指摘がある（cf. Gimson, 1980）。

次の「ニ」は英語の /nɪ/ と前舌の位置が異なる。すなわち,「ニ」を発音するときは,前舌が隆起し,舌先だけでなく,前舌が口腔蓋に接触する。しかし,英語の /n/ はあくまでも舌先音であり,前舌は低い位置を保つ。

tennis を近似カナ表記で表すと,「テニス」よりはむしろ「テネィス」のほうが近い。「ネィ」が確立したならば, *any, many, money* など最後の音節も英語らしく発音できるはずである。音声学的に言えば, /n/ は歯茎に舌先が接触して発音する apico-alveolar nasal と前舌が硬口蓋に接触して発音する dorso-palato nasal とがあるが,日本語は後者の方であって,英語は前者の方である。英語の /nɪ/ をより正確に表記するには,「ニ」よりは「ネィ」の方が英語音により近い。その理由は,前舌が口蓋と距離を保ち易く,舌先が歯茎に付きやすいからである。

3. 日本語話者に苦手な摩擦音

日本語で摩擦音が比較的容易に出せるのは /s/ であろう。しかし,その濁音,つまり,有声音である /z/ となると,急に摩擦性を出すのが難しくなるようだ。英語は摩擦音が多いので,次のようなやり方で,発音の困難点を突破するのが望ましい。

　　/sス/ を 4 秒ばかり続けて発音する
　　次に, /zズ/ を同じく 4 秒ばかり続けて発音する

多くの日本語話者は, /z/ を続けるのが難しく, /zu-/ のように母音が後続する傾向が強い。その傾向を脱皮して, /z/ を続けるには, /sス//zズ/, /sス//zズ/, /sス//zズ/ と無声摩擦音と有声摩擦音を交互に続けて言う練習を行うと良い。

これが言えるようになったら,唇歯音で,同じ作業をする。ただし,英語の /f/ に当たるカナ文字が存在しないが, /v/ に当たるカナ文字は「ヴ」なので,それと対比的に,「fゥ゚」を練習する。つまり, /fゥ゚/ /vヴ/, /fゥ゚/ /vヴ/, /fゥ゚/ /vヴ/ のように無声摩擦音と有声摩擦音を上歯と下唇

との摩擦で継続的に言う練習をする。

　さらに同様な練習を，/ʃ シュ/ʒ ジュ/ を見ながら，摩擦音を継続して発音する。以上のような基礎的練習のあと，摩擦音を含む単語を用いて練習する。例えば，*visit* や *pleasure* をそれぞれ，vvissit, pleassure のように摩擦音を強調した形で練習するのもよいと思う。しかし，普段の日常会話で，/b/ と /v/ の区別は必要である。例えば次のような語頭最小対立語の区別ができなければ相手に異和感を与えることになるであろう。

　　B/V　　　　ballet/volley　　　bent/vent

4. 日本語の「アイウエオ」からの英語の母音の習得

4.1 英語の母音習得はアルファベットからは不十分

　現在の英語教育は当然ながら，英語の教科書に書かれた順序で幅広く行われているので，教科書編集の実態が英語教育の実践過程と言えよう。具体的に見ると，ほとんどすべての英語教科書は正課に入る前にアルファベットを位置づけている。音声指導の観点では，このアプローチは疑問である。

　アルファベット指導の目的は何であろうか。アルファベットの26文字を覚えれば，英語で書かれたすべてのものは認識できる。確かにアルファベットの順を覚えれば，アルファベット順に編集されている英和辞典が引けることになるが，もしそれが狙いであるなら，アルファベットの指導は「文字が読める」ためということになり，音声を重視した指導からずれてしまうのである。

　アルファベット文字には，N. Francis が述べたように母音文字（V），子音文字（C），半母音文字（SV）の3種類がある。

```
V:  A    E    I    O    U
C:  B    C    D    F    G    J    K    L    M    N
```

-47-

```
         P  Q  S  T  V  X  Z
SV :  H  R  W  Y
```

英語の母音文字は，その名称音（naming sound）と基本音（basic sound）とに別れる。つまり，文字は1字で簡単であるが，学習者はそのどちらであるかの判断が求められる。リストにすると次のようになる。

V :
- A ─ 名称音　例： bake
　　 基本音　例： back
- E ─ 名称音　例： eve
　　 基本音　例： egg
- I ─ 名称音　例： ice
　　 基本音　例： ink
- O ─ 名称音　例： note
　　 基本音　例： not
- U ─ 名称音　例： cute
　　 基本音　例： cut

英語はこれに強勢の有無が加わる。弱化すると，曖昧母音になる傾向があり，どの母音に所属するかも曖昧になる。また，アルファベットはすべての文字，つまり，26文字をすべてリストにしているものの，アルファベットに含まれていない音素もいくつもある。

以上見てきたように，アルファベットの配列は母音と子音が恣意的に入り混じり，言語の対立性という点では優れたものになってはいるものの母音の習得という見地からは不十分である。その第一の理由である，呼称音に含まれていない母音音素は次の通りである。

```
æ    ʊ    ɪ    ɒ(RP)  ɔ:   ə    ɚ    ɝ:        ə:(RP)
aʊ   ɔɪ   ɪə(RP)   eə(RP)    ʊə(RP)
```
注：RP＝イギリス容認英語（Received Pronunciation）

4.2 アイウエオから入る英語の母音習得

アイウエオは日本語特有の母音体系とする一般的な考えは誤りである。遠くはサンスクリット語に，現代では，ギリシャ語，イタリア語などラテン系の言語などに，極めて多い。Ashby and Maidment（2005）も世界で最も多い母音体系は「アイウエオ」であると述べている。

アイウエオの特徴は対立構造になっていることである。すなわち，口を開くと，「ア」であり，口を狭めると，前の方で「イ」，奥の方で「ウ」，高くも低くもない場合は，前の方で「エ」，奥の方で「オ」となっている。

英語の母音の習得には，Jones の発案した基本母音図がよく用いられている。ただし，音声学者を養成するのでなければ，それほど詳しい調音点は無用であり，むしろ，アイウエオを基にして英語の母音を捉えた方がはるかに能率的である。筆者の考えた英語の母音図は次のようになっている。

イから	イの1	iː	イー	seat	弱 i	イ	happy
	イの2	ɪ	イᴱ	sit			
エから	エの1	eɪ	エイ	gate			
	エの2	e	エ	get			
アから	アの1	æ	エア	hat			
	アの2	a	ア	I			
	アの3	ɑː	アᵒー	car			
オから	オの1	oʊ	オウ	no			
	オの2	ɔː	オー	all			
ウから	ウの1	uː	ウー	cool	弱 u	ウ	influence
	ウの2	ʊ	ウᵒ	book			
	ウの3	ʌ	ウᴬ	uncle			
曖昧母音		ə, ɚ	ア, ᵘ	away, teacher			
特殊母音		ɚː ə:	アᴱ〜	bird			

5. 発音記号と音声習得 10 段階

5.1 発音記号の活用

日本人が英語の音声を習得するのは困難だといわれているが，英語が国際通用語という地位を確立している現在，英語の音声の習得は不可欠である。英語という言語は，綴り字と実際の発音にズレがあるので，文字列を見ていても，実際の発音とは異なる場合が少なくない。それを解明するには，発音記号が手がかりとなる。

5.2 簡易表記と精密表記

日本の大部分の教科書や学習英和辞典で用いられている表記は簡易表記である。簡易表記はなるべく記号の数を少なくし，学習しやすくするという目的があるものの，次のような誤解を招く点があることが明らかになってきた。

×(1) sheep/ship, leave/live などの違いは母音の長短の違いである。
×(2) 強勢を示すアクセント記号は母音である。
×(3) and や than の母音は日本語の「ア」とほぼ同じである。
×(4) Oxford, effort の第 2 音節の母音は pork の母音と同じである。
×(5) 文を読むときは，文法構造の切れ目毎にポーズをおく。

○(1) 長さでなく，音の質的さを必要とするので，発音記号も iː/i ではなく，iː/ɪ と区別するのが望ましい。
○(2) 強勢は音節頭（onset）から生じるので，例えば，apply は [əplái] よりは [ə.pláɪ] のほうが望ましい。
○(3) 弱形語（weak-form word）には，強形と弱形があり，普通は弱形が用いられ，and は [(ə)n]，than [ð(ə)n] が用いられる。
○(4) 英語は強弱の差が激しい言語であり，Oxford [áks.fəd, ɒks.fəd], effort [éf.ət, éf.ət] のように母音の曖昧化が生じる。
○(5) 文法的には，[This]主語 [is]述語動詞 [a pen]名詞句 であるが，普通の会

話では，リズムパタンが先行するようだ．英語のリズムパタンは次のように表すことができる．

リズムパタン→ Strong | Strong weak | Strong weak weak.....

このパタンがあるために，of-phrase は (a) friend of | mine, best of | all などのように，弱い音節は強い音節の後に直結する．もし，弱い音節から始まる文は，強拍が欠落したものと考え，その分の間を取るとすると，「英語のリズムは常に強い音節から始まる」という例外のない規則をもつということになる．

6. リスニングについて

6.1 日本語の手がかり

リスニングはまだ十分解明されていないところがある．その一つの解明方法は，日本語と結果的に似ているところを手がかりとする．特に早く言う場合で聞き取りにくいものをリストにして英語の音声特徴を際立たせることも，聴解を助ける方法であろう．いくつか例を挙げると次のようになる．

◆二重母音が単音化する例：安眠→I mean
◆偶然的類似：旬→-tion, 魚万→woman, そうじゃ→soldier, 読書→dog show
◆/l/ の母音化：アンコウ→uncle
◆of が o' に弱化：河童亭→cup o' tea
◆/t/ が母音に挟まれて，弾音化：薔薇→but I
◆ and の弱形：若干便利→Jack'n' Betty
◆語末音の省略：ハイヤどうおう？ → How're you doin'？

6.2　方言の手がかり

　英語が聞き取りやすくなるためには，方言を研究しなければならないであろう。Linda Shockey（2003）はイギリス南部の方言地域を7つに分けて検討しており，参考になることが多い。例えば，曖昧音の吸収，閉鎖音の摩擦音化，弱母音の脱落，有声音の無声音化，/t/ の脱落，/h/ の脱落，th- の脱落などの特徴を把握するには，音声だけでなく，語彙力，推理，論理的思考，背景的知識などのサポートが多く求められる。しかし，基本的な音素レベルと音声変化のレベルは障害の無いレベルまでの指導が望まれる。

終わりに―段階別習得の提案

　音読は最も有効な英語習得の手段の一つであるが，その前に発音と聞き取りに十分な練習時間を割くべきであろう。音声学者の Peter Roach が来日した際，10段階の発音習得法を一緒に検討し，同氏に吹き込みをお願いした。それをまとめると次のようになっている。

　　音調と挨拶→マザーグースとリズム→強勢と強勢移動→母音の識別と習得→子音の識別と習得→語と語の連続→子音連結→同化現象→弱化と脱落→効果的伝達

　これらの各段階にはそれぞれ10項目あり，到達度をチェックできるようになっており，現在，アイリス英語教育研究研究会の月例英語発音資格講座として行われている。このような，到達目標を明示した，いわば発音習得自己点検表が学習の目標になることが望まれるのではなかろうか。

◆参考文献

Ashby, M., & Maidment, J. (2005). *Introducing phonetic science*. Cambridge: Cambridge University Press.

Gimson, A. C. (1980). *An introduction to the pronunciation of English*. London: Edward Arnold.

Jenkins, J. (2000). *The phonology of English as an international language*. Oxford: Oxford Univeristy Press.

Ladefoged, P. (2001). *A course in phonetics.* New York: Heinle and Heinle.
Roach, P. (1992). *English phonetics and phonology.* Cambridge: Cambridge University Press.
Shockey, L. (2003). *Sound patterns of spoken English.* London: Blackwell.
Wells, J. C. (2000). *Longman pronunciation dictionary.* London: Longman.

島岡丘 (2004)『スーパーネイティヴの英語へ―10段階：完全マスターのコツと処方箋』東京：創拓社

わが国における小学校英語教育の方向性について
―必修英語を成功させるための条件

渡邉 時夫

1. はじめに

　小学校における英語教育の実践は，研究開発学校による試行が始まってから既に15年余りになる。それ以来，何らかの形で英語活動を実施している小学校は，全国およそ23,000校の90%以上を数えるといわれている。しかし，小学校英語の導入については約53%の小学校教員が消極的だという。英語活動が「総合的な学習の時間」の枠内で行われていることもあって，英語活動の目的・目標が曖昧になっていることが背景にあることは否定できない。目的・目標が曖昧なままに全国の大多数の小学校で英語活動が進められていることは由々しき問題である。

　本年（平成18年）8月末のTV・新聞等の報道によると，文部科学省は，平成19年の4月には全国すべての小学校高学年生に英語授業のためのテキスト等を配布するなど，19年度予算としておよそ下記（次ページ表）を計上したという。小学校英語教育に対する文部科学省の積極姿勢が次第に鮮明になりつつあることは，歓迎すべきことである。

　さらに一歩進め，英語教育に対する国家としての教育方針をできるだけ早期に明らかにすべきである。国家としての方針を明確にすることにより，子供，保護者，そして教員が安心して一つの方向に向かうことができるようになる。英語の指導者不足，現職教員の研修，教員養成のあり方，小・中における英語教育の連携のあり方，など条件整備が不十分だという指摘もあるが，これらの問題については，国家としての方針を明確にしたあと，時間をかけてきちんと整備していけばよいことである。

わが国における小学校英語教育の方向性について―必修英語を成功させるための条件

- 平成19年度に向けて小学校5,6年生全員にCD付の『英語ノート』を作成，配布する。指導資料も作成し，指導に当たる学級担任に配布する。小学校英語の条件整備として38億円を予算化。
- 都道府県・政令指定都市ごとに10箇所程度の拠点施設約620箇所と10校に1校の割合（2,300校）の拠点校を指定する。拠点校ではALTや英語力の高い地域人材を活用して，モデル授業の実践研究を進める。周辺の小学校への普及・啓発を図る。
- ALTを増員し，拠点校に配置する。
- 教員研修の充実―指導主事を対象に「指導者養成研修」，各学校の代表者対象の「中核教員研修」なども行う。
- CD付の研修資料を小学校全教員に配布する。

(日本教育新聞＜9月4日＞より)

　平成14年7月に公表された「英語が使える日本人の育成のための戦略構想」（平成15年3月に「行動計画」として具体化）において，「子供たちの英語コミュニケーション力を向上させるためには，生徒に多量の英語に触れさせ，聞いてわかる力を身につけさせることが肝要だ。しかし，この点がわが国の英語教育には欠落している」という国家としての基本的な考え方が示された。この「構想」を実現させるための条件として，次の事柄（文言は筆者）が挙げられている。
　（1）ALT（英語の補助教員）を増員する。
　（2）インプット源としての英語教員の英語力を高めるため集中研修（5年以内にすべての中・高英語教員を対象）を実施する。
　（3）外国に派遣する生徒の数を増やす。
　（4）小学校に英語教育を導入する。
　（5）英語教育と母語教育を相互補完的に進める。

　英語コミュニケーション能力を高めるための基本的な考え方とその実現のために必要な条件整備は，いずれも正しく，高く評価できる。
　（1）のALT増員については，上記のとおり，19年度予算に具体的に計上されている。
　（2）の英語教員の集中研修は，「構想」発表の翌年（平成15年）から実

施に移され，本年(18年)は4年目を迎え，その成果は概ね好評である。
　さて，(4)の小学校への英語教育導入は，どのような方向に進んでいるのであろうか。
　本年3月27日に，中央教育審議会の外国語専門部会がこれまでの審議の状況を20数ページの『報告書』にまとめ，教育課程部会に提出した。
　『報告書』の中で，「開始学年」については，「教育課程上の位置づけ」と関連させて次のように記述されている。

> 　中学年及び低学年においては，現在低学年では特別活動等を中心に，中学年では総合的な学習の時間で，実施されている英語教育の充実を図る必要があると考える。
> 　その際，特にこの年代では柔軟な適応力を生かすことが適当と考えられるが，一方で国語の確実な習得などについて考慮する必要性も高い。教育課程上の位置づけや授業時間数の扱いについては，高学年までを見通した体系的な教育課程の編成及びその評価の必要があることから，研究開発学校の実践等をさらに精査し，教育条件面での課題等を考慮しつつ，引き続き本専門部会において検討していく必要があると考える。

　つまり，3，4年生対象に英語を導入することはまだ研究不足であり，時期尚早だ，ということである。
　高学年については，どうであろう。『報告書』の記述を見てみよう。

> 　高学年においては，中学校との円滑な接続を図る観点からも英語教育を充実する必要性が高いと考えられる。英語活動の実施時間数が，平均で13.7単位時間（第6学年の場合）である現状を踏まえつつ，教育内容としての一定のまとまりを確保する必要性を考慮すると，外国語専門部会としては，例えば，年間35単位時間（平均週1回）程度について共通の教育内容を設定することを検討する必要があると考える。

その際，領域又は総合的な学習の時間として位置づけることとし，教科として扱うことについては，教育内容や学習評価についての研究をさらに積み重ね，その実施状況を評価しつつ，今後の課題として検討することが適当と考えられる。

　つまり，わかりにくい表現ながら，5，6年生から英語を導入することが適当だ，と提言している。もう少しわかりやすく言い換えると，「現状では，6年生の段階で，英語の実施時間が平均で13.7単位時間であり，あまりにもマチマチである。例えば年間35単位時間程度と定め，教育内容を一定のまとまりのあるものとし，中学校との接続が円滑になるように，英語教育を充実させていきたい，というのが外国語専門部会としての考え方である。」ということになる。
　上記の記述を根拠として，各種メディアが，「早ければ数年後に，小学校5，6年生から英語が導入される」と報道したわけである。
　しかし，これまでの説明で明らかなように，「小学校への英語導入」が決まったわけではないし，5，6年生から，ということも確定しているわけではない。また，導入が決定された場合も，教科にするか，道徳や学活のように領域とするか，あるいは現状と同じ「総合的な学習の時間」の枠内にするかなど，今後，教育課程部会，さらには中央教育審議会における審議の結果を待たなければならない。
　『報告書』の（教育課程上の位置づけに関する意見）の欄に，次のような有識者の意見が掲載されているが，これは筆者自身が2月28日の外国語専門部会で行った意見陳述の要約である。

　　小学校における英語教育は，3年生から始めることとし，3年生及び4年生では，総合的な学習の時間のうち，年間20単位時間程度を英語活動に充ててはどうか。5年生及び6年生では，総合的な学習の時間から独立して「英語」という領域を新設し年間35単位時間（週1時間）程度を英語教育に充ててはどうか，という提言がなされた。

2.「必修」として英語を導入する場合，整えるべき条件は何か

　平成4年度に「小学校における英会話活動に関する研究」のために所謂研究開発学校がはじめて指定されてから既に15年が経過した。この間，研究開発指定校が取り組んだテーマは多岐にわたり，それぞれの成果は注目に値するものだった。それぞれの学校から文部科学省に提出された資料は膨大なものである。また，平成12年度からは，小学校において「英語科」等の設置に関わる研究をテーマに，多くの小学校が研究指定校として取り組んでいる（平成17年現在77校）。これに加え，多数の私立小学校の長年にわたる研究実績も見逃せない。筆者の調査によると，研究に取り組んでいる小学校の英語授業を参観したことのある中学校および高等学校の英語教員のおよそ60％が，小学校への英語導入に肯定的な姿勢を見せている。小学生を持つ保護者の反応に至っては90％近くが前向きである（文部科学省HP）。

　それなのになぜ文部科学省は，未だに小学校に英語を導入することを躊躇しているのだろうか。外国語専門部会の『報告書』は，（現状と課題）として，次のように述べている。

　　　英語教育意識調査では，教員から，実施上の課題として，「ALTや英語に堪能な民間人など外部人材の確保」，「教材・教具等の開発や準備」，「小学校教員の英語力や指導力の向上」，「教員研修の充実」など，条件整備の充実を求める意見が多く挙げられている。

　突き詰めて言えば，指導者不足の解消と教材開発が早急に整備しなければならない教育条件ということになる。また，これら2つの条件が整っていないために，文部科学省は小学校英語の導入を決断できなかったといえる。しかし，これは本末転倒も甚だしく，文部科学省の重大な判断ミスである。条件が整備されてから，小学校に英語を導入するのではなく，まず，小英導入の必要性を力強く説き，そのための条件整備計画を国民に提示するというのが政府がとるべき道筋である。十分な条件整備には時間がかか

るであろう。しかし，将来を見通すことができれば，苦労を分かち合いながら，そして我慢すべきは我慢して国民は努力するであろう。

　益々グローバル化する世界情勢，EU，アジア諸国，とりわけ日本の近隣諸国，南北アメリカなどにおける外国語ポリシー，そしてわが国における対外関係などに思いをいたしたとき，英語教育の抜本的改革は急務である。だからこそ，文部科学省は5年前に，小学校への英語導入を含めた所謂「構想」を発表したのである。前述のとおり，この構想は部分的に実施されつつあり，喜ばしいことである。小学校への英語導入に対しても政府が本気に取り組む姿勢をはっきり国民に示すべきときが来たと思う。

　条件整備としてまず取り組まなければならないのは，英語の指導者をどのように確保すべきか，ということであろう。小学校教員の中に，指導できるほどの英語力や指導力を持った者が少ないということが，英語の必修化に消極的な人々の主たる反対理由の一つにもなっている。この状況をどのように解決すべきであろうか。本論では，英語指導者の問題に焦点を絞り，私見を述べることにする。

3. 小学校における英語指導者の確保について

(1) 教員養成制度の改正

　教科としてではないにせよ，小学校の高学年で英語が必修となれば，当然ながら，小学校教員志望者はそれなりの英語教育を学修することが義務づけられなければならない。また，中学校の英語教員を目指す者に対しても，小学校における英語教育と，中学校における英語教育との連携の在り方について理解を深める科目等の履修が要求されるであろう。教育実習についても，小学校教員を目指すすべての者と中学校英語教員志望者には，(時間数などは兎も角として) 小中双方での教育実習を義務づけるべきであろう。

(2) 「ALTや英語に堪能な民間人など外部人材の確保」

　平成19年度の予算項目として文部科学省は，「ALTを増員し，拠点校に配置する。」という要求を挙げている。「英語が使える日本人の育成のた

めの戦略構想」でも、英語活動を実施している小学校については「その実施回数の3分の1程度は、外国人教員、英語に堪能な者又は中学校教員による指導を行う」と記述されており、今回の予算請求はその計画に沿ったものと思われる。

さて、ALT（現在のところ、殆どが native speakers of English）を増員し続けることは、将来までを見通したとき、果たして望ましいことなのだろうか。私はそのようには考えていない。条件整備を考える場合に真剣に考えておかなければならないことである。英語をとり入れている小学校の約90％がALTとのT-Tに頼っている現実を見ると、ALTの増員が指導者不足を解決する近道のように見える。しかし、わが国の英語教育を長い目で見た場合、それは賢明な策ではないと思う。

むしろ、（新しい教員養成制度の下で育った若い教員が増え、現職の研修がかなりの程度進行するまでの）しばらくの間は「英語に堪能な民間人などの人材」確保に重点を置く政策を推奨したい。金沢市、大垣市をはじめ多くの市町村で実践しており、英語力育成のみならず様々な教育的側面でその成果が高く評価されている。

英語に堪能な社会人（日本人）の登用を勧めたいと考える背景には次のような2つの大きな理由がある。

（i）Native speakerの英語がベストという意識から、日本人を解放することが是非とも必要である。

かなりの時間とエネルギーを注いでいるにもかかわらず、日本人が英語を苦手と思い込み勝ちなのは、「日本人の英語の発音は良くない」とか「文法的に誤った英語を使うと恥ずかしい」といった心理が強く働いているためである。このような意識があるために、日本人は互いに牽制しあい、英語話者と話す場合に、英語の上手な日本人がグループの中にいると、積極的に話すことをしない。逆に周りに他の日本人がいない場合には、ジェスチャーを交えながら結構外国人と会話ができる日本人が多い。このような状況から、「学習指導要領」では、「コミュニケーションを図ろうとする積極的な態度の育成」を外国語教育の目標の一つにしているのである。

日本人の心に深く根ざしている「英語に対するコンプレックス」を取り

わが国における小学校英語教育の方向性について―必修英語を成功させるための条件

除く教育を施さない限り，指導要領が目指す「積極的な態度」は習得できない。英語教育を担当する日本人が，常日頃，自ら自信をもって，楽しくのびのびと英語を使う姿を子どもたち（学習者）に見せていることによって，はじめて子供たちから英語コンプレックスを除去することができると信じている。小学校の一部の教員を含め，十分に立派な英語を使うことのできる日本人は決して少なくない。

様々な言語や文化を受容する柔軟性に富む小学校段階の子どもたちは，HRT（担当教員）の英語の発音を含め多様な発音やアクセントを自然に受け入れて成長している。このことは15年以上に及ぶ多くの小学校における実践により実証されている。

ただ，英語ができる社会人がすべてアシスタントとして適任というわけではない。アシスタントを希望する社会人に対しては，一定の研修や資格審査が必要である。長野県と岐阜県の有志がNPOを立ち上げ，諸学校の教員や社会人を対象に「小学生英語指導力検定」を実施している。次にこの検定制度の概要を紹介したい。

小学校のHRTとのT-Tで英語の授業を進めるためには，少なくとも「学校教育，特に総合的な学習の時間についての理解」，「国際理解教育」，「英語教育」について，ある程度の理解がなければならない。このことに加えて，受検者には，英語の運用能力プラス実際の指導技術を求めている。

1次試験は，ペーパーテスト。合格者のみが約1ヶ月後の面接と指導技術の2次試験に臨む。既に100名ほどの合格者を出しているが，合格者の知識と指導技術は驚くほど高い。（配点等については次の表を参照されたい。）

a 国際理解教育の分野	1次筆記	5点	2次面接	5点
b 学校教育全般の分野	1次筆記	5点	2次面接	5点
c 英語運用能力の分野	1次筆記	5点	2次面接	5点
d 指導技術の分野			2次面接	10点
研修レポート　1点／レポート　レポートは最高5件まで加点する。				

(ⅱ) 世界の英語は，variety に富んでいるということである。

19世紀から21世紀にかけて，英語は，様々な理由により地球上の各地にまで，また人間の社会生活の隅々にまで入り込んできた。英語を使う人口の大きさや使われる場面や目的の重要度において，他の言語の追随を許さない。世界の65億人の5人に1人が英語を使う，といわれている。

この言語状況にいかなる変化が到来するかは予測できない（D. Crystal, 1997）が，少なくとも向う50年間は，英語に取って代わるような言語は現れないであろう（M. Hasman, 2000）。世界各地で用いられているといっても，たった1種類の英語が話されているわけではない。英語には地域や文化的な背景により，多くの異種が存在することが認められている。

Crystal（ibid.）によれば，英語の母語話者は，4.5億人，English as a second language としての話者は，3.5億人，English as a foreign language としての話者は，その習熟度に応じて6.7〜15億人と推定されている。non-native speakers の数は母語話者の4〜5倍に上っている。数字だけから判断すると，我々の子どもたちが将来コミュニケーションの相手とする人々は，母語話者よりも非母語話者である可能性の方が遥かに高いことになる。子どもたちが社会に出るのが15〜20年程先であることを考えると，この傾向は現在よりも強まることは十分予測できる。

Native speakers' English といっても一様でなく，英語国でも，国が違えば勿論のこと，イギリス国内だけでも地域や社会層によってアクセントや方言は多様である（渡邉・鳥居，1984）。ましてや non-native speakers の場合は，地域や言語背景によって英語の特徴は，千差万別である。

しかし，これらの英語の異種は，コミュニケーションに差し障りが無い限り，英語国の様々な異種と比較して価値が低いわけではない。英語の異種に貴賎の差があってはならない。日本人もそれら多数の異種の内の一つであり，外国人から特別に意識されているわけでなく，ごく自然な一つの英語であることを子供たちに教えなければならない。そのためには，ALT としては，英語がしっかり使える日本人をできるだけ多く採用する方向で英語教育が進められることを強く期待するものである。日本人の英語に対する意識改革こそ，英語教育改善への大きな第一歩となるであろう。

(3) 現職教員研修のあり方

当然のことながら、英語の教育は、算数や社会などと同様、単なるスキルや知識の伝授ではなく、HRTによる人間教育が中心でなければならない。

個々の子供たちを良く理解できており、他教科で学習した事柄との関連づけができるなど、HRTの良さは沢山ある。しかし、英語力が十分でないHRTが単独に英語指導を担当することは望ましくない。母語話者または英語の堪能な社会人（日本人）とHRTとのT-Tが望ましいことはいうまでもない。ただ、できるだけ多くの小学校教員を研修させ、単独で英語の授業ができるよう育てていかなければならない。国公立小学校22,680校で教えている教員は414,000人。莫大な数の教員に研修の機会を与えなければならない。1997年に3年生から学年進行で小学校の英語教育を始めた韓国は、その数年前から計画的に現職教員の研修を実施している。1人120時間の研修を義務づけているというが、研修は今尚継続されている。筆者は、小学校英語が導入された年に韓国を訪れ、いくつかの小学校で3年生の英語教育を視察した。研修の済んでいない教員には学級担任はさせない、という原則に、研修の厳しさを感じたことを思い出す。

さて、わが国では、今後誰を対象に、どのように、どんな内容の研修を行おうとしているのだろうか。

これまで（平成13年度から16年度まで）独立行政法人教員研修センター主催の小学校英語活動の研修講座があった。この講座は全国から600名程度の教員を対象としていたが、600名の受講生を集めることは容易でなく、挫折したと考えてよい。当時はまだ、小学校教員に研修に参加するだけのモティベーションが無く、止むを得ず教頭や指導主事が参加しているケースも少なくなかった。文部科学省主催の研修機会としては、17年度から始まった小学校英語活動地域サポート事業における研修講座があるが、研修を必要とする教員の数（414,000人）を考えると全く取るに足りない程度である。

文部科学省は、「教職員研修プログラム」として、指導主事対象の「指

導者養成研修」と各学校の代表者を対象とする「中核教員研修」の2つのプロジェクトを企画し19年度予算に計上している。いずれも指導者を養成し，その成果を地域に広く広げていこうという発想である。特に後者の企画は従来の企画とは異なり，全国的規模で一気に研修の成果が広がるのではないかと期待されている。

　中核教員の研修も重要であることは間違いないが，若い層で強い意欲を示している教員にも是非機会を提供してほしい。

　長野県の一部（長野市や須坂市周辺）の小学校を対象に，英語教員免許を持つ教員の数を調べたところ，1校平均1.5～2名いることがわかった。県により，事情は異なると思うが，まず英語の教員免許状を持つ教員の研修を，中核教員の研修と併せて実施することを提案したい。

(4) 英語研修に含めてほしい内容

　当然ながら，英語の研修会に参加するだけでは十分ではない。何をどのように研修させるかが大切である。韓国では120時間の研修のうち，70%をコミュニケーション能力（英語運用能力）の向上に充て，残り（30%）を英語指導法（理論と技術）に充てていると聞いている（本名信行ほか，2006）。研修時間の配分としては参考になる。

　英語の狙い，外国語習得に関する情報，教える際に重視すべき事柄などを含め，英語指導に当たっては，少なくとも下記の考え方を含めることを提案したい。

(i) 英語を聞いて理解するプロセスが最も大切であることを徹底したい。Listeningに重点を置くこと。（「考える」過程の大切さ。）
(ii) Listeningは，（bottom-up的なアプローチではなく）top-down的な方法を重視すること　⇒　単語などを繋ぎ合わせることによって全体の意味を理解するのではなく，(a) Gestures，(b) Facial expressions，(c) 実物，絵や写真，イラストや，地図，表，など，(d) 知識やguessing，などを総合して意味に迫る方法により，Listening能力向上を目指すこと。
(iii) Classroom Englishなど基本的で「決まり文句的な表現」を除き，話

す（言わせる）ことを強要しないこと。

　発話を強制すると，子供は徐々に引いていく傾向がある。⇒　抵抗を感じる子どもは，英語嫌いの道へと入り込んでいくことが知られている。ただし，英語を聞きながら，日本語や英語で子どもたちが反応する姿は大切にすること。

(iv) 英単語，英文などを記憶させようとあせらないこと。
(v) 評価は，数字で表そうとせず，言葉で，具体的に良い面を見つけて評価してやることが大切。漠然とした褒め方よりも，褒める理由を見つけること。

4. おわりに

　最初にも述べたとおり，小学校英語が本当に必修となるのか，必修化が実現した場合，何年生からか，時間数はどの程度か，教材は特定されるのか，誰が，どんな教育形態で教えるのか，など，現時点では不確定要素が多い。しかし，本論で述べてきたとおり，文部科学省はこの問題に対して真剣に取り組んでおり，また，その方向は間違っていないと思う。

　最後に，外国語専門部会の『報告書』によると，これまで総合的な学習の時間の枠内で実施されてきた英語活動と，提案されている「英語」とは，その目的が全く異なることを強調しておきたい。これまで様々な形で実施されてきた英語活動は，中学校英語教育とは理論上全く無関係に行われてきた。しかし，『報告書』によると，5, 6年生に導入される必修の英語を充実させるに当たっては，「高等学校の英語教育までを見据えて，各学校段階での英語教育が果たすべき役割が示されたこと，その上で，小学校における英語教育の目標と内容に関する基本的な考え方が示されたこと，中学校との円滑な接続を意識して，高学年での共通内容の設定を提起したこと，により小学校の英語は，新たな方向に一歩踏み出したことになる。（全国英語教育学会高知大会：松川禮子）

　教材の在り方についても私見を述べたいと思っていたが，紙幅の制限により割愛することにした。後日機会を捉えて発表したいと考えている。

◆**参考文献**

Crystal, D. (1997). *English as a global language.* Cambridge: Cambridge University Press.

Hasman, M. A. (2000). The Role of English in the 21st Century. *English Teaching Forum,* 2(5), 2-5.

バトラー後藤裕子(2005)『日本の小学校英語を考える』東京:三省堂
本名信行ほか(2006)『近隣諸国における英語教育の取り組みに関する調査研究「報告書」(平成17年度分)』(青山学院大学)
渡邉時夫, 鳥居次好(訳)(1984)『イギリス英語のアクセントと方言』東京:研究社

第2章　語彙・教材・メディア

語彙指導における連語の活用と効果

太田垣 正義

1. はじめに

　4技能を成立させているのは音声と文字であるが，それは外面的手段であり，内容（メッセージ）を伝えるのは語彙や文法である。その意味において，メッセージの交換が重視される communicative language teaching において語彙に焦点が当てられるようになった点は首肯できることである。McCarthy (1990, vii) も "No matter how well the student learns grammar, no matter successfully the sounds of L2 are mastered, without words to express a wide range of meanings, communication in an L2 just cannot happen in any meaningful way." といって語彙の重要性を指摘している。

　一方，Richards (1976), Carter (1987), Lay (1995) らは，多くの学習者は語彙学習の重荷に苦しんでいるので，外国語教師はもっと語彙指導に注意を払うべきであると述べている。

　それでは，「単語を知っている」とは，どういうことをもってそういえるのであろうか。この問題につき，受容語彙と発表語彙の区別を明確にしながら，Nation (1990, pp. 30-31) は次のように記述している。

　　What does a learner need to know in order to "know" a word? There are two answers to this question. If the word is to be learned only for receptive use (listening, or reading) then there is one set of answers. If the word is to be learned for receptive and productive use listening, speaking, reading, and writing) then there will be an additional set of answers.

そして,次の表1を示し,Form, Position, Function, Meaning の4要因についての必要性を喚起している。

表1 Knowing a word (Nation, 1990, p. 31)

Form			
Spoken form		R	What does the word sound like?
		P	How is the word pronounced?
Written form		R	What does the word look like?
		P	How is the word written and spelled?
Position			
Grammatical pattern		R	In what pattern does the word occur?
		P	In what pattern must we use the word?
Collocations		R	What words or types of words can be expected before or after the word?
		P	What words or types of words must we use with this word?
Function			
Frequency		R	How common is the word?
		P	How often should the word be used?
Appropriateness		R	Where would we express to meet this word?
		P	Where can this word be used?
Meaning			
Concept		R	What does the word mean?
		P	What word should be used to express this meaning?
Association		R	What other words does this word make us think of?
		P	What other words could we use instead of this one?

私見では,わが国の教育現場では,語彙指導において Form と Meaning は広汎に扱われているが,Function への配慮はあまりなされず,Position

に至ってはほとんど無視されている感じである。

　学習者の語彙学習を容易にし効率よくするために，この軽視されているPositionの意義を認識し活用することの重要性を提案するのが本稿の目的である。

2. Collocations（連語）について

　Lewis(1993)は the Lexical Approach を提唱し，これまで受け入れられてきた定説に挑戦している。彼は the Lexical Approach の key principles として19文を示しているが，本稿のテーマと関係深い最初の5文を次に挙げる。
(1) Language consists of grammaticalised lexis, not lexicalised grammar.
(2) The grammar/vocabulary dichotomy is invalid; much language consists of multi-word 'chunks'.
(3) A central element of language teaching is raising students' awareness of, and developing their ability to 'chunk' language successfully.
(4) Although structural patterns are acknowledged as useful, lexical and metaphorical patterning are accorded appropriate status.
(5) Collocation is integrated as an organising principle within syllabuses.

　上記の Nation(1990)，Lewis(1993) その他の研究者の提案から，今後わが国の英語教育ではもっと語彙指導に重点を置くべきこと，またそこですすめるべき語彙指導は，単語1つ1つの形や意味だけを記憶させることを中心にするのでなく，collocations の形で提示し，それを学習させることで，同時に文法的働きやパターンを理解させるような方法であることがわかる。つまり，学習者は collocations をマスターすることにより，単語が備えている文法的機能やパターンについても身につけることになる。

　なお，この指導法を教室に導入するに際し，語彙の記憶しやすさに関する有効性について科学的に確認しておく必要があると思われ，その実験を行ったので次にそれを報告する。

3. Collocations の記憶保持

　未習語である名詞の意味の記憶を測定する実験を行った。名詞の意味を単独で記憶する作業と「形容詞（既習語）＋名詞」の collocations の意味を記憶する作業を中学校3年生83名に行って貰った。名詞の長さが影響するかもしれないので，4～6文字からなる短い語（amount, crowd, degree, excuse, pause, region, reply, state, tribe, view）と7～10文字からなる比較的長い語（argument, attitude, decision, election, harvest, influence, possession, quality, reputation, transport）を実験材料として選定した。

　学力差のない2クラスの生徒に2分間で次の語と collocations の意味を記憶して貰った。

	Aクラス	Bクラス
1回目	crowd（群衆） view（景色） pause（休止） degree（程度） tribe（部族） reply（返事） state（状態） amount（量） region（地方） excuse（言いわけ）	influence（影響） reputation（評判） possession（所有物） argument（議論） decision（決定） quality（質） election（選挙） harvest{収穫} attitude（態度） transport（交通）
2回目	bad influence（悪影響） good reputation（好評） precious possession（大切な所有物） friendly argument（なごやかな議論） wise decision（賢明な決定） same quality（同質） next election（次の選挙） last harvest（この前の収穫） popular attitude（皆がとりたがる態度） public transport（公共の交通）	big crowd（大群衆） fine view（いい景色） long pause（長い休止） high degree（高い程度） native tribe（土着部族） quick reply（即答） sad state（不幸な状態） large amount（多量） poor region（貧しい地方） old excuse（いつもの言いわけ）

結果を表2に示す。

表2　総合得点（平均値）の比較（10点満点）

提示条件	M	SD
短単語	6.17	2.35
長単語	7.26	2.78
形＋短単語	8.78	1.77
形＋長単語	7.56	2.06

4条件それぞれの学習セッションのあと，再生された意味の記述について採点した結果が表2である。この結果について，1要因4水準（長単語・長単語連語・短単語・短単語連語）の分散分析を行ったところ，条件の主効果が有意であった$F(3,162) = 9.27 (p < .001)$。そこで，多重比較（Tukey）を行ったところ，短単語〔6.17〕＜形＋短単語（連語）〔8.78〕であった。したがって，総合得点で見ると，短単語において既習の形容詞と組み合わせて提示したときに，より記憶されやすいことが明らかとなった。

同様に，1要因4水準の分散分析，多重比較の結果，有意差のあった単独語・連語のみを表3に示す。

表3　単独語条件と連語条件の比較結果

□短単語＜短単語連語
　pause（0.63）＜long pause（0.90）
　degree（0.53）＜high degree（0.90）
　tribe（0.56）＜native tribe（0.85）
　reply（0.56）＜quick reply（0.90）
　state（0.48）＜sad state（0.80）
　region（0.31）＜poor region（0.85）
□長単語＜長単語連語
　influence（0.78）＜bad influence（0.95）

以上の結果から，全体として単独で提示されるよりcollocationsで提示される方が記憶されやすく，また多くの短い名詞のcollocationsは記憶さ

れやすいことが証明された。

　ただし，完璧な数値が得られなかった点につき，次にいくつかの要因が指摘できる。

(1) collocations の選定をする際の形容詞につき，それらは既習語であることを条件に選定したのであるが，public, precious, wise などは中学生の間に familiarity が低く，collocations としてヒントにならなかったかもしれない。

(2) 短い名詞は比較的具体性を有する意味のものであったが，長い単語になるにつれ抽象的な意味を有する語が多くなり，記憶しやすさの点で差が出たようである。

(3) public, precious, wise といった familiarity の低い形容詞は長い名詞と collocations をなしており，不利な条件が重なってしまった。

　以上から，事前の慎重な予備調査や collocations 選定における注意深さが今後の課題として残ったといえる。なお，これらの課題は実験上の不備であり，collocations 学習の有効性に関する疑問ではないことは明らかである。

4．今後の見通し

　記憶の仕組みとして，単一のヒントよりも 2 つ以上のヒントが与えられれば保持率が上がるのは当然のことであろう。そこで，無味乾燥な語義を 1 つ 1 つ丸暗記するより，collocations の形で記憶すれば記憶が容易になる。しかも，collocations をコーパスから選定するようにすれば実用的価値も高くなる。

　前節で紹介したのは，「形容詞＋名詞」という形の collocations であった。しかし，Nation（1990）や Lewis（1993）が提唱している，語彙学習に含まれる文法的情報の学習について配慮するのであれば，この種の collocations はあまり有益とはいえないかもしれない。それよりも，「名詞＋動詞」や「動詞＋名詞」という collocations の学習の方が言語使用にとって有効であろう。

前者でいえば，arise, collapse, explode, fade, tremble といった動詞を指導するとき，a problem arises, the gate collapsed, the ship explodes, the light fades, his hands trembled といった collocations で示すようにする。

後者のタイプでは，avoid, deliver, ignore, predict, provide といった動詞を指導するとき，avoid mistakes, deliver the letter, ignore his questions, predict the future, provide food といった collocations で示す。

こうすれば，学習者はこれらの動詞がどのような名詞（つまり主語）を前にとるのか，あるいはどのような名詞（つまり目的語）を後ろにとるのかを理解する。

Collocations の学習は，このように語彙の獲得しやすさに貢献するだけでなく，言葉の構造の理解に結びつく。更に重要なことは，連語（collocations）の学習は言語使用に大いに役立つということである。コーパスから選定された collocations をマスターすれば，それは自然な言語使用の源となる。そして，蓄積された collocations はとりわけ speaking や writing の発達に寄与することになる。このように，コミュニケーション活動にとり collocations 学習の意義は高い。

以上のことから，EFL 教師は有用な collocations とは何かを調査分析し，それを語彙指導や speaking や writing 活動の中で活用することが期待される。

◆参考文献

Carter, R. A. (1987). *Vocabulary: Applied linguistic perspectives*. London: Allen and Unwin.
Lay, N. D. S. (1995). Enhancing vocabulary: Using eyes and minds as a microscope. *College ESL, 5*(1), 36-46.
Lewis, M. (1993). *The lexical approach*. Hove, UK: Language Teaching Publications.
McCarthy, M. (1990). *Vocabulary*. Oxford: Oxford University Press.
Nation, I. S. P. (1990). *Teaching and learning vocabulary*. New York: Newbury House.
Richards, J. C. (1976). The role of vocabulary teaching. *TESOL Quarterly, 10*. 77-89.

EAP語彙知識における広さと深さの関係

島田　勝正

1. はじめに

1.1　先行研究

　語彙知識は一般的に広さ（breadth）と深さ（depth）に分類できる。「広さ」とはどれくらい多くの（how many）単語を知っているかを示す語彙知識の量的側面であり，「深さ」とはある単語をどれくらいよく（how well）知っているかという質的側面である。

　語彙知識の深さは，意味，形態素的特質，文法的機能など多くの側面をもつが，その重要な側面の1つに連想（association）がある。Read（1993）は，University Word List（UWL）から50語の刺激語を選定し，8語から構成される語群から，刺激語と関連する4語を選択させる語連想テスト（word associates format）を開発した。刺激語と連想語の関係として，Read（1993）は，両者が同義語（synonyms）である，あるいは意味が類似しているという範列的な（paradigmatic）関係，両者が共起語（collocates）として1つの文の中で同時に使われる場合の連辞的な（syntagmatic）関係，連想語が刺激語の意味の一部を表している場合の分析的な（analytic）関係を挙げている。さらに，Read（1998）は，刺激語と連想語の関係により一貫性をもたせるため，刺激語には形容詞のみを用い，選択肢の連想語には同義語として形容詞，共起語として名詞を配置した改訂版を開発した。

　このような語連想テストを用いて，範列的な連想と連辞的な連想に焦点を当て，英語学習者の心的辞書（mental lexicon）における語彙ネットワー

クの発達を解明しようという研究が近年盛んになってきている。例えば，Shimamoto (2000) は，北海道大学語彙表から50語の刺激語を選定し，多肢選択式の語連想テストを作成し，語彙サイズの異なる3つの大学生集団に実施した。そして，どの語彙サイズの集団においても範列的連想が連辞的連想を上回ったと報告している。また，Mochizuki (2002) は，北海道大学語彙表から選定した72語を刺激語とする語連想テストを用いて，大学1年生の1年間の語彙発達を観察した。1年間の英語学習によって，範列的連想は比較的緩やかに発達したのに対して，連辞的連想はやや急激に発達したという語彙知識の変化に相違はあるが，前者が後者を上回るという関係は，学習の開始前でも終了後でも変わらなかったと報告している。

一方，島本・門田 (2004) は，北海道大学語彙表より中学・高校必修レベルの30語の刺激語を選定し，連想語をできるだけ多く書くことを大学生に求めた。その結果，範列的な連想と連辞的な連想において，解答数に有意な差は見られなかったが，正答数では後者が前者を有意な差で上回ったと報告している。また，Orita (2002) は，60語の高頻度の刺激語を選定し，学力の異なる中学生から大学生に至る4つの集団に対して，刺激語を聞いて最初に思いつく単語を書くように求めた。範列的な連想と連辞的な連想の割合は，学力レベルが上がるにつれて母語話者の行動様式に近づいてはいるが，いずれの集団においても，後者が前者を圧倒的に上回っている。

このように範列的連想と連辞的連想に関して，再認 (recognition) と再生 (recall) という測定方法の違いにより，相反する結果が観察されたことは興味深い。しかしながら，これらの先行研究では，語彙サイズテストの目標語と語連想テストの刺激語に1対1の対応が見られず，両者の対等な比較を困難にしている。また，自由記述の再生式語連想テストでは，刺激語により連想される語数に大きな差が出るため，結果が項目間で相殺されてしまうといった問題点があると思われる。

ところで，English for Academic Purposes (EAP) 用の代表的な語彙表としてはUWLが使われてきたが，近年，それに代わる語彙表として，

570語からなる Academic Word List（AWL）が開発された（Coxhead, 1998）。AWL は 350万余語の学術コーパス（Academic Corpus）から作成されている。この語彙表の選定基準は，1）General Service List（West, 1953）の 2000語を除き，2）範囲として，芸術，商業，法律，科学の各分野で 10回，かつ，各分野の 7下位領域で 15回以上出現し，3）頻度としては学術コーパス全体で 100回以上出現することである。AWL は学術コーパス全体の 10%をカバーし，UWL の 836語より 266語も少ないのに，学術コーパスのカバー率は UWL のそれとほとんど変わらず（9.8%），両者の重複語彙数は 435語（51%）である。AWL は，学術コーパスにおける頻度により，10段階の下位表（sublist）に区分されており，第1から第9段階までがそれぞれ 60語，第10段階が 30語で構成されている。この EAP 用語彙表の改訂に伴い，新しい語彙表に対応する語彙テストの開発と，それを用いて語彙知識の広さと深さの関係を探ることが必要となった。

1.2 研究課題と仮説

上述した先行研究を背景にして，本研究では，EAP の語彙に関して以下の3点を研究課題とする。
(1) 語連想に焦点を当てて AWL に基づく再認式の深さテストを開発すること。
(2) 再認式の測定方法が，範列的な連想と連辞的な連想のいずれの側面に影響を与えるかを調べること。
(3) 語彙知識の広さは，範列的連想と連辞的連想のいずれの側面に関係が深いかを調べること。

先行研究を参照して，上記の研究課題の（2）および（3）に関する仮説を次のように設定した。
(1) 再認式の語連想テストでは，範列的な連想は連辞的な連想を上回る。
(2) 語彙サイズは，連辞的な連想よりも範列的な連想との関係がより強い。

2. 研究方法

2.1 テスト

まず，AWLに基づき，英単語に対応する日本語の意味を4つの選択肢から1つ選ぶ語彙サイズテスト3フォーム（Form A, Form B, Form C）を開発した。この結果に基づき，平均点と標準偏差が等しくなるように適宜項目を選定して，語彙サイズテストの代替フォーム（alternative forms）Form X と Form Y を作成した（島田，2003）。2つのフォームはいずれも23項目から構成され，その選定基準は頻度と品詞である。AWL570語における形容詞：名詞：動詞の比率は約1：2：2であるので，各頻度からその比率にほぼ一致するように，形容詞5語，名詞9語，動詞9語，合計23語を選んだ。

次に，語彙サイズテストの目標語である23語を刺激語とする，語彙サイズテストに完全に対応した語連想テスト2フォーム（Form X, Form Y）を開発した（Appendix 参照）。測定方法は語彙サイズテストと同様に再認式とした。

語連想テストの選択肢は，2つの語群に区分され，それぞれの語群には4語の連想語が配置されている。1つ目の語群には，刺激語に対して範列的関係にある連想語として同義語が，2つ目の語群には，刺激語に対して連辞的関係にある連想語として共起語が配置されている。選択肢の品詞は，範列的関係では刺激語の品詞と同じであるが，連辞的関係では，刺激語が形容詞の場合は名詞，刺激語が動詞の場合は名詞，刺激語が名詞の場合は動詞と形容詞とで折半した。

選択肢の連想語の選定に当たっては，*Roget's Pocket Thesaurus*（1972），*Oxford Collocations Dictionary for Students of English*（2002），*Collins COBUILD English Collocations on CD-ROM*（1995），*The Oxford Desk Dictionary and Thesaurus*（2002）を主として参照した。また，AWLの単語をできるだけ多く取り入れる努力を行った。選定した共起語に関しては，British National Corpus（BNC）で点検したところ，ほとんどすべての連想語が中心語から左右3語以内に共起する語100件に入ることが確認

された。

　語連想テストの各項目の錯乱肢は，4つの連想語の選定が2つのフォームについて終了したあとで，Form Xの選択肢の4語のうち2語を，Form Yの選択肢の2語と項目交換してそれぞれの錯乱肢とした。この項目交換作業は2つの語群においてそれぞれ実施された。選択肢を単語の最初の文字によりアルファベット順に並べ替えて，2つの語群のそれぞれに正解2語，不正解2語の選択肢をもつ語連想テストの最終版が完成した。

　解答は，語彙知識の深さの度合いが反映されるように，2つの語群からそれぞれ2語を選択させる形式を採用し，採点は部分点（0-1-2）方式を用いた。したがって，再生式語連想テストのように項目間に大きな得点差は生じない。

2.2　被験者

　被験者は，私立4年制大学文学部（英語英米学科，国際文化学科）の学生91名である。語彙サイズテスト2つのフォーム Form X と Form Y の合算結果により，33点以上を上位群（n = 47），33点未満を下位群（n = 44）として2群に分類した。

2.3　手順

　まず，語彙サイズテストの2フォームを合体版として実施した。その1週間後に語連想テスト Form X を実施し，さらにその1週間後に語連想テスト Form Y を実施した。実施時間は，語彙サイズテストが15分，語連想テストが30分であった。いずれのテストも開始前に解答方法を説明し，テスト終了後，機械採点のために解答のマークシートへの転記を求めた。

2.4　データ分析

　まず，語彙サイズテストおよび語連想テストの平均点，標準偏差，信頼性係数（クロンバック α ）を算出した。語連想テストは範列的連想と連辞的連想を別々に算出した。次に，Form X と Form Y の2フォームの代替性を確認するために，語彙サイズテスト，語連想テスト（範列的連想およ

び連辞的連想）について，平均点および標準偏差の有意差検定を行い，さらに2フォーム間の相関係数を求めた。語彙サイズテストおよび語連想テストの範列的連想では，代替性が確認されたが，語連想テストの連辞的連想では確認できなかった。続いて，語連想テストにおける範列的連想と連辞的連想の平均点を有意差検定した。また，語彙サイズテストと範列的連想の相関および語彙サイズテストと連辞的連想の相関を有意差検定した。いずれの分析も2フォーム（Form X, Form Y）について，全体および上位と下位の学力群ごとに，合計および高頻度（sublist 1-5）と低頻度（sublist 6-10）の頻度群ごとにそれぞれ行った。

表1 基礎統計

Form X

		合計 ($k=23$)			高頻度群 ($k=13$)			低頻度群 ($k=10$)		
		サイズ	範列的	連辞的	サイズ	範列的	連辞的	サイズ	範列的	連辞的
全体	平均	15.65	32.04	28.18	9.35	18.08	16.63	6.30	13.97	11.55
($n=91$)	標準偏差	4.52	4.74	4.24	2.61	3.52	2.72	2.23	2.15	2.33
	信頼性係数	0.82	0.67	0.59	0.72	0.67	0.49	0.63	0.30	0.33
上位群	平均	19.04	34.87	30.02	11.21	20.21	17.45	7.83	14.66	12.57
($n=47$)	標準偏差	2.16	3.63	4.56	1.37	2.77	3.13	1.27	1.94	2.20
	信頼性係数	0.39	0.50	0.63	0.31	0.52	0.61	0.02	0.25	0.22
下位群	平均	12.02	29.02	26.20	7.36	15.80	15.75	4.66	13.23	10.45
($n=44$)	標準偏差	3.44	3.85	2.78	2.10	2.72	1.87	1.83	2.13	1.96
	信頼性係数	0.62	0.45	0.07	0.43	0.37	−0.09	0.40	0.23	0.10

Form Y

		合計 ($k=23$)			高頻度群 ($k=13$)			低頻度群 ($k=10$)		
		サイズ	範列的	連辞的	サイズ	範列的	連辞的	サイズ	範列的	連辞的
全体	平均	15.81	32.15	30.19	10.14	18.66	17.85	5.67	13.49	12.34
($n=91$)	標準偏差	4.16	4.79	5.44	2.41	2.94	3.71	2.17	2.47	2.50
	信頼性係数	0.79	0.67	0.74	0.69	0.55	0.70	0.62	0.43	0.42
上位群	平均	18.96	35.23	33.19	11.81	20.53	19.94	7.15	14.70	13.26
($n=47$)	標準偏差	2.12	3.70	4.79	1.23	2.11	3.07	1.55	2.28	2.34
	信頼性係数	0.43	0.54	0.68	0.37	0.34	0.60	0.35	0.36	0.35
下位群	平均	12.45	28.86	26.98	8.36	16.66	15.61	4.09	12.20	11.36
($n=44$)	標準偏差	3.02	3.45	4.12	2.07	2.33	2.98	1.54	1.98	2.30
	信頼性係数	0.46	0.30	0.52	0.39	0.12	0.51	0.15	0.06	0.31

表2 範列的連想と連辞的連想の平均点の比較

Form X

		合計 (k=23)			高頻度群 (k=13)			低頻度群 (k=10)		
		範列的	連辞的	p	範列的	連辞的	p	範列的	連辞的	p
全体	(n=91)	32.04	28.18	***	18.08	16.63	***	13.97	11.55	***
上位群	(n=47)	34.87	30.02	***	20.21	17.45	***	14.66	12.57	***
下位群	(n=44)	29.02	26.20	***	15.80	15.75	n.s.	13.23	10.45	***

Form Y

		合計 (k=23)			高頻度群 (k=13)			低頻度群 (k=10)		
		範列的	連辞的	p	範列的	連辞的	p	範列的	連辞的	p
全体	(n=91)	32.15	30.19	***	18.66	17.85	*	13.49	12.34	***
上位群	(n=47)	35.23	33.19	***	20.53	19.94	n.s.	14.70	13.26	***
下位群	(n=44)	28.86	26.98	**	16.66	15.61	n.s.	12.20	11.36	n.s.

$*p<0.05$, $**p<0.01$, $***p<0.001$

表3 語彙サイズと連想との相関

Form X

		合計 (k=23)		高頻度群 (k=13)		低頻度群 (k=10)	
		範列的	連辞的	範列的	連辞的	範列的	連辞的
全体	(n=91)	0.628**	0.468**	0.605**	0.421**	0.297**	0.331**
上位群	(n=47)	0.348*	0.263	0.171	0.384**	0.240	−0.034
下位群	(n=44)	0.272	0.196	0.342*	0.266	−0.015	0.044

Form Y

		合計 (k=23)		高頻度群 (k=13)		低頻度群 (k=10)	
		範列的	連辞的	範列的	連辞的	範列的	連辞的
全体	(n=91)	0.684**	0.620*	0.616**	0.609**	0.471**	0.347**
上位群	(n=47)	0.345*	0.102	0.208	0.135	0.247	0.001
下位群	(n=44)	0.360*	0.556**	0.315*	0.487**	0.108	0.247

$*p<0.05$, $**p<0.01$

3. 結果

　表1は，語彙サイズテストおよび語連想テストの平均点，標準偏差ならびに信頼性係数を示している．この結果から，語彙サイズ，範列的連想，

連辞的連想の平均点は学力群および頻度群順に低くなることがわかる。この結果は2つのフォームについて同様である。信頼性係数は，2つのフォームにおいて，全体かつ合計で語彙サイズテストの方が語連想テストよりもやや高い傾向があるが（Form X: 0.82＞0.67, 0.59；Form Y: 0.79＞0.67, 0.74），フォーム，学力群，頻度群により変異が見られる。

表2は，範列的連想と連辞的連想の平均点を比較している。学力群や頻度群により，一部有意差に至らなかったが，全体および合計においては，範列的連想の平均点は連辞的連想の平均点を上回っている。この結果は2つのフォームのいずれにおいても観察できる（例えばForm X: 32.04＞28.18; Form Y: 32.15＞30.19）。

表3は，語彙サイズと範列的連想および連辞的連想のそれぞれとの相関を示している。学力群や頻度群により，一部変異が見られるが，全体かつ合計および全体かつ高頻度群においては，語彙サイズと範列的連想との観測相関は，語彙サイズと連辞的連想との観測相関よりも大きい。この結果は2つのフォームのいずれにおいても観察できる（例えばForm X: 0.628＞0.468; Form Y: 0.684＞0.620）。両者の相関の差は，観測上はForm Yでは有意に至らなかったが，希薄化の修正を適用すれば有意となる。

4. 考察

本節では1節で設定した2つの仮説の検証を行う。先行研究に基づいて，再認式の語連想テストでは，範列的な連想は連辞的な連想を上回っているという仮説を設定したが，この1つ目の仮説は全体および合計で支持され，先行研究と同様の結果を得た。一部，平均点に有意な差が見られなかったのは，細かい分析により標本数や項目数が減少したためと考えられる。

では，なぜ，再認式あるいは再生式という異なる方法で測定すると，範列的連想および連辞的連想の困難度が変異するのであろうか。門田（2003）は，連辞的な連想ネットワークが形成されたあとで，範列的な連想ネットワークが形成されるという発達順序を仮定している。したがって，この相

反する結果は，学習者の心的辞書の中では，連辞的連想は範列的連想を上回っているということを前提にすると解釈がしやすい。つまり，範列的連想においては，数少ないレパートリーの単語の中から再認（選択）するのは容易だが，数少ないレパートリーの単語を再生するのは困難である。そして，他方，連辞的連想においては，多くのレパートリーの単語の中から再認するのは困難であるが，多くのレパートリーの単語を再生するのは容易であると説明できる。

　語彙サイズは連辞的な連想よりも範列的な連想との関係が強いという2つ目の仮説は，全体かつ合計で支持された。この仮説を支持しない結果が一部の学力群や頻度群で見られたが，細かい分析により標本数や項目数が減少したことや当て推量が関係していると思われる。

　では，語彙サイズは連辞的な連想よりも範列的な連想との関係が強いのはなぜであろうか。それは，語連想テストと語彙サイズテストの共通点を探ることによって理解できる。語彙サイズテストは目標語の意味を知っているかどうかを測定している。また，語連想テストにおける範列的な連想では，刺激語と連想語は同義語で意味的な関係にある。つまり，語彙サイズテストと語連想テストの範列的連想の両者には意味という共通点がある。他方，連辞的な連想では，刺激語と連想語は統語的な（文法的な）関係にある。つまり，語彙サイズテストと語連想テストの連辞的連想の両者には意味という共通点がない。したがって，範列的連想は連辞的連想よりも語彙サイズとの関係が強いのでないかと考えることができる。

◆参考文献

Coxhead, A. (1998). *An academic word list*. Wellington, New Zealand: Victoria University of Wellington.

Mochizuki, M. (2002). Exploring of two aspects of vocabulary knowledge: Paradigmatic paradigmatic and collocational. *ARELE, 13*, 121-129.

Orita, M. (2002). Word associations of Japanese EFL learners and native speakers: Shifts in response type distribution and the associative development of individual words. *ARELE, 13*, 111-120.

Read, J. (1993). The development of a new measure of L2 vocabulary knowledge.

Language Testing, 10, 355-371.

Read, J. (1998). Validating a test to measure depth of vocabulary knowledge. In J. Kunnan (Ed.), *Validation in language assessment* (pp. 41-60). Mahwah, NJ: Laurence Erlbaum.

Shimamoto, T. (2000). An analysis of receptive vocabulary knowledge: Depth versus breadth. *JABAET Journal, 4,* 69-80.

門田修平（編著）(2003)『英語のメンタルレキシコン 語彙の獲得・処理・学習』東京：松柏社

島田勝正(2003)「EAP語彙テスト―受容語彙と制限的発表語彙の関係―」『中部地区英語教育学会紀要』33，113-120.

島本たい子，門田修平(2004)「日本人英語学習者の語彙ネットワークを探る―語彙知識の広さ・深さ・英語総合力を手がかりに―」第30回全国英語教育学会長野研究大会発表資料

EAP語彙知識における広さと深さの関係

Appendix A

Form X Stud.ID (   ) Name (   )

individual	A. relevant	B. effective	C. single	D. unique	[ ]	E. width	F. darkness	G. member	H. right	[ ] [ ]
concept	A. attribute	B. idea	C. theme	D. work	[ ]	E. annual	F. injure	G. original	H. understand	[ ] [ ]
consist	A. change	B. contain	C. delete	D. include	[ ]	E. analogy	F. conflict	G. committee	H. member	[ ] [ ]
strategy	A. approach	B. assignment	C. opinion	D. tactics	[ ]	E. change	F. economic	G. participate	H. voluntary	[ ] [ ]
seek	A. absorb	B. hunt	C. omit	D. search	[ ]	E. advice	F. departure	G. headache	H. help	[ ] [ ]
sufficient	A. acquainted	B. adequate	C. satisfactory	D. total	[ ]	E. death	F. district	G. evidence	H. time	[ ] [ ]
emphasis	A. importance	B. plan	C. prominence	D. thought	[ ]	E. place	F. publish	G. rigid	H. special	[ ] [ ]
remove	A. convert	B. eliminate	C. delete	D. handle	[ ]	E. arrival	F. climate	G. doubt	H. obstacle	[ ] [ ]
hypothesis	A. principle	B. stance	C. theory	D. writer	[ ]	E. bold	F. daily	G. kill	H. test	[ ] [ ]
investigate	A. apply	B. examine	C. explore	D. revise	[ ]	E. afternoon	F. behalf	G. cause	H. complaint	[ ] [ ]
fundamental	A. corresponding	B. essential	C. extensive	D. primary	[ ]	E. appointment	F. change	G. problem	H. youth	[ ] [ ]
capacity	A. ability	B. capability	C. inventor	D. occasion	[ ]	E. full	F. increase	G. reverse	H. prohibit	[ ] [ ]
modify	A. decline	B. improve	C. monopolize	D. revise	[ ]	E. adult	F. breath	G. plan	H. system	[ ] [ ]
index	A. catalog	B. experiment	C. hope	D. list	[ ]	E. abstract	F. complete	G. consult	H. export	[ ] [ ]
reveal	A. display	B. look	C. reject	D. show	[ ]	E. detail	F. figure	G. literature	H. role	[ ] [ ]
identical	A. complimentary	B. duplicate	C. matching	D. special	[ ]	E. ignorance	F. size	G. twin	H. vacancy	[ ] [ ]
phenomenon	A. comrade	B. future	C. incident	D. occasion	[ ]	E. abandon	F. explain	G. liberal	H. recent	[ ] [ ]
submit	A. fade	B. insist	C. offer	D. propose	[ ]	E. application	F. kindness	G. laboratory	H. report	[ ] [ ]
chart	A. associate	B. map	C. table	D. topic	[ ]	E. flow	F. pursue	G. reluctant	H. see	[ ] [ ]
deviate	A. curve	B. drop	C. examine	D. turn	[ ]	E. average	F. failure	G. poverty	H. route	[ ] [ ]
temporary	A. acceptable	B. peculiar	C. provisional	D. transitional	[ ]	E. accommodation	F. employment	G. month	H. tradition	[ ] [ ]
attain	A. achieve	B. move	C. reach	D. scrutinize	[ ]	E. action	F. goal	G. level	H. practice	[ ] [ ]
encounter	A. aspect	B. contact	C. dispute	D. meeting	[ ]	E. complex	F. expect	G. insert	H. sexual	[ ] [ ]

-85-

Appendix B

Form Y	Stud.ID ( ) Name ( )

specific	A. ample	B. important	C. particular	D. unique	E. area	F. confidence	G. honesty	H. problem [ ] [ ]
issue	A. design	B. matter	C. problem	D. significance	E. equip	F. important	G. raise	H. steep [ ] [ ]
analyze	A. give	B. investigate	C. omit	D. separate	E. data	F. eternity	G. morning	H. result [ ] [ ]
feature	A. aspect	B. guess	C. priority	D. trait	E. automatic	F. characterize	G. invest	H. major [ ] [ ]
affect	A. discover	B. infect	C. influence	D. look	E. factor	F. health	G. justice	H. symbol [ ] [ ]
valid	A. basic	B. logical	C. reasonable	D. same	E. claim	F. glance	G. phase	H. reason [ ] [ ]
task	A. activity	B. assumption	C. competence	D. job	E. consume	F. difficult	G. innocent	H. perform [ ] [ ]
exclude	A. change	B. eliminate	C. omit	D. research	E. appearance	F. climate	G. influence	H. possibility [ ] [ ]
attitude	A. chance	B. plan	C. position	D. view	E. available	F. change	G. devote	H. positive [ ] [ ]
occupy	A. adjust	B. conquer	C. invade	D. present	E. position	F. pride	G. quantity	H. space [ ] [ ]
aware	A. awake	B. conscious	C. interim	D. similar	E. choice	F. fact	G. judgment	H. problem [ ] [ ]
notion	A. event	B. idea	C. image	D. potential	E. occur	F. polite	G. support	H. vague [ ] [ ]
alter	A. convert	B. expose	C. present	D. transform	E. course	F. escape	G. fact	H. success [ ] [ ]
author	A. creator	B. graph	C. happening	D. novelist	E. explicit	F. expose	G. famous	H. refer [ ] [ ]
utilize	A. change	B. delete	C. employ	D. use	E. advance	F. blame	G. information	H. resource [ ] [ ]
comprehensive	A. conditional	B. inclusive	C. previous	D. whole	E. atmosphere	F. delay	G. guide	H. plan [ ] [ ]
decade	A. decency	B. decennary	C. decennium	D. diagram	E. adjust	F. begin	G. domestic	H. past [ ] [ ]
eliminate	A. accomplish	B. bend	C. dispose	D. erase	E. birth	F. discrimination	G. marriage	H. possibility [ ] [ ]
prospect	A. content	B. directory	C. expectation	D. possibility	E. compensate	F. exciting	G. face	H. oral [ ] [ ]
inspect	A. arrive	B. comprise	C. examine	D. observe	E. damage	F. evening	G. focus	H. site [ ] [ ]
mutual	A. abundant	B. interactive	C. personal	D. reciprocal	E. respect	F. series	G. understanding	H. weather [ ] [ ]
diminish	A. compose	B. decrease	C. insist	D. reduce	E. ceremony	F. power	G. survey	H. tension [ ] [ ]
colleague	A. coworker	B. procedure	C. teammate	D. thought	E. former	F. parallel	G. shine	H. work [ ] [ ]

データ支援型英語学習と教材研究の視点

久保田 章

1. はじめに

1.1 教材と言語コーパス研究

　情報技術の発達とともに，the British National Corpus（BNC）や the Bank of English に代表される言語コーパスが数多く開発されるようになり，教材論の分野においても，英語の母語話者の言語使用の集成である大規模コーパスのデータを利用した研究が盛んに行われてきている。コーパス研究の成果は，一般に，項目の出現頻度（frequency）という客観的な情報として表示される。したがってその情報をどのように評価するかによって，英語教育における利用の仕方も変わってくる。

　Biber and Reppen（2002），Fox（1998），Römer（2004）等では，コーパスデータを語彙，語法，文法などの面から数量的に分析し，その結果得られる語や構造に関する頻度情報が教材の研究や開発の基準になると考えている。一方，Richards（2006）や Widdowson（2003）は，教材の英語は英語の母語話者が実際に用いている英語を直接引用したり，反映したりしている必要は必ずしもないとして，言語テキストの真正性（authenticity）に対する過度の信頼に注意を促している。

1.2 データ支援型の英語学習

　データ支援型とは取り立てて新しい概念というわけではないが，下に述べるように，データ駆動型の学習（data-driven learning, DDL）と対照的な側面があるので，このように称する。言語習得における教材の重要な役

割は，学習対象となる言語項目や現象について学習者の気づき（noticing）を誘発することである。この点について，コーパス分析の成果を言語学習に積極的に利用しようとするDDLでは，一般に特定の項目がどのような文脈で使用されているかを示すコンコーダンス（concordance）情報を学習者に提示し，学習者は，その情報から文法や語法に関する言語使用の規則性を自分で発見したり，気づくことが期待されている（Johns, 1993; 齊藤・中村・赤野，2005）。コンコーダンス情報は，基本的にコーパスを分析して得られる生データのリストで，データ自体に手を加えることは原則として行われない。そのため，語彙や文法，文化等の観点から，学習者にとってデータが難しすぎるという可能性もある。さらには，Hyland（2003）も指摘しているように，実際のコンコーダンス情報を処理する際の学習者の負担は予想以上に大きく，結果的に気づきや発見に至らないことも多い。

　一方，データ支援型学習では，効果的な気づきを誘発するように，言語データ自体の修正や簡略化のような一種の「教材化」が実施される。もちろん必要がなければ，無理に行うことはないが，学習者の認知的，情緒的な諸条件や学習の目的などに応じて必要なデータを選択したり，調整したり，配列したりすることが前提となる。言い換えれば，生の素材としてのデータではなく，適切な教材としてのフィルターを通ったデータが，この学習では重要視される。したがって，教科書等の既成の教材の言語データも気づきをもたらすべき一定の基準を満たしていればよいことになる。

1.3　比較教材研究の重要性

　実践と研究の両面において，様々な教材の比較研究や分析が行われてきた。例えば，Cunningsworth（1995）は，教科書の採用や選択に際して，個々の項目が，教科書の中でどのように記述され，扱われているのかを把握することが重要な課題であるとして，教科書の「深い（綿密な）評価（in-depth evaluation）」の必要性を指摘している。同様に，小寺（1996）は，指導者が教科書の比較研究を行ない，自分が使用する教科書の特徴を把握して，その長所を生かし，短所を補うことにより，より効果的な実際の指導へとつなげていくことを提唱している。

頻度情報は，教材の研究や開発において有効な指標のひとつであるが，常に最大の基準とは限らないという前提に立てば，次に，どのような場合に，どの程度頻度情報を重視すべきかが課題となる。しかし，そのための明確な方法論が確立しているわけではないので，実際の教材研究においては，（大規模）コーパスの頻度情報などを適宜参照しながら，学習者の能力やニーズ，学習のプロセスなども考慮し，自分が使用する教材の言語データの質的，量的な分析を行うことが必要となってくる。本研究の目的は，このような問題意識に基づいて，中学校の英語教科書のデータについて比較分析することである。紙幅の都合上，第3節の分析は網羅的ではないが，上で示した教材研究の視点に基づくものである。

2. データ分析の対象

本稿で分析に用いた主なコーパス（データベース）は，次の通りである。
(1) BNCの1部を構成する総語数1000万語の話し言葉のコーパス（spoken corpus）（以下 BNCsc）。中学校学習指導要領において，特に音声によるコミュニケーション能力が重視されているという現状を考慮し，話し言葉に限定した。
(2) 平成14年度版の中学校英語検定教科書の言語データ。販売実績が上位で，国内で広く使用されていると認められる① *New Crown*（以下 NC），② *New Horizon*（以下 NH），③ *Sunshine*（以下 SS）の1-3年生用の教科書計9冊から出版社別に英文（本文＋例文，モデル文など）をデータベース化した。（WordLab, 1.40版（日中産業通信）を使用）。総語数は，それぞれ① 7843語，② 10248語，③ 9737語である。
(3) 子供向けの映画5編の台詞のデータ（以下 CM）。総語数は36734語。Finding Nemo (2003), The Iron Giant (1999), The Many Adventures of Winnie the Pooh (1977), Monsters, Inc. (2001), Piglet's Big Movie (2003)（データ化については，CaptionDVD（スクリーン出版）を利用。）
(4) the Bank of Englishの1部を構成する500万語の Wordbank (Harper Collins, 2001)。

3. 前置詞の諸問題と分析

　前置詞は，接続詞や冠詞などと同様，いわゆる機能語に分類されるのが通例である。*Longman Dictionary of Language Teaching and Applied Linguistics*（2002）では，機能語は，内容語と異なり，独立した語彙的意味（lexical meaning）はほとんど持たず，その働きは文の要素や文間の構造的関係を示す語であると定義されている。

　しかしながら，前置詞は他の機能語に比べ実質的な意味機能を備えており，この点を軽視すべきではない。例えばHalliday and Matthiessen（2004）は，前置詞と分詞を入れ替え可能な場合があること（例: near/*adjoining* a house, about/*concerning* the trial）などを指摘し，前置詞と動詞の機能的類似性に着目して，前置詞を動詞類（verbal）の範疇に分類している。

　また前置詞は，意味や機能が多様で，日本人学習者にとって学習上の困難点のひとつでもあり，相応な指導が必要な項目と考えられる。一方で前置詞は，内容語と異なり，英文の話題や場面などによって出現頻度が影響を受ける可能性が低く，数量的な観点から教材を比較分析する際に有効な基準となる。

3.1　教科書の前置詞の概要

　Leech, Cruickshank, and Ivanic（2001）は，大規模コーパスのひとつであるLongman Corpus Networkを基に標準的な英語について記述しており，その中で，一般的な1語の前置詞としてabout*, above, across*, after*, along, around, as*, at*, before*, below, beside, between*, but, by*, down*, for*, from*, in*, into*, like, near*, of*, off*, on*, onto, over*, past, per, since*, than*, through*, till*, to*, under*, until*, up*, with*, without*の38語を挙げている。*をつけた28語は，平成10年度版中学校学習指導要領の別表1において総語数に含めるべき基本語100語の中に含まれているものである（ただし，untilとtillは1語として扱われている）。また，指導要領の別表1には，これらに加え，上のリストにはないamongとduringの2語が含まれている。

上に示した全40語のうちBNCscにおいて前置詞としての出現頻度が100万語当たり2000語以上の語は10語（toの通常の用法と不定詞用法を区別した場合）あり，その出現順位は表1の通りである。また，中学校の英語教科書においては，これら10個の前置詞だけで全体の約90%を占めており，各前置詞の出現頻度等は，表2のようになっている。

表1　BNCscにおける頻度順位10位までの前置詞

順　位	1	2	3	4	5	6	7	8	9	10
前置詞	to(i)	of	in	to	for	on	with	at	about	from
頻　度	16615	15093	11609	6950	6346	5659	4446	4385	2730	2178

注：出現頻度は，100万語単位の総頻度で，Leech, Rayson, and Wilson (2001) による。to(i) はtoの不定詞用法，toは通常の前置詞用法を示す。

表2　BNCscの頻度順位10位までの前置詞の各教科書における頻度と順位

	前置詞	to(i)	of	in	to	for	on	with	at	about	from	その他	計
NC	頻　度	84	56	169	68	58	40	17	29	30	14	64	629
	出現率	13.35	8.90	26.87	10.81	9.22	6.36	2.70	4.61	4.77	2.23	10.17	
	順　位	2	5	1	3	4	6	9	8	7	10		
NH	頻　度	143	71	136	85	97	44	36	54	34	32	98	830
	出現率	17.23	8.55	16.39	10.24	11.69	5.30	4.34	6.51	4.10	3.86	11.81	
	順　位	1	5	2	4	3	7	8	6	9	10		
SS	頻　度	131	89	138	112	76	29	47	54	54	42	95	867
	出現率	15.11	10.27	15.92	12.92	8.77	3.34	5.42	6.23	6.23	4.84	10.96	
	順　位	2	4	1	3	5	10	8	6	6	9		

注：その他には，上位10個以外の前置詞が含まれる。出現率は，パーセントで表示。

　BNCscと比べ，どの教科書でもofの出現率が低く，その他についても教科書により順位に変動はあるが，BNCscのリストで10位までの語は，どの教科書においても，すべて10位以内に含まれている。次に各前置詞の出現頻度をカイ2乗検定により分析したところ，$\chi^2(18, 2069) = 66.06, p < .01$であり，教科書により前置詞の頻度に傾向の違いがあることがわかった。

そこで残差の検定を行い,どの前置詞について有意差があるのか調整済み標準化残差を求めた結果が表3である。(SPSS 14.0 を使用。)

表3 調整済み標準化残差による残差分析

	to(i)	of	in	to	for	on	with	at	about	from
NC	−1.8	−0.5	5.8*	−0.6	−0.8	2.0*	−2.4*	−1.7	−0.5	−2.5*
NH	2.0*	−0.8	−2.3*	−1.2	2.2*	0.8	0.1	1.0	−1.5	0.2
SS	−0.3	1.2	−3.0*	1.8	−1.5	−2.6*	2.1*	0.5	2.0*	2.1*

注:*$p<.05$. 調整済み残差の検定では,絶対値が2以上だと有意水準5%で有意に特徴的な項目であるとみなすことができる(内田,2002)。

表3によれば,教科書間で7個の前置詞の出現頻度は有意に異なっており,特に,in, on, with, from の4語では,出現頻度が有意に多い場合と少ない場合があり,教科書によっては正反対の傾向が顕著であった。相対的に見ると,NC は,in, on が多く,with と from が少ない。NH では,to 定詞,for が多く,in が少ない。同様に SS は,with, about, from が多く,in と on が少ないことが示されている。to, of, at については,教科書間では統計的に有意な差は見られない。

学習指導要領の別表1に含まれていない語で,BNCsc の頻度順位が比較的高いものは,11位の like (1762: 100万語単位の総頻度を示す。以下同様) と21位の against (257) である。like の場合,話し言葉では,前置詞 (1762) の方が動詞 (1170) より出現頻度は高く,書き言葉では,前置詞 (983) と動詞 (337) との差は,さらに3倍近くまで広がる。against の場合も,書き言葉では100万語当たりの頻度が597で,話し言葉の2倍以上となり,前置詞としての重要度はさらに上昇すると言える。

表4は,BNCsc を基準のコーパスとして,3種の教科書と CM における like (前置詞と動詞) と against の出現頻度についてそれぞれ分析を行った結果である。分析には,Dunning (1993) の対数尤度 (Log-likelihood, LL) を用いた。対数尤度は,通常のカイ2乗と比べ,比較されるコーパスのサイズ (総語数) が大きく異なる場合に適した方法であるとされている。

表4　教科書中の against と like の対数尤度分析の結果

	NC		NH		SS		CM		BNCsc
	frq	LL	frq	LL	frq	LL	frq	LL	FRQ
against	2	－0.00	5	1.68	0	—	1	－12.36**	257
like	8	－2.89	9	－5.57*	6	－9.70**	82	4.23*	1762
like（verb）	41	59.02**	57	87.53**	83	186.01**	61	6.65**	1170
Total	51		71		89		144		3189

注：*p<.05; **p<.01. 対数尤度の算出には，対数尤度算出ファイル（大学英語教育学会基本語改訂委員会）を使用した。対数尤度の絶対値が 3.8 以上の場合は 5％水準で，6.6 以上の場合は 1％水準で有意であるとされる。(Leech, Rayson, & Wilson, 2001) 尤度値が＋の場合は，基準コーパス（ここでは BNC）に比べ，他のデータベースにおける語の出現率が高いことを，マイナスの場合は，逆に少ないことを意味している。frq は各データベースにおける総語数，FRQ は 100 万語単位での出現頻度を示す。

　like の場合，BNCsc と比べて，CM では，前置詞（5％水準）も動詞（1％水準）も有意に出現頻度が高かったが，動詞より前置詞の出現数が多く，BNC と似た傾向が観察できる。日本の教科書は，どれも動詞の頻度が著しく高い（1％水準）。like の前置詞用法は取り上げられているが，頻度が低い傾向はどの教科書でも同じで，NH（5％水準）と SS（1％水準）では，有意に低くなっている。

　外国語教育の観点から言えば，基本動詞の習得が優先されるのが一般的であろうし，頻度分析の結果をそのまま中学校の教材作成に反映すべきという結論を導くことはできないが，like の前置詞用法は，英語の母語話者にとっては，習得の比較的早い時期（子供の頃）からよく見聞きする対象であるという点は注意しておいてよいと思われる。

　against は，SS には出現せず，NC と NH では BNCsc との間に有意な差はなかったが，CM ではその頻度が有意に低くなっている。これは，down や up などと比べ，子供にとって against が概念的に習得や理解が難しい前置詞のひとつであるとみなされているからと解釈することもできるだろう。

3.2 前置詞の分析事例

本節では，前置詞 about を取り上げ，中学校の英語教科書の分析研究を行う。Willis（2003）は，前置詞のような頻度の高い言語項目と，特定の動詞や名詞のような他の語群との共起関係が予測される場合をパターン（pattern）と呼び，言語の習得における一種の構文的パターンの知識の重要性を指摘している。例えば動詞と前置詞 about から成る'V + *about* + N'や'V + N + *about* + N'という構造では，基本的に ask, talk, tell, などをはじめとするコミュニケーションと関係のある動詞との強い共起関係が存在するという。前置詞の意味用法の多様性に目を奪われるのではなく，このようなパターンに関する規則性を学習者が自ら発見して使用したり，あるいは指導を通じて明示的な知識として獲得し，使用し，確認するという方向性が，効率的な外国語の習得を可能にすると考えられる。

表5は，3種の教科書で about と共起している動詞の学年ごとの内訳を示している。

表5 about と共起している動詞と学年ごとの出現回数

NC						
	総数 14					
	1年	ask	read			
	2年	know	talk(2)	tell(2)		
	3年	talk	tell	think(2)	study(2)	be worried
NH						
	総数 18					
	1年	0				
	2年	find out	forget	hear(2)	learn(2)	talk(2)	tell(2)	worry
	3年	explain	know	learn	tell(2)	worry	write
SS						
	総数 24					
	1年	know	talk			
	2年	hear	tell(4)	think(2)		
	3年	know	talk(6)	tell(3)	think	be(4)

注：括弧内の数字は，出現回数が複数回であることを示している。

NH では1年次に動詞 + about の用例がなく，3年次には explain about

という構造が出現しているという特徴がある。この構造は，*Collins COBUILD Concordance Samplers 3: Reporting* (1995) では explain 40例のうち2例出現しており，*Collins COBUILD English Grammar* (1990) や *Oxford Collocations Dictionary for Students of English* (2002) でも explain は about と共起可能と記述されているので，自動詞用法として確かに不可能ではない。また，用例を含む元の英文には原作があり，それに従ったものとも思われる。しかし，実際のデータを観察すると，explain + about は極めて少ないので，注意を要する。例えば Wordbank においては，話し言葉で用いられた explain100 例のうち，explain about はわずか1例であった。同様に，*Longman Dictionary of Contemporary English*, 第4版 (2003) や *Collins COBUILD Advanced Learner's English Dictionary*, 第5版 (2004)（以下 *COBUILD*）でも explain + about の用法は記載されていない。日本語では，特に情報伝達に関わる動詞の場合，「〜について〜する」という形式を取ることが多く，その影響で explain about を無意識に用いてしまう可能性があるが，英語では他動詞用法の方が適切な動詞群があり，吉川 (1995) は，discuss や mention などと同様，explain もその中に含めている。

一方動詞 explain に着目すると，NC では出現がなく，NH では上記の他に that 節が続く例が1つ，同様に SS では how to が後続する例が1つ出現している。どちらも動詞としての出現頻度は低いが，構造的にはより複雑になっている。CM では "How do I explain this?" のように後に名詞が来る場合が2例，"I'll explain later." という自動詞用法が1例，全部で3例検出されたが，いずれも単純な構造となっている。子供向け映画と日本の教科書を比較するとその提示方法の違いが明らかであると言えるだろう。

表5に示した動詞群は，Francis, Hunston and Manning (1996) を参考にすると，大きく次の4つに意味的に分類することができる。[A: 話したり，書いたりすること，情報発信 (ask, (explain), talk, tell, write)] [B: 考えや気持ちを表すこと (think, be worried, worry)] [C: 知識や情報を得たり，失ったりすること (find out, forget, hear, know, learn, read, study)] [D: その他 (be)]

図1はそれをグラフにしたものである。Willis は，コミュニケーションに

関わる動詞とaboutとの間にパターン関係が生じるとしているが、中でもAの「情報発信」は最も典型的な結びつきであろう。

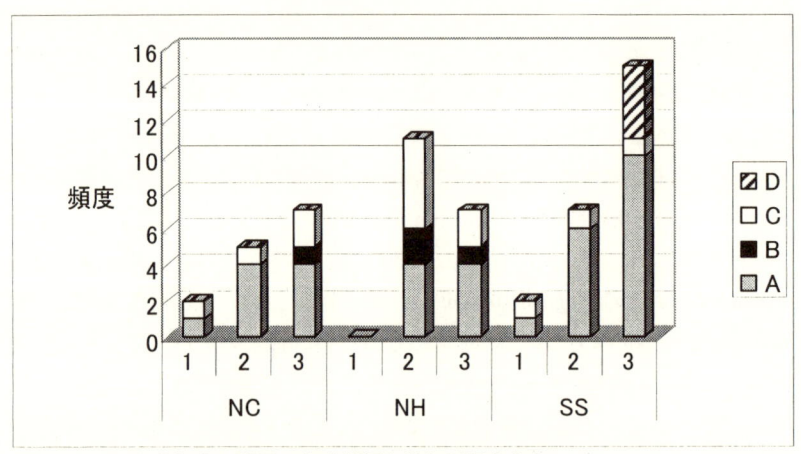

図1. aboutと共起する動詞の意味分類と学年別頻度分布

　以上により、各教科書における動詞の配列状況の比較ができる。NCとSSでは一定の配列原理があるようで、「情報発信」の動詞を中心に、学年を追うごとに動詞の数量と種類が増加していく。更には、aboutと共起している動詞の総頻度と動詞別の頻度の比は、NC(1.75)、NH(1.8)、SS(4.0)であり、SSでは、限られた動詞が繰り返し用いられていることがわかる。また、SSのみ "The book *was about* a man who first came to Japan from abroad." のように be動詞＋aboutの例をあげている。類例は、CMでは about 135 例中8例出現しており、*COBUILD* でも定義の2番目に掲げられているなど、中学校で扱うかどうかは別の問題としても、指導上相応の考慮が払われてしかるべき項目と考えられる。

　学習指導要領において、言語の使用場面と働きが重視されるようになり、教科書には、特定の言語機能を担う慣用句や定式表現が学習事項として多数掲載されるようになった。例えば、aboutを用いた定式的な表現のひとつである How/What about ～? は、話し言葉でよく用いられ、大きく2つの

意味機能を担うことができる。ひとつは，"What about going for a walk?"のような提案，勧誘，説得などの機能で，もうひとつは，"How about the weather in San Francisco?"のように，質問を焦点化する機能で，相手の意見，感想などをたずねたり，相手からの情報を求めるときに用いられる。"How about you?" は，後者の用法の一種であると考えられるが，特に相手の考えや要求，希望などをたずねる慣用句としても確立しているので，別扱いとする。表6と図2は，それぞれの教科書におけるHow/What about ～? の分布状況を学年と意味機能により示したものである。

NCは全体的に，この種の定式表現の使用頻度が低い。特にHow about

表6　How/What about ～? と How about you? の機能別・学年別頻度分布

学年	NC				NH				SS			
	1	2	3	計	1	2	3	計	1	2	3	計
提案，勧誘，説得	0	0	2	2	2	0	3	5	1	4	0	5
意見，感想，情報	1	1	2	4	0	0	2	2	0	3	1	4
How about you?	0	1	0	1	2	3	2	7	7	4	4	15
学年計	1	2	4	7	4	3	7	14	8	11	5	24

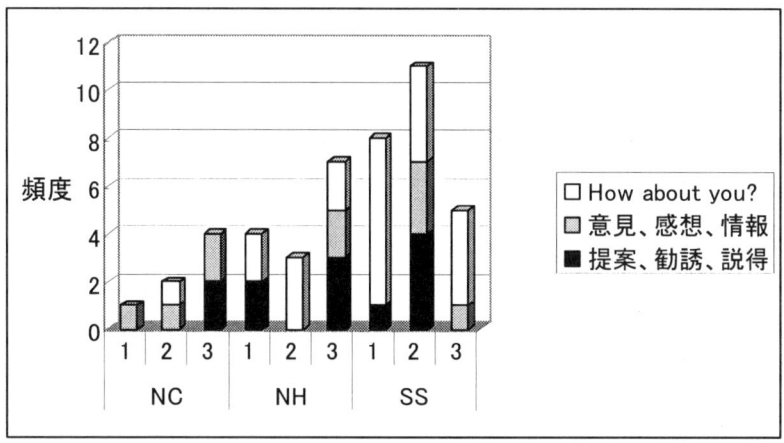

図2. 各教科書におけるHow/What about ～? の意味機能別の分布

you? が少なく，SSとは好対照を成している。SSでは，1年次に特にHow about you? が多用されており，しかもYes-No疑問文が出現する早い時期（第3課）に同時に使用されているので，相手の意向や考えをたずねる決まり文句として扱われていることがわかる。

4. おわりに

本稿では，コーパス分析による頻度情報の評価の適用性，教科書の言語データによる英語学習支援の可能性，教材比較分析の有効性という3つの視点を取り上げ，前置詞を中心に文法習得の観点から中学校の英語教科書のデータについて分析を行った。

英語の習得に必要な全てのインプットデータが教科書の中に具現化されていれば理想的であろうが，教科書という限られたスペースの中では制約が多い。効果的なデータ支援型学習を実践するための前提条件のひとつとして，指導者が教科書や教材のデータの特徴を質的，量的な観点からできるだけ詳細に把握しておくことが重要である。

◆参考文献

Biber, D., & Reppen, R. (2002). What does frequency have to do with grammar teaching? *Studies in Second Language Acquisition, 24*, 199-208.
Cunningsworth, A. (1995). *Choosing your coursebook*. Oxford: Heinemann.
Dunning, T. E. (1993). Accurate methods for the statistics of surprise and coincidence. *Computational Linguistics, 19*(1), 61-74.
Fox, G. (1998). Using corpus data in the classroom. In B. Tomlinson (Ed.), *Materials development in language teaching* (pp. 25-43). Cambridge: Cambridge University Press.
Francis, G., Hunston, S., & Manning, E. (1996). *Grammar patterns I: Verbs*. London: HarperCollins.
Halliday, M. A. K., & Matthiessen, M. I. M. (2004). *An introduction to functional grammar* (3rd ed.). London: Arnold.
Hyland, K. (2003). *Second language writing*. Cambridge: Cambridge University Press.
Johns, T. (1993). Data-driven learning: An update. *TELL & CALL, 3*, 4-10.

Leech, G., Rayson, P., & Wilson, A. (2001). *Word frequencies in written and spoken English*. Harlow, UK.: Pearson Education.
Richards, J. (2006). Materials development and research: Making the connection. *RELC Journal, 37*, 5-26.
Römer, U. (2004). A corpus-driven approach to modal auxiliaries and their didactics. In J. Sinclair (Ed.), *How to use corpora in language teaching* (pp. 185-199). Amsterdam: John Benjamins.
Widdowson, H. G. (2003). *Defining issues in English language teaching*. Oxford: Oxford University Press.
Willis, D. (2003). *Rules, patterns and words: Grammar and lexis in English language teaching*. Cambridge: Cambridge University Press.

内田　治（2002）『すぐわかるSPSSによるアンケート調査・集計・解析（第2版）』東京：東京図書
小寺茂明（1996）『英語教科書と文法教材研究』東京：大修館書店
齊藤俊雄, 中村純作, 赤野一郎（編）（2005）『英語コーパス言語学：基礎と実践（改訂新版）』東京：研究社
大学英語教育学会（JACET）基本語改訂委員会（編）（2002）『JACET8000』東京：大学英語教育学会（JACET）
吉川千鶴子（1995）『日英比較動詞の文法：発想の違いから見た日本語と英語の構造』東京：くろしお出版

英語授業に活かす談話分析

杉浦 正好

1. はじめに

　談話分析（discourse analysis）は1960年代から1970年代にかけて生まれた学際的な研究分野である。言語学や社会学などが中心的な役割を果たし，関連した論文や実践も1980年代以降には数多く発表されている。その研究方法も言語教育への応用も着実な成果を上げ，近年では批判的談話分析（critical discourse analysis）まで登場している。これは言語を社会的な行為と捉えて分析する研究であり，教育的談話分析（pedagogical discourse analysis）と異なるアプローチが見られる。

　コミュニケーション能力（communicative competence）の育成が求められる日本の英語教育界で，談話分析が徐々に注目を浴びつつある。本稿は軸足を教育的談話分析に置き，談話分析の方法と英語教育への応用例に焦点を絞って，その成果の一端を紹介する。専門的な解説は避け，これまでの談話分析の研究について整理し，応用のさらなる可能性を探ってみることとする。

2. 談話と談話分析

　談話（discourse）の定義は立場によって微妙に異なり，その分析方法も当然異なってくる。談話を話し言葉に限定する場合もあるが，*COBUILD English Dictionary for Advanced Learners*（2001）は"natural spoken or written language in context, especially when complete texts are being considered"

と定義し，書き言葉も含めている。

　談話分析の研究課題についても様々に提案されている。最大公約数的に示しているのが *Longman Dictionary of Language Teaching & Applied Linguistics*（2002, p. 160）であり，次のように簡潔に定義している。

> the study of how sentences in spoken and written language form larger meaningful units such as paragraphs, conversations, interviews, etc.

　Edge（1993, p. 40）は，"How do people use language to interact with each other?" と "How is language organised beyond the grammar of the sentence?" の2つを挙げている。即ち，「言語使用」と「文を超えた言語構成」に着目している。McCarthy（1991, p. 7）は下記のように，言語使用におけるコンテクストと文化が果たす役割を際立たせて定義している。

> Discourse analysis has grown into a wide-ranging heterogeneous discipline which finds its unity in the description of language above the sentence and an interest in the contexts and cultural influences which affect language in use.

　いずれの定義においても，談話は「文（あるいは節）よりも大きな言語単位」を指し，その分析対象として話し言葉と書き言葉の両方を含めている。従来の言語分析が「文レベル」の構造と意味が中心であったのに対して，談話分析は，実際に使用されている言語の「文以上の単位」に関心を持つ学問であるといえよう。

3. 会話分析の実際

　研究対象を話し言葉に限定した場合には会話分析（conversational analysis），書き言葉に限定した場合はテクスト分析（text analysis）と分け，会話分析を独立した研究分野とする見方もあるが，本稿では談話分析の一

部として扱いたい。

　会話分析が日本に本格的に導入されてきたのは比較的新しい。これまでにも会話を「テープ起こし」によって再生することはあったが，表面的な意味内容の把握に留まっていた。会話分析は，内面深くまで理解しようとするもので，社会学あるいは文化的方法を重視したアプローチである。McCarthy（1991, p. 6）は会話分析の目的を，"the close observation of the behaviour of participants in talk and on patterns which recur over a wide range of natural data"と述べている。自然な会話を録音し，筆写したものをデータとして帰納的に分析することを基本としている。

3.1 授業分析と会話分析

　授業改善の試みの一つに，ビデオによる授業分析がある。撮影に成功すれば，収録された自分の授業を何度も振り返ることができることが最大の利点であろう。しかし，ポイントを絞り切れないと，視覚に頼る余りに，表面的な理解に陥りやすい。このような錯覚を防ぎ，さらに綿密な分析を可能にするのが筆写による会話分析である。会話分析における筆写は，単なる「テープ起こし」に留まらず，発話とその状況を正確に再現することが求められる。

　次は会話分析の研究対象の一つである修復作業（repair work）に焦点を当てたものである。誰が発話における誤りに気づくかによって，修復作業は自発的（self-initiated）と他発的（other-initiated）の2つに分けられる。さらに，その誤りを誰が修復するかによって，自己修復（self-repair）と他者修復（other-repair）の2つに分けられる。この分類の組み合わせにより，修復作業は4つのパターンに類型化される。下の例では，誤りを犯すAが本人で，Bが他者ということになる。

（1）自発的自己修復（self-initiated self-repair）
　　A：The TV program is very interested...interesting.
　　（自分で誤りに気づき，自分で訂正する）

(2) 自発的他者修復（self-initiated other-repair）
　　A：The TV program is very interested. No, very...?
　　B：Very interesting.
　　（自分で誤りに気づき，他人が訂正する）

(3) 他発的自己修復（other-initiated self-repair）
　　A：The TV program is very interested.
　　B：Interested?
　　A：No, very interesting.
　　（他人が誤りに気づき，自分で訂正する）

(4) 他発的他者修復（other-initiated other-repair）
　　A：The TV program is very interested.
　　B：No, very interesting.
　　（他人が誤りに気づき，他人が訂正する）

　以上の例は，生徒Aと先生Bの間における教室での典型的な4つの修復作業のパターンと考えることができる。先生の質問に対して会話がどのように展開されるか注目したい。(1)では，生徒が自分で気づいてすぐに訂正するパターンである。(2)では，生徒が自分の答えに自信がないとき，あるいは，ヒントを求めているときに，先生が正解を出してしまう例である。(3)は，生徒の誤り対して，先生がヒントを出し，生徒が正解するのを促している。(4)は，生徒の誤り対して，先生がすぐに正解を言ってしまっている。

　考えさせる授業，あるいは先生と生徒のコミュニケーションを重視する授業では，(3)のパターンが望ましい。それに対して，知識の伝達が主たる目的の授業では(2)や(4)のパターンが多くなる。特に(4)はドリル的な授業が展開され，それだけでは生徒はやがて萎縮し，コミュニケーション能力は養われない。

　会話分析は時間と労力を要するのが欠点であり，頻繁には実施できな

い。しかし，ビデオなどで概略を摑んだあとに，視点を定めて授業の一部を分析すれば効果的である。会話を正確に再現表記することにより，印象に頼りがちな授業観察から脱却し，授業を科学的に分析することが可能となる。

3.2 教材分析と会話分析

会話分析の大きな貢献は，自然な会話の本質を明らかにしたことである。Cunningsworth（1984, p. 72）は，自然な会話内に見られるオーセンティックな（authentic）言語の教材化について次のように述べている。

> Clearly all teaching material, particularly at the earlier stages of learning, cannot and should not be composed of authentic language. It is, however, beneficial to the learner's confidence and motivation, and therefore to his overall learning performance, to be able to cope with a limited amount of authentic language.

実際に話されている英語をそのまま初心者に提示するのは必ずしも得策ではないが，ある程度は慣れさせることにより，学習者は自信を持ち，動機づけになり，学習成果を増すことになるとしている。しかしながら，オーセンティックな英語を売り物にしている対話教材が，現実の談話とはかけ離れていることがある。教材として数多くの対話文が使われているが，単なる会話文の羅列で良いわけではない。

具体的な教材の談話分析を試みよう。次の対話は，日本の大学生向けの英語教科書からの抜粋であるが，内容は一部変更してある。ちなみに，Aは日本人男性で，Bはニュージーランドの女性である。

  A：Will you talk with me?
  B：Certainly, I will.
  A：Are you from New Zealand?
  B：Yes, I am.

A：Did you study Japanese?
　　B：No, I didn't.
　　A：Will you stay in Japan very long?
　　B：No, I won't.

　2人の会話は，yes-no の答えを期待する問答で構成されており，Aが質問し，Bが答えるだけという一方向的な発話の連続になっている。しかもAはBの返事に対して，感想や追加質問が全くない。両者の人間関係はどうなっているか不明であるが，「入国審査官と旅行者」あるいは「刑事と容疑者」との間の会話を彷彿させる。

　上記の対話は，言語材料においても不十分である。従来，「無駄な言い回し」と思われていた談話辞（discourse marker）が，自然な会話では多用され，談話構造の中で重要な役割を果たすということがわかってきた。したがって，談話辞は英語学習者にとって学ぶべき重要な材料の一つとして近年注目されている。ところが，上記の対話には，談話辞が欠落している。実際の会話では，"um, er, mm" などの躊躇を表す表現（hesitation marker）や休止（pausing）や相づち（back-channel）が多く使われると思われる。これらの手段によって，会話はむしろ自然に進行していくものである。初級学習者に対しても，談話辞を対話にある程度取り込む必要がある。

　以上の例は本物とは程遠い言語材料や状況が使われていることを示している。非現実的なコンテクストや言語材料を使用すれば，意識の高い学習者になるほど興味を失いかねない。日常の自然な会話を分析した成果を，教材開発にも反映したいものである。

4. 英語の結束性

　談話分析で早くから注目されていたのが英語の結束性（cohesion）で，文法的結束性（grammatical cohesion）と語彙的結束性（lexical cohesion）に大別される（Halliday & Hasan, 1976, 1989）。結束性と並んで話題にな

るのが，意味的な繋がりをさす一貫性（coherence）である。

4.1　結束性と一貫性

　一貫性には結束性が伴うことが多いが，必ずしも表裏一体とは限らない。次の2つの例を比較してみよう。

資料1
A：Who's this fat boy in the photo?
B：I beg your pardon! That happens to be my son.

資料2
A：That's the telephone.
B：I'm in the bath.
A：O.K.

(Widdowson, 1978, p. 29)

　資料1では，話者Bの発話内の代名詞Thatは話者Aのthis fat boyを指しており，両者の発話には明らかな文法的結束性がある。また，話者Aのboyと話者Bのsonには語彙的結束性がある。一方，資料2の例では，最初の発話と次に続く発話の間には文法的結束性も語彙的結束性も見られない。しかし，ある程度の英語の言語能力があれば，この2人のやりとりの内容や状況は十分推測できる。結束性が欠けていても一貫性が存在し，コミュニケーションは成立するのである。
　逆に，結束性があっても一貫性がない場合もある。次のしりとり（遊び）のような英文は，語彙的結束性だけで展開されている支離滅裂な内容になっている。見かけ上の結束性だけでは円滑なコミュニケーションは期待薄である。

　　　My car is black. Black English was a controversial subject in the seventies. At seventy most people have retired. To re-tire means "to put new tires on a vehicle". Some vehicles such as hovercraft have no wheels. Wheels go round.（Enkvist, 1990, p.12）

4.2　リーディング指導と結束性

　結束性はリーディングやライティングの分析と指導に有効であり，英語教材あるいはテストにも活用できる。次は2006年度大学入試センター試験の抜粋である。A～Cの各文を並び替え，(29) 内に入れて一貫性のある英文にする問題である。文法的結束性の内の，指示と連結を特に意識した問題となっているが，語彙的結束性も含まれる。本例では，問題に関係する指示語と連結語及び派生語を斜字体にしてある。

　　　Gorillas are social animals with many similarities to humans. When threatened, a male leader may attempt to protect his group through aggressive displays which commonly involve chest-beating or short rushes toward the danger. (29) Although watching TV or videos is sometimes said to be harmful to human beings, the keepers think that this plan might make gorillas "think more about life."

A. In zoos *this shyness* sometimes develops into inactivity or depression.
B. Some zookeepers in Russia *therefore* have come up with a plan to give gorillas a broader experience of life by showing *them* wildlife videos.
C. *However*, studies indicate that gorillas are normally quiet, even shy, animals that live in stable family groups.

　上記の英文では，this，therefore，them，however といった文法的結束性を示す連結語や，shy や shyness といった語彙的結束性を示す派生語を手がかりとして，C→A→B という解答が得られる。
　他の例として，パラグラフの中に異質な英文を紛れ込ませ，選ばせる方法もある。下の例では，テクスト内の異質な文を斜字体にしてある。

Thank you, ladies and gentlemen. I'm very delighted to be able to talk to you today. I'd like to talk about English education in Japan. In other words, what kinds of textbooks are used at high schools and how they are used. *Does anyone know what I'm trying to say?* That is to say, I'd like to talk about the textbooks and the teaching of oral communication. I hope you're interested in this topic.

(『NHKラジオ英会話入門』2006年8月号p. 48改)

上記のような問題を教材として利用すれば，学習者に結束性や一貫性を意識させることができよう。結束性はリーディングだけでなく，ライティングの指導にも繋げることが可能である。

5. 情報構造と主題構造

　文あるいは節の中で，情報 (information) がどのように配置されているかは談話分析では重要な問題である。情報構造 (information structure) は，既知情報 (given information) と新情報 (new information) の2つの要素から成り立っている。同時に，主題 (theme) とその残りである説述 (rheme) の2つの要素から成る主題構造 (thematic structure) が存在する。多くの場合，既知情報は主題として文頭に現れ，新情報が説述となって後置される (Bloor & Bloor, 2004)。

　Halliday (1994, p. 37) は，主題を「メッセージが関心を寄せるもの，即ち，話し手の発言の出発点」としている。どの部分までを主題に含めるかで意見は分かれるが，「主部名詞句，それが最初になければ，その前に置かれるもの全ても含める」(McCarthy, 1991, p. 52) という定義が実務的であろう。興味深い例として，McCarthy and Carter (1994, p. 74) による旅行パンフレットの分析が挙げられる。同じページの中でも，客にぜひ読んでもらいたい宣伝部分の主題は，複数を表す代名詞の"you"や"we"が多く，読んでもらいたくない制約部分は，抽象名詞（句）の主語が多いと指摘している。前者の手法には読み手との距離を縮め，親近感を

もたせようとする意図が感じられる。一方，後者には読み手をテクストから遠ざけ，疎外しようという作為が見られる。主題構造は宣伝や広告などの英文を読んだり，書いたりする場合の参考になるだろう。

次の例は，情報及び主題構造に関する問題であるが，中級以上のライティングあるいはリーディング教材としても利用可能である。

Choose the sentence (a or b) that is the best way of continuing the text.
1. The ancient Egyptians buries their pharaohs in tombs called pyramids.
   a In Giza, near Cairo, are the most famous pyramids.
   b The most famous pyramids are in Giza, near Cairo.
2. Some pyramids are made of more than two million blocks of stone.
   a They were dragged into place by teams of workers.
   b Teams of workers dragged them into place.
3. The pyramids were built to house the body of the pharaoh.
   a Inside each pyramid is a secret chamber.
   b A secret chamber is inside each pyramid.

(Thornbury, 2005, p.48)

問1では，新情報である In Giza, near Cairo ではなく，旧情報である The most famous pyramids が主題の位置に置かれるのが最も自然となる。同様の理由により，問2では They，問3では Inside each pyramid が主題となる。いずれも旧情報が前置され，重要な新情報は後置されることを理解させることが重要である。

日本語の書き言葉では，既知の内容が省略されることが多い。これが英語を書く際に，主題を何にするか戸惑う原因の一つと考えられる。既知情報と新情報に着目することにより，締まりのある英文ができるものである。情報構造の理解は，ライティングの指導に大いに参考になるであろう。

6. 節関係

　修辞法の分野でも談話分析の貢献が見られる。代表的な英文構成として「導入・本論・結論」が挙げられるが、近年注目を浴びているアプローチに、意味を重視して節関係 (clause relations) を分析したものがある。英文構成の論理関係を把握する際の分析法とされている。Winter (1977) によれば、この関係は節だけに留まらず、談話にまで及んでいる。Winter 及び Hoey (1983) は、英文の構成の論理関係を整理し、いくつかの典型的なパターンを示した。その内でも、問題・解決型 (problem-solution)、仮定・現実型 (hypothetical-real)、一般・特殊型 (general-particular) の3つのパターンが代表として挙げられる。英語の論理展開の指導で、特に注目されるのは問題・解決型である。これは、「最初に状況 (situation) を設定し、その中で問題 (problem) を提起し、その解決 (solution/response) を図り、その結果を考察 (evaluation/result) する」というパターンである。

　次の4つの英文はその流れに沿って例示されたものである。

　　I was on sentry duty. (situation)
　　I saw the enemy approaching. (problem)
　　I opened fire. (solution)
　　I beat off the attack. (evaluation)

(Hoey, 1983, p. 53)

　上記の例は単純化されたパターンになっており、必ずしもこのような例ばかりではない。しかし、このパターンは多くの科学論文の構成に見られるものであり、英文の論文を読んだり、書いたりするときの参考となる。英語教育でも例えば、「某クラスで（状況）、ある授業活動がうまく運ばないために（問題）、ある対策を実施してみる（解決）。そして、その対策の結果の正否を分析し、今後に備える（考察）」というように、実験を中心とした研究や論文の構成に応用できる。

7. おわりに

　日本の英語教育界では，理論と実践の融合が叫ばれて久しい。どちらが欠けても進歩はあり得ず，談話分析は両方の橋渡し的な存在になると期待されている。McCarthy（1991, p. 12）は，自然な談話をより正確に把握することで，教授法，教材，教室活動，教育の成果をよりよく評価できると述べている。これは従来，教材作成に携わる人や教師が勘に頼り，ときには誤った判断をしていたことへの反省に基づいており，英語教育における談話分析の役割に対する示唆に富んだ発言となっている。

　本稿で，談話分析の方法といくつかの応用例を紹介し，どのように言語活動や教材作成に関わることができるかを考えてみた。今後，より多くの談話分析の事例が現れることにより，談話分析そのものも含めて，英語教育にさらなる成果が期待できるものと思われる。

◆参考文献

Bloor, T., & Bloor, M. (2004). *The functional analysis of English* (2nd ed.). London: Hodder Arnold.

Cunningsworth, A. (1984). *Evaluating and selecting EFL teaching materials*. Oxford: Heinemann.

Edge, J. (1993). *Essentials of English language teaching*. London: Longman.

Enkvist, N. E. (1990). Seven problems in the study of coherence and interpretability. In U. Connor & A. M. Johns (Eds.), *Coherence in writing: Research and pedagogical perspectives*. (pp. 9-28). Alexandria, Virginia: TESOL.

Halliday, M. A. K. (1994). *An introduction to functional grammar*. London: Edward Arnold.

Halliday, M. A. K., & Hasan, R. (1976). *Cohesion in English*. London: Longman.

Halliday, M. A. K., & Hasan, R. (1989). *Language, context, and text: Aspects of language in a social-semiotic perspective*. Oxford: Oxford University Press.

Hoey, M. (1983). *On the surface of discourse*. London: Allen and Unwin.

McCarthy, M. (1991). *Discourse analysis for language teachers*. Cambridge: Cambridge University Press.

McCarthy, M., & Carter, R. (1994). *Language as discourse: Perspectives for language teaching*. London: Longman.

Thornbury, S. (2005). *Beyond the sentence: Introducing discourse analysis*. Oxford:

Macmillan.

Widdowson, H.G. (1978). *Teaching language as communication*. Oxford: Oxford University Press.

Winter, E. O. (1977). A clause-relational approach to English texts : A study of some predictive lexical items in written discourse. *Instructional Science, 6*, 1-92.

英語教育と e-learning

早瀬 光秋

1. はじめに

　この章では，多くの具体例を挙げながら英語教育における e-learning について述べたい。最近は e-learning という言葉をよく聞くようになったが，この章ではその意味を「インターネットをはじめとした様々な情報通信技術（ICT：Information, Communications, and Technology）を活用した学習と教授」とするがインターネット利用の部分が大きいことを確認しておきたい。

　また，Georgiev, Georgieva, and Smrikarov (2004) は e-learning を d-learning と m-learning との関係で次のように位置づけている。

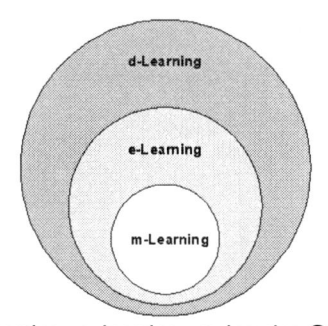

d-learning, e-learning, m-learning の関係

　d-learning とは distance learning（遠隔学習）のことで，100年以上の歴史をもつ学習方法を示し（Georgiev, Georgieva, & Smrikarov, 2004），

郵便を利用した従来からの通信講座から現代のインターネットを利用した学習法までを含む。m-learning は mobile learning のことで，携帯電話等を利用した学習方法と考えてよいだろう。

さて，英語教育における e-learning を考えるときどのようなスタンスにたったらよいだろうか？ 従来的な教師から学習者への知識の伝達という枠組みで考えるのだろうか。もちろんそのような部分は e-learning でも依然として多いが e-learning で同時に重要な部分は学習者の自律的，自発的な学び（autonomous learning）である。e-learning では必要に応じて学習者が時間と場所の制約から解き放たれ，膨大な量の情報源にアクセスできる環境にある。そのような環境においては，「学習者は自分に必要で関連のある内容を選択し学習しながら，学び方を学ぶこと（learning how to learn）に多くの時間を費やし，問題を解決し，分析，評価をすることを重視」（鄭・久保田，2006，p. 23）することになる。これは，自分自身の興味や動機によって学ぶという，本来あるべき学習の姿にもどることである。そういう意味では，e-learning は構成主義（constructivism）の考え方と理念を同じとする。構成主義では「知識は学習者によって能動的に構成されるものであり，受動的に受け取るものではない」（Richard & Schmidt, 2002）からである。

また，自律的学習と構成主義の考えは，もう既に到来していると思われる「生涯学習社会」で生きていくため学習者にとってなくてはならぬものである。鄭・久保田(2006)も「学習者はもはや変化する社会において一生を通して学習していく必要性を感じるようになった」(p. 23)と述べている。

2. 歴史的概観

英語教育における e-learning を振り返ると Warschauer（1996b）によれば（Warschauer, Shetzer, & Meloni, 2000, pp. 87-88 にて引用），次の3つの段階があるという。1970年代に始まった行動主義の段階，1980年代に始まったコミュニケーション重視の段階，そして1990年代からの統合の段階である。行動主義の段階では4技能を個別にドリル練習をし，

コミュニケーション重視の段階では，コンピュータを使用してコミュニケーション活動をするが授業の主体とならず授業を支える役割が強く，統合の段階になってはじめて，e-learning を中心として授業が組み立てられ始めたという。

日本ではどうであろうか。日本でも確かにハードの面では，例えばこの10年を振り返っても格段に進歩していることがわかる。小中高における教育用コンピュータの平均設置台数は，1995年では小学校6.1台，中学校23.1台，高等学校57.6台であったのが，2005年では小学校27.7台(4.5倍)，中学校では44.1台(1.9倍)，そして高等学校では101.4台(1.8倍)と飛躍的に伸びている（以上，文部科学省調査。文部科学省ホームページ等による）。また，インターネット接続速度の飛躍率は電話回線利用の時代からブロードバンドの時代となりコンピュータの設置率とは比べものにならないほど高いと思われるが，英語授業の中でのインターネット利用はそれらに比例して急増しているのであろうか。どうも同じような勢いでは利用率は伸びていないのではというのが実感である。その大きな原因の一つとして授業では，例えば中学校では授業時間が週3時間になる中，これまでどおり，教科書を中心に教科書の内容をこなすことを目的に進めていかなければならない現実があるからである。インターネットに関していえば，教科書用に作られたサイト以外は，いきなり明日の授業に使って功を奏すようなサイトを探すことは簡単ではないかも知れない。しかしながらインターネットのサイトを丁寧に見ると，教科書学習に直接的，間接的に役立つ情報や教材として使える内容が非常に多いのもやはり事実なのである。

3. インターネットを使って英語を「教える」

インターネットはただそれを使うことが目的ではなく，より良い授業を構築するためにどのように使うかが当然重要となる。インターネットを使って英語を「教える」ことを考える場合，まず最初に来るのが BBC と British Council による teaching English (http://www.teachingenglish.org.uk/index.shtml) である。ここには英語教授に関して直ぐに役立つ情報

が満載されていると言ってよいので，既に利用されている先生方も多いと思う。例えば，Pronunciation chart (http://www.teachingenglish.org.uk/download/pron_chart/pron_chart.shtml) では，44の母音と子音の明瞭な発音を発音記号を見ながら聞くことができる。The teaching knowledge database (http://www.teachingenglish.org.uk/download/knowledge.shtml) をクリックすれば，英語教育に関する専門用語の簡単な説明が教室での具体例とともに出てくる。さらに，「レッスンプラン」，「英語教育についてのQA集」，「各種クイズ」などは大変重宝する。「レッスンプラン」では，必要に応じて教材の画像，音声とそのスクリプトも用意されていたり，BBCの関連ニュースが紹介されている。また，それらとは別に「単独の言語活動集」，「文学作品の利用」，「語彙指導」，「教師研修」，「教師意見交換」もあり，teaching Englishだけで授業の下準備から教室での展開までだけでなく教師の資質向上を含めすべてをまかなえるといっても過言ではないだろう。

　英語の生のニュースをそのまま見せたり聞かせたりしたい思うことはないだろうか。それができるサイトがLearning Resources (http://literacynet.org/cnnsf/) である。このサイトは元々は大人の英語話者が自分の英語力を磨くサイトであるが，高校生の高学年から十分に活用することができる。文化，教育，環境，政治，宗教，科学などの分野から最近のニュースを選べ，スクリプトを見ながらビデオを見たり又は音声のみを聞くことができる。もちろん，より高度なタスクにしたいのならば，まずはビデオ又は音声のみで最初は視聴することも可能だ。更にこのサイトには，それぞれのニュースについて語彙と内容理解のクイズが5種類あり，インターアクティブになっているのでその場で解答を確認できる。最後にニュースのテーマについての質問に答えるかたちで英作文の練習もできるというマルチタスクのサイトである。なお，スクリプトを見ながらニュースを視聴できるサイトとしてNHK World Daily News (http://www.nhk.or.jp/daily/english/) やVOA (Voice of America) (http://www.voanews.com/english/portal.cfm) がある。前者は一日に何回もニュースが入れ替わるので時間帯によっては音声ニュースとスクリプトに書かれたニュースが一致

しないことがある。後者はどちらかといえばやさしい英語で書かれているので聞きやすい。また，The White House (http://www.whitehouse.gov/radio/) にある米国大統領が毎週土曜日に行う5分間のスクリプト付きラジオ演説もお勧めである。大統領は米国の高校生にもわかるように演説をすると言われており教材として相応しい。これらのスクリプト付きのサイトを利用する際，もしリスニングの能力を高めたいのならば，最初は絶対にスクリプトを見ないことである。スクリプト無しで聴いて，自分のわかりにくいところを確認してからはじめてスクリプトを見ながら聴くことによってリスニングの力がつくのである。

4. インターネットを使って英語を「学習する」

　この章の冒頭にも書いたように，インターネットは自主的な学習の場としても活用してもらいたい。そういう意味では，スクリプトはないけれど，たくさんのニュースの中から選んで視聴したい人のために次のサイトを紹介する。CBSNews.com (http://www.cbsnews.com/sections/home/main100.shtml) とFOXNEWS.com (http://www.foxnews.com/) である。両者ではあらゆるジャンルの最近のホットなニュースが視聴でき，世界の情報を得ながら英語のシャワーを浴びるのに最適なサイトである。ポピュラーなニュースサイトとしてもちろんBBC (http://www.bbc.co.uk/) があり，"Watch/Listen to BBC News"をクリックするとニュースを見ることができるがCBSNews.comやFOXNEWS.comに比べれば数は少ない。最後に24時間，いつでもどこでも，ライブで世界のラジオやテレビを視聴したい人はLive Radio and TV from Around the World (http://www.broadcast-live.com/) をお勧めする。ライブなので当然のようにスクリプトはないが，生放送の醍醐味が味わえる。

　これらのサイトは上級者向きであろうが，もし1回で理解できなければ，何回も聞くことができるし，最初は大まかな意味をつかむことを目的とし (top-down listening)，だんだんと細部を理解することを目的として (bottom-up listening) 視聴を続けることが重要である。そういう意味で

多くの学習者が利用できると思う。また，VOA自己学習プログラム（http://www.nullarbor.co.jp/ssp/）というサイトがある。そこでは通常のVOAの内容を1500語レベルの英語で書き直し，普通の速さの2/3程度の速さ（サイトの紹介文による）で読み上げたニュースをディクテーション練習，語彙練習とともに用意している。時事ニュースの場合は，同時に日本語や英語の新聞などで背景知識を得た上で視聴すればさらに理解力や興味が高まるだろう。

5．国内外との交流活動

インターネットによって世界中のコンピュータネットワークが形成され，それによりKern（2006, p. 198）がtelecollaborationすなわち「遠隔協同」と呼んでいる。国内外の学校やクラスとの交流活動がリアルタイムで可能になった。今では，様々な形態で小学校から大学まで，このような交流活動がなされている。「どれだけ距離が離れていようとも，学習した英語を駆使して交流相手の学習者と共通の話題について，お互いの顔を見ながら意見交換をする」ことは，英語の能力を伸ばし，さらには英語使用について新たな動機づけを加えるだけでなく，自国文化を含む多文化理解を深め，ひいては友好関係が築かれ，それが世界の平和への貢献にも結びつく，すばらしい機会を提供すると信ずる。ここで，Warschauer, Shetzer, and Meloni（2000, pp. 2-3）により，コンピュータを介するコミュニケーション（Computer-mediated Communication（CMC））の分類と具体例（一部改変）を提示すれば次のようになる。

Computer-mediated Communication（CMC）＝コンピュータを介するコミュニケーション	Asynchronous Computer-mediated Communication（Asynchronous CMC）＝非同時CMC	メール，掲示板，ブログ，ホームページ
	Synchronous Computer-mediated Communication（Synchronous CMC）＝同時CMC	チャット（書面，音声），遠隔会議・授業

英語教育と e-learning

　前述のように，交流活動は非同時CMCと同時CMCの手段を組み合わせることにより，結果的に様々な形態となる。メールだけの交流から，上の表にあるすべての活動を網羅することも可能である。次に，遠隔授業，掲示板，ホームページを組み合わせた交流やその他の具体例を見てみたい。

5.1　交流活動の実際
5.1.1　米国の大学との交流授業

　私は1998年からノースカロライナ大学ウイルミングトン校（UNCW）と，更に2005年からはミシガン大学と同時CMCの一例である遠隔授業に携わっている。2003年までは，ISDNの電話回線を用いて行い，現在は遠隔会議システムである米国製「ポリコム（Polycom）」を使用している。基本的には，カメラ，スピーカー，マイクロフォン及び遠隔会議装置を持つポリコムをモニターテレビとインターネット回線に接続するだけ（双方のIPアドレスを利用）で，音声・画像とも鮮明なリアルタイムの双方向のコミュニケーションが可能となる。まずは，その授業風景をご覧いただきたい。

　残念ながら音声はお届けできないが，米国からの画像がクリアであることがおわかりいただけると思う。また，このようなクラス全体のリアルタイム討論の他に，やはり同時CMCとして，学生が授業時間以外にコンピュータを利用して，相手の顔を見ながら1対1で意見交換を行った。ソ

（日本側授業風景）　　　　　　　（手前がポリコム本体）

（米国側授業風景）　　　　　　　　（米国側授業風景）

（NetMeeting 利用を利用した個人ベースの同時 CMC の風景）

　フトは Microsoft の NetMeeting であった。その様子は上の写真で示したとおりである。
　さて，遠隔授業の様子をおわかりいただくためにハードの面から話を始めたが，1999 年から 2004 年は，私の「英作文」の授業と先方の「日本映画と文化比較」という授業をタイアップさせて，学生生活，デートと結婚，就職活動，家庭問題，教育問題等のテーマを決めて討論を中心とした遠隔授業を一学期に 4 回から 5 回行った。最初の回の前には，お互いの自己紹介を写真入りでホームページに掲載した。又，個人ベースの同時 CMC と併行して，掲示板で書面意見交換も行った。なお，私は NetMeeting を使用したが，今は，Skype, Windows Messenger, Yahoo Messenger 等選択肢が増えている。又，遠隔授業用としてはポリコムの他に IP Videophone を使うこともできる。

まず，目的を次のように設定した。
* 英語の母国語話者による質問や意見を聞き取り，即座に自分の意見をまとめて理論的に発表する能力を高める。
* 聞き取りや発言の際は，繰り返し・説明依頼，言い換え，近似表現等のコミュニケーション方略を必要に応じて使用する。
* 掲示板において，読みに関してはスキャニング・スキミングの力を，書くことに関しては流暢さを伸ばすことに努める。
* 口頭と書面によるインターアクションを通して日米文化の理解を深める。

このような交流授業に参加した学生の反応はどうであろうか？
―沈黙がいつも良いことではないことを学んだ。他文化の人とのコミュニケーションでは自分の考えを言葉に表現することが大切である。
―その場で自分の考えを英語でまとめて相手にわかりやすく伝えることは難しい。
―アメリカ人の学生のように積極的な姿勢で，質問されたら直ぐに答えるようにならなければいけない。
―アメリカ文化をほとんどすべて肯定的に捉えていたが，アメリカにも日本と同じように様々な問題があることがわかった。

上記の目的がすべて達成されとは言い難いが，直接，間接の交流を通して，言葉の面では，その場で順序だてて英語で発言することの難しさ，文化の面では，日米文化に関して多少ともバランスのとれた見方を身につけたと思う。

5.1.2 その他の活動例

テディベア・プロジェクトというのがある。これは，特定非営利活動法人グローバルプロジェクト推進機構，すなわち JEARN 国際教育ネットワーク（http://www.jearn.jp/japan/index.html）が行うプロジェクトの一つで，ホームページによれば，対象は小学校から高校まですべての学年で，「クマのぬいぐるみを『留学生』として交換し，お互いの地域の様子を学

習するプロジェクト」であり，その実施方法は次のとおりである。
　(1) 最初にパートナーの学校とクマのぬいぐるみのテディベアを交換する。
　(2) 毎日交代で，自分の家にもテディベアと一緒に帰り，1日の終わりにテディベアの代わりに今日体験したことを記録する。
　(3) 全員の順番が終わったあとその体験記録ノートとテディベアを送り返す。

　これは最も基本的なパターンであり，メールを併用したり，写真・ビデオを交換したり，culture packet といってクマが体験したことの中から，文化的な実物（食べ物，日常品等）を送りあったりすることもできる。これらの活動をするときに，自然なかたちで英語を使用するわけである。このテディベア・プロジェクトの他に JEARN は「創造性や言語力を身につけるプロジェクト」，「社会性や人間性をテーマに交流するプロジェクト」，「数学や科学，環境問題をテーマにしたプロジェクト」の3分野で150以上のプロジェクトを用意しているという。是非ホームページを訪ね，教えているクラスに合うプロジェクトを探し，学習者にコミュニケーションの手段として，英語を使わせてほしい。また単に英語を使わせるだけでなく JEARN 代表者の高木洋子氏が言うように，「世界の人々とコミュニケーションをする度胸，内容，スキルを身につけさせる」（外国語教育メディア学会 2003 年度全国大会）ことが可能である。なお，JEARN は世界的な団体 iEARN（International Education and Resource Network）(http://www.iearn.org/) の下位団体である。JEARN と同様な組織として World Youth Meeting があり，国際交流活動を行ってきている。創設者である影戸誠氏のホームページ（http://www.kageto.jp/）で詳細がわかる。これらの団体は交流相手のクラスを探す手助けもしてくれる（早瀬，2003）。

　また，世界で一番長く続いている小学生から高校生を対象にした KidLink（http://www.kidlink.org/index.html）というサイトがある。「海外に友達を作ったり，ネットワークを活用して共同学習を展開するサポートサイト」(HPより) であるので大いに活用してもらいたい（早瀬，2003）。さらに同様のサイトとして ePALS Global Network（http://www.

英語教育と e-learning

epals.com/）があり，これを使った例としては次のようなものがあった（荒尾浩子，個人的情報，2006 年 7 月 26 日）。ePALS Global Network に小学校の交流相手校探しを依頼したところ，シュタイナー教育を行っているオーストラリアの小学校が紹介された。メール等インターネット利用はシュタイナー教育の理念に反するので，結局通常の手紙や culture packet を通して交流しているという。当然のようにインターネットは交流手段の一つにすぎないのであり，重要なのはその交流内容であることを，この例は示しているといえよう。

5.2 交流活動を始めるにあたり

「交流活動をやってみようかな。」と思ったら次はそれを実行に移すことになる。交流活動は概ね次の段階を経て実現できると思われる。

交流活動の目的決定：言語的な目標（例，既習の英語で多くの作文をさせたい）と内容的な目標（例，日本の幽霊と交流先の国の幽霊の歴史的，文化的な比較）の 2 つを決める必要がある。もちろん，これらの目的は相手校が決定した後両者で調節することはいうまでもない。大切なことは，まず，こちら側のはっきりとした目的をもって臨むことである。

交流手段決定：メールのみなのか，ポリコムを利用した遠隔授業交流なのか等を決定する。

交流相手決定：自分のクラスサイズやレベルを考慮にいれ，交流相手を捜す。交流が長続きするかどうかは相手側との信頼関係が構築できるかどうかにかかっている。そのため姉妹校，姉妹都市内での学校，友人の紹介よる学校等がやはり安心できるが，それができない場合は前に紹介したインターネット上の組織を通して相手校を見つける。又，時差にも気をつけられたい。

交流相手との交信開始：最も頻繁に使う手段はやはりメールであろう。しかし，メールに頼りきるのは良くないと思う。メールでは相手の声の感じや顔の表情はわからない。交信が順調に進んでいるときはメールだけでもいいかも知れないが，交渉がこじれたとき，長い間メールのみのときなど，電話やできれば Windows Messenger 等で交信することを勧め

る。もしできれば，1年に一回位は直接会うのが理想的である。そうすることにより友好関係，信頼関係がより強固なものになる。逆説的ではあるけれどonline meetingが多くなれば多くなるほどoffline meetingの重要性が増すのである。

交流相手との打ち合わせ：交流内容，交流頻度，交流方法等を決定する。
実際の交流活動の実施：両者で一致した目的を達成するために交流を実施する。
交流活動の評価：両校の学習者及び担当教員による評価を最後に行う。また，活動ごとや定期的な評価をして残りの活動に生かすことも重要である。

6. 英語教育におけるe-learningの今後

「歴史的概観」のところで，インターネット利用率はあまり伸びていないのでは，という観察を述べたが，それを裏づけるようなデータが米国にある。Meskill, Anthony, Hilliker-Vanstrander, Tseng, and You（2006, p. 442）によれば，米国の幼稚園から高等学校3年までの英語母語話者以外の者への英語教育において，最新技術を使う教師の割合は1997年と比べると2003年には62%から53%に減っているという。その理由として，コンピュータやインターネットが出たときは，多くの教師が実験的に使ってみようとするが，その後自分の授業に有益なものが定まってくるからであるという。自分の授業に合うものだけを選択的かつ集中的に使うわけである。残念ながら日本における統計はないが，日本についても同じようなことがいえるかもしれない。しかしながら，このような現象は新しい技術が導入されたときによく起こる現象であり，見方を変えればインターネット利用に関して一種の安定期に入ったのかもしれない。重要なことは，教師はより良い授業を展開するために効率的に，学習者は自分の興味・関心に基づいて自律的に，e-learning利用し続けることである。

このような中で，今後増える活動は，全世界のコンピュータが繋がっていることを最大限に生かしたtelecollaborationであると思われる。英語が

母国語である相手だけでなく，英語が第二言語である相手とも，国境の内外で交流が盛んになると思われる。その場合，英語学習とともに，多文化適応能力，文化学習，文化リテラシーを含む文化が強調されることになる（Kern, 2006）。

又，今回は紹介できなかったが，今後は英語の授業に限らず，授業をいわばインターネット上で行う Course Management System（コース管理システム）が益々普及してくるだろう。これは，授業や講義の内容，シラバス，宿題，出席，授業内 ML・掲示板等をすべてインターネット上で行うもので，古いものでは WebCT があり，最近では Moodle が無料のシステムを提供している。更に，携帯電話が生活の一部となった今，学習者が自律性をより生かすことのできる m-learning が盛んになることも予想できる。

e-learning そして m-learning が日本の英語教育を益々発展させることを願ってやまない。

◆参考文献

Georgiev, T., Georgieva, E., & Smrikarov, A. (June 17-18, 2004). *M-learning: A new stage of e-learning.* Paper presented at the 2004 International Conference on Computer Systems and Technologies. Paper retrieved August 12, 2006, from http://ecet.ecs.ru.acad.bg/cst04/Docs/sIV/428.pdf

Kern, R. (2006). Perspectives on technology in learning and teaching languages. *TESOL Quarterly, 40,* 183-210.

Meskill, C., Anthony, N., Hilliker-Vanstrander, S., Tseng, C., & You, J. (2006). Call: A survey of K-12 ESOL teacher uses and preferences. *TESOL Quarterly, 40,* 439-451.

Richard, J. C., & Schmidt, R. (2002). *Longman Dictionary of Language Teaching and Applied Linguistics (LDLTAL)* (3rd ed.). London: Pearson Education.

Warschauer, M., Shetzer, H., & Meloni, C. (2000). *Internet for Teaching English.* Teachers of English to Speakers of Other Languages, Inc.

鄭仁星, 久保田賢一（編）(2006)『遠隔教育とeラーニング』東京：北大辞書房
早瀬光秋 (2003)「役に立つインターネットサイト―英語を"使う"観点から―」『英語教育』第52巻, 第9号, 34-36.

第3章　基本4技能・コミュニケーション能力

高等学校学習指導要領を具現化するリーディング指導

鈴木 基伸

1. 本稿の目的

　本稿の目的は,「高等学校学習指導要領　外国語」(平成11年3月改訂)の『リーディング』に示されている「内容の取り扱い」の2項目を具現化するリーディング指導例を示すことによって，これまで我が国の高等学校において「伝統的に」行われてきた英文読解に重点を置いた授業の見直しを図ることである。

　上述の「内容の取り扱い」は，次のように示されている。

> (1) 聞くこと，話すこと及び書くこととも有機的に関連付けた活動を行うことにより，読むことの指導の効果を高めるよう工夫するものとする。
> (2) 言語材料の理解だけにとどめず，情報や書き手の意向などを的確につかんだり，それについて感想や意見をもったりするなど，読む目的を重視して指導するものとする。
>
> 　　　　　　　　　　　　　　　　(文部科学省, 2004, p. 126)

　文部科学省 (2006) では，上記の2項目の内, (1) について以下のように解説をしている。

> 「リーディング」は読むことの領域を中心とする科目であるが，実際のコミュニケーションの場面を反映して，読んだ内容の概要を英語で

まとめて口頭で伝えたり，それについて書いたり，意見を交換したりする活動など，読むことを中心としながらも他の領域と有機的な関連を図った活動を行うことが大切である。

(文部科学省，2006，p.64)

また(2)については，次のように解説をしている。

「言語材料の理解だけにとどめず」とは，文型・文法事項や語句の解釈にこだわったり，英文和訳の作業に終わったりすることのないように留意して指導することを意味している。

(前掲書，p.65)

以上のように現行の学習指導要領では，「リーディング」を，他の3領域(「聞くこと」，「話すこと」，「書くこと」)と分離した活動とせず，4領域を有機的に関連づけた「総合的なコミュニケーション活動」(新里編，2000，p.20)と位置づけている。すなわち学習指導要領は，従来の「リーディング」観—「リーディング」は英文和訳や文法事項の解説を中心とする「英文読解」である，という考え方—を改め，授業内の活動を現実社会で行われている「読む」という活動により近いものにしようと提案している。本稿では，この学習指導要領の「内容の取り扱い」の2項目(以下「取り扱い2項目」と略記)を具現化するリーディング指導例を提示しつつ，従来の「英文読解」中心型指導と比較してどのような点が優れているかを述べる。

2.「取り扱い2項目」の具現化を阻む要因

今回の学習指導要領に改訂されて数年が経過した現在においても，相変わらず「リーディング」を「英文読解」と同一視する傾向は根強い。それは，一般的にいって，高等学校の英語の授業が依然として「解説→理解」型の形態をとり続けていることに原因があるように思われる。ソレイシィ

(2003) は，日本の英語授業に顕著なこのような「解説→理解」型学習法を「英語鑑賞」と呼び，これが日本人学習者に「英語能力」の育たない原因の一つであるとして，次のように述べている。

> 「英語鑑賞」とは，「英語を鑑賞する」という，まるで「観客」でいるような学習法のこと。テキストに書かれた英語を見て，または，CDやビデオに収録された英語を視聴して，その英語の意味をなんとなく理解し，「よしよし，勉強になった」と終わること。
>
> （ソレイシィ，2003, p.17）

> 底なし沼のような学習法。「勉強した」という感覚だけは得られるが，続けても続けても上手にならないし，実際覚えるそばから忘れていく。それが（中略）「英語鑑賞」だ。（中略）世界の語学学習アプローチのベクトルは「母語→外国語」。（中略）なぜか，日本だけは正反対に「外国語→母語」。（中略）つまり，外国語（英語）を「見て」その意味を母語（日本語）で考えることに学習が終始している。これでは，自分の言いたいことを外国語で発信する力が育つわけがない。
>
> （前掲書，pp.85-86）

ソレイシィの言う「英語鑑賞」を「リーディング」の授業に当てはめれば，次のようになるであろう。すなわち，教師や同級生が訳す本文訳と自分が予習をしてきた和訳とを見比べ間違った箇所を訂正し，かつ文法・語法についての教師の解説をノートに書き，これで「今日もリーディングの勉強がしっかりできた」と満足するような授業―言い換えれば，学習者の授業時での活動の大半が，英語教材の「解説」を聞き，それを「理解」することに終始する授業―となろう。ソレイシィはこのような授業を問題視しているが，我が国の高等学校では，依然として「英語鑑賞」的授業が行われており，それが学習指導要領における前述の「取り扱い2項目」の具現化を阻む大きな要因となっている。

3. 「取り扱い2項目」を具現化するリーディング指導例

以下に紹介するリーディング授業展開例は,「取り扱い2項目」を具現化しており,「英語鑑賞」的授業とは大きく異なったものとなっている。なお,いずれの指導例も「リーディング」の検定済教科書(第一学習社 *Vivid Reading* 2006年度版)の下記の本文を用いた活動となっている。

> We use our faces and bodies in many different ways to communicate without words. Our faces give much information about our emotions, and the position of our bodies tells people how strong our feelings are. In addition, our eyes also send messages. Looking directly at people shows our desire to communicate with them. Looking away briefly shows that we are going to stop speaking and begin listening to our partner.
>
> (*Vivid Reading*, p. 15)

3—1 指導例1:リスニングから入る活動

(註:T=教師,C=クラス,S=学習者,＊2=2回繰り返す)

#01	T:Class, put your textbook face down. Listen to the CD twice. Take notes. Later, you will tell the story to your friends. Listen. (CDを聞く)
#02	T:Please make pairs. Do *janken*. Losers, start! Winners, just listen to your partner. Thirty seconds. Start!(30秒後)Stop! Switch your roles!(30秒後)Stop! S1, start.
#03	S1:When we communicate without words, we use our faces and bodies…. (CDの内容を伝える)
#04	T:(30秒後) Thank you. Stop. That's very good. Class, listen. [*faces and bodies / communicate without words* ＊2] Make a sentence, class!
#05	C:We use our faces and bodies to communicate without words.
#06	T:S2!
#07	S2:We use our faces and bodies to communicate without words.
#08	T:Good. [*We use our faces and bodies to communicate without words.* ＊2] Class. [*We use our faces and bodies to communicate without words.*] (学習者2回リピート)

#09	T：	Listen. [*faces / information / emotions* ＊2] Make a sentence, class!
#10	C：	Our faces give information about our emotions.
#11	T：	S3!
#12	S3：	Our faces give information about our emotions.
#13	T：	Good. [*Our faces give information about our emotions.* ＊2] Class. [*Our faces give information about our emotions.*]（学習者2回リピート）

　授業の冒頭に行う活動である。ペアワーク（#01～02）の後，学習者を1名指名して，本文の内容を言わせる（#03～04）。その後，本文のキーフレーズを2，3示し，文にする活動を行う（#04～14）。この活動は完璧を求めず，本文の「さわり」を全員で口に出してみる程度にとどめておき，授業の終わりごろに，この活動をもう一度行い，内容理解の定着を図る。

　テキストを閉じ，CDより流れる英文に耳を傾けながらメモを取り，ペアの相手にその内容を伝えるという，この活動は，「取り扱い2項目」(1)にある「聞くこと，話すこと及び書くこととも有機的に関連付けた活動」である。中西（2004）は，「英文を読むということは，筆者の頭の中にある『メモ書き』にたどりつくということである」と述べている。本活動は，音声だけを頼りにこの「メモ書き」にたどりつこうとする活動であり，これは「取り扱い2項目」(2)における「情報や書き手の意向などを的確につか」もうとする活動であるといえる。

　リスニングから入るこの活動は，リーディング力の向上にも繋がる。リスニングは音声の持つ性格上，「後戻り」や「立ち止まり」ができないので，語順に従って内容を追い，かつ理解できた語句のみで内容を類推せざるを得ない。したがってリスニングによる内容把握の練習を続けることにより，文字を介するリーディングにおいて陥りがちな「返り読み」や意味の不明な語句にこだわりすぎて読むスピードが遅くなることがなくなっていく。

　なお，学習者に英文をリピートさせる際には，原則としてまず教師の方で2回提示して学習者にその文の「構造」と「内容」を頭の中で整理する余裕を与えてからリピートさせるとよい（指導例1 #08，#13や指導例

2 #08, #18 を参照のこと)。

3—2 指導例2：内容理解を深めながら表現の幅を広げる活動

#01	T：Class, look at the text. Listen. Do you know about any ways to communicate without words? (学習者はテキストを目で追っている)
#02	T：Class, repeat! [*ways to communicate without words*] (学習者2回リピート)
#03	T：In Japanese! S4!
#04	S4：「言葉を用いないでコミュニケーションを図る方法」?
#05	T：That's right.「言葉を用いないでコミュニケーションを図る方法」。方法はいろいろあるから，複数になっている。Class, repeat! [*ways to communicate without words*] (学習者2回リピート)
#06	T：Do you know about any ways to communicate without words? Class, listen! [*What kind of ways to communicate without words do you know? *2*] S5!
#07	S5：Gestures?
#08	T：That's great! [*Gestures are a kind of ways to communicate without words. *2*] Class repeat! [*Gestures are a kind of ways to communicate without words.*] (学習者2回リピート)
#09	T：Look at the text. [*The position of our bodies tells people how strong our feelings are. *2*] Don't use [*how strong*]. how strong を使わずに，class!
#10	C：The position of our bodies tells people the strength of our feelings.
#11	T：S6!
#12	S6：The position of our bodies tells people the strength of our feelings.
#13	T：That's right.
#14	T：[*Looking directly at people shows our desire to communicate with them. *2*] Make two sentences, class!
#15	C：We look directly at people. This shows our desire to communicate with them.
#16	T：S7!
#17	S7：We look directly at people. This shows our desire to communicate with them.
#18	T：Good! [*We look directly at people. This shows our desire to*

> communicate with them. *2〕 Class. [We look directly at people. This shows our desire to communicate with them.] (学習者2回リピート)

　指導例1の活動が終わり，本文に出てくる語彙・語句の音読練習を通して，意味と文字の一致がある程度できあがった段階に行うとよい活動である。本文のはじめから内容面や語法面でポイントとなる語彙やフレーズを取り上げ，意味を確認した後，その表現を使った英文を作ったり（#06-08），同意の文に言い直したり（#09-13），1つの文を2つの文で表現したりして（#14-18），同じ内容を様々な英文で口頭表現する活動である。この活動を通して，学習者は英文の「構造」とその英文の意味する「内容」の両方を理解していく。理解した「内容」を使って語り直すという，このような活動は，「自己発信」にきわめて近い活動といえる。「英語鑑賞」型では，「解説→理解」で終わっていたが，この活動では「理解」したものを「自己発信」の段階まで持っていく。このように「理解→自己発信」の活動は，「取り扱い2項目」が求めている，「言語材料の理解だけにとど」まらず「聞くこと，話すこと及び書くこととも有機的に関連付けた活動」となる。

3—3　指導例3：通訳訓練

#01	T：Look at the text. Repeat and when I pose, put a slash there! [We use our faces and bodies/ in many different ways to communicate/ without words.// Our faces give much information/ about our emotions, / and the position of our bodies/ tells people/ how strong our feelings are. // In addition, / our eyes also send messages. //. …]
#02	T：Please read it aloud to me, class. I will give Japanese.
#03	T：Do janken! Winners, give English! Losers, put your textbook face down and give Japanese. I will give you thirty seconds. Ready? Start!（30秒後）Stop! Switch your roles.（30秒後）
#04	Stop! This time put your textbook face down, class. I will give you English and you will give me Japanese. Ready?

　本文をセンスグループ単位に切り，「意味と音声」の定着を図る活動である。まず，教師は本文をセンスグループごとにポーズを入れながら読み，

学習者にスラッシュを入れさせる（#01）。次に学習者全員が本文を読む。スラッシュのところで，教師はテキストを見ないで日本語訳を言う（#02）。学習者は自動的にポーズをとるようになる。教師は，日本語を言い終わったら"The next!"と合図を送る。次にペアになって，同様の活動を学習者同士で行う（#03）。次に教師が英語をスラッシュごとに言い，クラスは日本語を言う（#04）。さらに発展的な活動として，学習者にスラッシュごとに日本語訳を言わせ，教師がそれを閉本で英語にしていく。次にペアになって同様の活動を学習者同士で行い，最後に教師が日本語，クラスが英語を言う，という段階までいけば，「意味と音声」の定着をさらに徹底させることができる。

　この「通訳訓練」をした後に本文を読み，最終的には「意味と音声と文字」を一致させる。この活動を通して，本文の内容が「腑に落ちた」という感覚が味わえる。この「英語がわかった」という感覚が学習者に自信を与え，自己発信する積極性を育む。中西（2005）は，「言葉の学習，その第一歩は何か。それは，『音と意味と文字の一致』ということです。最初は音と意味をセットにして，頭に入れてしまうことが大切。文字はその次，と考えるべきなのです。」と述べているが，この活動はそのプロセスに沿っている。

3—4　指導例4：本文の内容についてのQ＆A

#01	T：Class, put your textbook face down. Listen to the CD again.（聞き終わった後）Do *janken*![言葉を用いないでコミュニケーションを図る方法なんてあるの] Winners, give this question to your partners in English. Losers, answer in English.（学習者，ペアでQ＆A）（20秒後）Thank you. Stop. Listen. [*Are there any ways to communicate without words?* *2] S8!
#02	S8：Yes, there are. Our faces, bodies, or eyes are examples of way to communicate without words.
#03	T：Good. [*Our faces, bodies, or eyes are examples of ways to communicate without words.* *2] Class, repeat! [*Our faces, bodies, or eyes are examples of ways to communicate without words.*]（学習者2回リピート）

指導例1～3を通して，本文の内容を把握し，自己発信に必要な表現を使うことができるようになった段階で行う活動である。テキストを閉じて本文のCDを再度聞いた後，ペアワークを行う。教師が本文に関係する質問を日本語で言う。学習者の「話したい，説明したい」という気持ちを高めるために，本文で述べられていること（本稿の例の場合「コミュニケーションには言葉を解さない方法がある」ということ）について無知な人がするような内容（上の例では「言葉を用いないでコミュニケーションを図る方法なんてあるの」）を質問していることに留意したい。なお，質問文を日本語で与えることによって，ペアワークをする双方の学習者が「話すべき内容」が与えられ，それを英語で語る活動をすることになる。これはソレイシィの言う「母語→外国語」という「世界の語学学習アプローチ」と同一の「ベクトル」の活動といえる。なお，上記の指導例の場合は，質問に対して口頭で答えさせているが，質問文を印刷してその答えを書かせればライティング活動に発展させることもできる。

3―5　指導例5：本文の内容を絵にして説明

#01	T：Look at the text. Draw some pictures about the text. Later, you will explain the contents of the text only by showing your pictures to your partner. I will give you three minutes. Ready? Start!（3分後）Stop! Do *janken*! Losers, show your pictures to your partners and explain the content of the text in English. Winners, listen to them. Ready? Start!（30秒後）Thank you. Stop! Switch your roles.
#02	T：This time. Write the content of the text in English only by looking at the pictures you drew.

　この活動は，本文の内容を絵にしてその絵を見ながら概要や要点をまとめ，発表する言語活動である。まず，テキストを開き，本文を読みながらその概要を何枚かの絵にして表すように指示をする（絵の具体例は「資料」を参照）。その後，学習者はペアになり相手に自分の描いた絵を見せながら，本文の内容を英語で説明する（#01）。また上述の口頭発表を書き留めて「発表原稿」を作成させることにより，ライティング活動に繋げるこ

ともできる（#02）。さらに，発展的な活動として，グループで絵と発表原稿を作成して「プレゼンテーション大会」を開くこともできよう。またPowerPointなどプレゼンテーションソフトで「絵」と「文字」を適当に組み合わせて「スライド」を作成し発表させれば，将来大学や職場で行うことになるかもしれないコンピュータによるプレゼンテーションに繋がる活動となる。

　この活動は，学習指導要領が「リーディング」における「言語活動」の1つとして挙げている「まとまりのある文章を読んで，必要な情報を得たり，概要や要点をまとめたりする」（文部科学省，2004，p.125）活動を具現化したものといえる。指導例1〜4の活動を通して，学習者にとって本文の概要・要点はある程度明確なものになっている。この活動では，その概要・要点を絵という形式で表す。これは前述の「英文を読むということは，筆者の頭の中にある『メモ書き』にたどりつくということ」（中西，2004）における「メモ書き」を文字ではなく絵で表すことを意味する。言語活動は話者や筆者の頭の中にある「アイディア」や「イメージ」を「音声」や「文字」にして表す活動であるが，「絵」で表した「メモ書き」は，そのような「アイディア」や「イメージ」に近いものと考えられる。なお，絵にしにくい文章の場合は，望月編（2001，p.141）において紹介されている「セマンティック・マッピング」（英文内容やテキスト構造を視覚的に表し，背景知識を活性化する指導法）を使うこともできよう。

4．まとめ

　本稿では，最初に「高等学校学習指導要領　外国語」の『リーディング』に示されている「内容の取り扱い」の2項目が，(1)「読む」という活動を，4領域が有機的に結びついた「総合的なコミュニケーション活動」と捉えていること，(2)「理解」した言語材料を「自己発信」できるような授業活動を求めていること，を確認した。次に現行の指導要領に改訂されて数年を経過した現在においても，「リーディング」が「英語鑑賞」（ソレイシィ 2003）の域を超えず，授業内の活動の大半が「解説→理解」の段階で留まっ

ている学校教育の現状を指摘した。最後に学習指導要領を具現化するリーディング指導例を5例紹介し、「解説→理解」の段階を更に「自己発信」の段階まで高めていく必要性を強調した。

　中西（2006, p.50）は「解説で始まり解説で終わる授業は、解説の内容が学習者の記憶に残り、解説のできる学習者になる。一方、活動で始まり活動で終わる授業は、活動した内容が学習者の記憶に残り、活動のできる学習者になる。（趣意）」と述べている。学習者の授業における役割を「英語鑑賞をする観客」から「英語を発信する演技者」へとシフトさせていくことが現在望まれている。そのために教師は「活動で始まり活動で終わる授業」を組み立て、学習者に提供しなければならない。これは教師自身も授業における自らの役割を「英語鑑賞での解説者」から「学習者の自己発信活動の推進者」へとシフトさせていくことを意味する。現行の学習指導要領は、一面では、学習者・教師双方の授業における役割の見直しを求めているといえよう。

　なお、本稿において指導例を記述するにあたり、中西哲彦氏（日本福祉大学）の了解を得て、中西（2004, 2005, 2006）において紹介されている指導法を参考にさせていただいたことを付記する。

◆参考文献
ソレイシィ, スティーブ（2003）『国際人の英会話学習法』東京：角川書店
中西哲彦（2004）「英語を学ぶあなたへ」『Eiken Times』2006年8月1日検索　http：//www.eiken.or.jp/eikentimes/column/back.html
中西哲彦（2005）「英検合格対策講座　準1級」『Eiken Times』2006年8月1日検索　http：//www.eiken.or.jp/eikentimes/goukakupr1/index.html
中西哲彦（2006）「三重県英語教員集中研修テキスト　指導技術編」（平成18年度三重県英語教員集中研修　高等学校/盲・聾・養護学校高等部教員対象教授法セミナー配付資料）
新里眞男（編）（2000）『改訂高等学校学習指導要領の展開　外国語（英語）科編』東京：明治図書
南村俊夫他（2006）『Vivid Reading』東京：第一学習社
望月昭彦（編）（2001）『新学習指導要領にもとづく英語科教育法』東京：大修館書店
文部科学省（2004）『高等学校学習指導要領　改訂版』東京：国立印刷局

文部科学省（2006）『高等学校学習指導要領解説　外国語編　英語編』東京：開隆堂出版

資料　「指導例5における本文の内容を絵で表したもの」

（イラスト：豊田工業高等専門学校3年　内藤雄太）

本文の該当箇所：
We use our faces and bodies in many different ways to communicate without words. Our faces give much information about our emotions, and the position of our bodies tells people how strong our feelings are. In addition, our eyes also send messages.

リスニング指導
―繰り返し聞くことから

平井 明代

1. はじめに

1.1 リスニング指導の意義

　リスニングは，英語習得において土台となる技能であり，聴解能力を高めることによって，他技能の習得を加速させることにもなる（O'Malley, Chamot, & Kupper, 1989；Royer & Carlo, 1991）。母語話者の場合，通常話し出すまでにかなりの聴解力を身につけ，徐々に長い対話ができるようになる。そして，小学1年生になると，発音と文字の対応規則を学ぶことによって，リスニング技能と知識をリーディング作業に転移させながら読解力を急速に身につけていく。そのため，学習者の聴解力が高ければ高いほど，その学習者の読解力は高くなるという（Sticht & James, 1984）。

　しかしながら，英語を聞く機会が圧倒的に少ない学習者の場合，聴解力を自然に伸ばすことはできない。また，聴解力が欠如している状態では，母語話者のような読解力への転移も期待できない。聞き取れない要因として，語彙，熟語，文法などの知識不足だけでなく，聴解能力と読解能力の接点となっている音素と書記素の対応規則（phoneme-grapheme correspondence rule）の知識不足（e.g., Pennington, 1996），フレーズレベルで理解していくためのプロソディ（prosody）の知識不足（Hill, 2000）が挙げられる。聞いても意味がわからないが，スペルを見るとわかるという場合，これらが原因になっている。更に，音声という後戻りできない一過性の処理過程ゆえに，学習者の単語認知（word recognition）速度および作動記憶（working memory）容量が，聴解に大きな影響を及ぼ

していると考えられる（e.g., Rost, 2002）。

このような様々な指導課題を抱えながらも，新学習指導要領（e.g., 文部省（現：文部科学省），1999）の実施に伴い，実践的コミュニケーション能力を伸ばすことが推奨され始め，リスニングの重要性が見直されてきた。顕著な動きとして，中学・高校生の受験が多い実用英語技能検定試験（英検）の改訂がある。日本英語検定協会（2002）は，2002年度から問題全体に占めるリスニングの割合を3級・4級は従来の31％から46％に，5級は40％から50％に増やしている。そして，その設問もより実践的な場面を設定した内容になっている。また，県立高校入試においてもリスニングの比重や内容が徐々に改訂されてきている（桜田，2002）。最も顕著な例としては，2006年度から大学センター入試にリスニングテストが導入されたことである。

このような動きに伴って，英検をはじめ，近年，よりコミュニカティブな能力を測定するテストに改定されたTOEIC, TOEFLのような外部テストを，入試優遇措置として，入学後の英語力判定や単位認定に利用する大学が増えてきた（国際教育交換協議会日本代表部TOEFL事業部，2002）。また，採用時にTOEICの高得点者を優遇する企業，教員採用試験に，英検資格等を考慮に入れる県も少なくない。このように，大学センター入試のリスニングテストをはじめ，これらの外部テストの波及効果（washback effect）は大きく，リスニングの効果的な指導がますます重要になってきている。

1.2 繰り返し聞くことの重要性

聴解能力を高めるために様々な指導方法が実践されているが，その指導法を大きく3つのタイプに分類することができる。

第1のタイプは，テキスト自体に理解を助けるために何らかの処理を施す方法である。これには，(a) 難易度の高い語彙を易しい単語で書き換えたり，構文をより平易な文にする（syntactic simplification）など，テキストの難易度を下げる方法（Kelch, 1985），(b) ポーズを挿入する方法，(c) スピードを調整する方法，などがある。中でも，語や文レベルではなく，

意味の処理単位（processing unit）と考えられる句単位でポーズを入れることで，理解を助けることができる（e. g., Suzuki, 1999）。また，学生の英語力が比較的低い場合，スピードを遅くする（100wpmから150wpmの間）ことでテキストの理解度が高くなる（Blau, 1990；Griffithe, 1991）。

　第2のタイプは，テキストは変えないが，理解を助けるために何かを補足する方法である。例えば，(a) テキストの内容に関連する説明を行い，背景知識を与える，(b) 関連する絵や映像を見せる，(c) 難しい単語を予め解説する，(d) 部分訳を与える，などがある。

　第3のタイプは，テキストに何らかの処理をしたり，補助を与えたりするのではなく，学習者が持っている知識をできるだけ引き出す機会を与える方法である。これには，同じテキストを繰り返し聞かせる方法がある。この場合，聞かせる目的として聴解問題を解かせるだけでなく，さらに，集中して聞かせるためにテキストの間違い探し，ディクテーション（dictation），内容を要約させるなど課題を工夫することが多い。この最後のタイプは，上記の2つのタイプに比べて，事前準備が簡単で，クラス導入の実用性が最も高い。

　Cervantes and Gainer（1987）は，(a) 文構造を簡略化したテキストを1度聞く，(b) 簡略化していないテキストを1度聞く，(c) 簡略化されていないが，テキストを繰り返し聞く方法を比較するため，3語から5語のディクテーション課題，を課した。その結果，1度聞く場合は，構文が簡略化されたテキストのディクテーション結果が良かったが，繰り返し聞かせることで，構文を簡略化しなくても，同程度の結果が得られたことを報告している。しかしながら，Iimura and Ishizaki（2001）のポーズと繰り返しの比較研究では，高校生に (a) テキストを1度聞かせる (b) テキストを2度聞かせる (c) 句単位のポーズを挿入したテキストを1度聞かせた。4肢選択問題を使って理解度を比較した結果，(c)，(b)，(a) の順に高く，(c) の句単位のポーズ入りテキストの理解度が，(a) のポーズなしのテキストを1度聞いた場合より有意に高く，また，(b) のテキストを2度聞かせた場合と (a) の1度聞かせた場合では有意差がなかったと報告

している。このことから，(c) の句単位のポーズを入れて聞かせることの有効性を強調している。しかし，彼らが言及していない，(b) のテキストを 2 度聞かせた場合と (c) のポーズ入りのテキストを 1 度聞かせた場合とでは，テキスト理解度に有意な差がなかった（$p=1.00$）ことは，ポーズを挿入しなくても，繰り返し聞かせることで，学生の理解度が伸びることを示唆している。事実，この実験で 1 度目と 2 度目に有意差はなかった（$p=0.21$）ものの，理解度はある程度伸びている。以上の結果から，テキストに加工を施さなくても，テキストを何度か繰り返し聞くだけで，理解度を上げることができるのではないかと考えられる。

　繰り返し聞く方法に関して，Sherman（1997）は，短い解答を要求する聴解問題とテキストを 2 度聞かせる順序を変えることによって 4 種類の異なった方法で聴解テストを行った場合，学生の理解度と印象に違いがあるかを調査した。これらの 4 つの方法は，次のとおりである：(a) 最初に 10 問のリスニング問題を見てから，テキストを 2 度聞かせる（Questions before 型），(b) メモを取ってもよい状態で 2 度聞いたあとに，問題を提示し答えさせる（Questions after 型），(c) 1 度聞いてから問題を読む時間を与え，2 度めに問題に答えさせる（Sandwich 型），(d) 問題は見せないで，メモをとってもよい状態で 2 度聞かせ，内容を自由に書かせる（Free 型）。それぞれの手順で聞いたあと，再生テストを行い，どの程度，内容を把握できたかも調査した。聴解問題の結果は，パターン (c) が最もよく，(a) と (b) はほぼ同じで，(d) が最も低かった。アンケート結果においても，(a) の前もって問題を見る形式は最も役立つと感じていたにもかかわらず，テスト後は (c) の問題を 1 度目と 2 度目の聞き取りの間にはさむサンドイッチ形式が一番受けやすかったとの結果が出ている。しかしながら，再生テストでは 4 つの手順に有意差が見られなかった。このことから，被験者は前もって問題を見ておきたいという心理的な面を持ってはいるものの，実際は，聞く，問いを読む，聞く，問いに答えるというように，聞きながら問題を読むのではなく，注意を一箇所に集中することができる手順 (c) が，最も理解を助けることがわかった。

　これまでの調査から，聞く回数を増やす，その際，問題提示前後に聞か

せるなどの工夫をすることによって，理解度を効果的に上げることができるようである。しかし，先行研究では，テキストを2度繰り返し聞かせても理解度は有意に伸びなかったと報告されているが，さらにもう少し聞かせると理解度は有意に上がるだろうか。また，学習者の英語力によって，繰り返し聞くことの効果が異なるのであろうか。

そこで，本研究で(1) 3回繰り返し聞かせることによって，どの程度学習者の理解度が深まるのか，(2) 繰り返し聞く効果があるのはどの英語力グループか，そして，(3) 英語教材用に作られたテキストよりも速くより真正性（authenticity）の高い実際のニュースを使った場合，繰り返し聞くことによって理解度はどのように変化するのか，を調査した。

2. 実験1

2.1 被験者と教材

一般英語の3クラス計119名の大学1年生が，この実験に参加した。表1のように，リスニングテスト用に，長さおよび難易度がほぼ同じテキスト（Cantor, Takeda, & Takatori, 1993）を3種類用意し，それぞれのクラスに別々のテキストを使用した。

表1　実験1で使用したテキスト

テキスト	語彙数 (words)	1語あたりの文字数 (words)	難易度 (Grade level)	テープ速度 (wpm)
Text A	254	5.0	9.4th	134.9
Text B	268	4.5	9.5th	146.2
Text C	259	5.1	9.6th	131.7

注：Text Bは，テープ速度がやや速いが，実際は1語あたりの文字数が他のテキストより低いため，ほぼ同じ速度に聞こえる。

2.2 手順

テキストに関する10問の真偽テスト（True-or-False Test）とその横に1回聞くごとにTまたはFを書く欄の付いた解答用紙を配布し，テープを

聞かせる前に，その真偽問題を1分間黙読させた。それから，テープを1度聞かせ，解答欄の1列目にその10問の真偽問題に答えてもらった。その後，再度テープを流し，2列目の解答欄に，最後に，3度目を聞かせ，3列目に解答してもらった。

表2 実験1の被験者の実力テストによるグループ分け

グループ	（人数）	得点（標準偏差）
High	($n=32$)	595.719（14.907）
Mid	($n=53$)	563.000 （7.203）
Low	($n=34$)	531.824（13.521）
計	($N=119$)	562.891（26.509）

この実験とほぼ同じ時期に実施された1年生対象の英語実力テスト（ペーパー用のTOEFLと類似形式）の結果に基づいて，表2に示すように，クラスを英語力がほぼ等分に開くように再編した。

2.3 結果

図1に示すように，すべての英語力レベルで，聞く回数が増えるにつれ，真偽テストの正解数が増えている。また，予想どおり英語能力が高いグループほど点数が高くなっている。

グループ（High, Mid, Low）によって，また，聞く回数（1st, 2nd, 3rd time）によって理解度に差があるかを，繰り返しのある分散分析（a 3 × 3 Repeated measures ANOVA）で調べた結果，グループ間に有意差はなかったが（$F=2.815$, $p=.064$），聞く回数の増加によって理解度は伸びていた（$F=25.788$, $p=.000$）。一変量の分散分析によると，Highグループでは，3回目で，Midグループでは，2回目で有意に伸びていた。しかし，Lowグループは，3回聞いても自力で有意に理解度を上げることができていなかった。

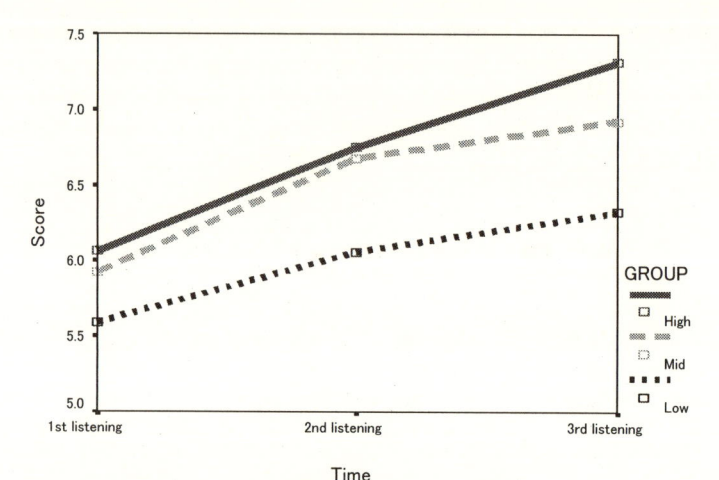

図1. 聞く回数による英語力別理解度の変化（実験1）

3. 実験2

翌年，実験1の結果を確認するために，先ほどのリスニング教材よりも，少し速いスピードの真正性の高い実際のニュースを聞いた場合で同様の実験を行った。

3.1 被験者と教材

実験1とは異なる大学1年生123名がこの実験に参加した。そして，英語実力テストの結果によって，実験1とほぼ同じ英語力のグループになるように分けた（表3参照）。今回は，英語力が更に高い被験者が含まれていたので，その被験者をAdvancedグループとし，計4つのグループに分けた。

テキストは，実験1で使用したテキストよりやや速い（167.9 wpm）CBS Evening News（263 words 語，4.5 letters per word，9.0th Grade level）を使用した。

手順は，実験1と全く同様に，10問の真偽テストの付いた解答用紙を

予め配布し，計3度聞かせた。

表3 実験2の被験者の実力テストによるグループ分け

グループ	（人数）	得点（標準偏差）
Advanced	($n=16$)	645.500（15.744）
High	($n=29$)	595.862（12.177）
Mid	($n=42$)	563.238　（7.015）
Low	($n=36$)	531.583（13.808）
計	($N=122$)	572.366（38.573）

3.2　結果

表4で，2つの実験でのリスニングテストの結果を比較してみると，使用テキストは異なるものの，英語力のほぼ等しいグループ同士（e. g., 実験1のHighグループと実験2のHighグループ）の得点がよく似ていることがわかる。また，実験2も，英語力が高くなるにつれ，真偽テストの得点が高くなり，各グループとも聞く回数を重ねるにつれ，得点が上がっている。

繰り返しのある分散分析法で調べると，実験2のグループ間（$F=4.987$，$p=.003$）および聞く回数間（$F=43.566$，$p=.000$）で，得点に有意差があった。このことから，聞く回数が増えると何度目かに理解度が有意に上がり，また，理解度がグループ間で異なることがわかった。

さらに詳しく見ていくと，グループ間では，LowとHighグループ間，およびLowとAdvancedグループ間に有意な違いが現れている。また，何回目に聞いたときにグループ間に差があるかを調べてみると，1回目はグループ間に有意差がなく（$F(3,119)=1.879$，$p=.137$），2回目と（$F(3,119)=4.981$，$p=.003$）と3回目に（$F(3,119)=4.447$，$p=.005$）に差が見られた。2回目では，LowとAdvancedグループ間およびLowとHighグループ間に，3回目では，LowとAdvancedグループ間に$p<.05$で有意な違いがあった。

最後に，各グループ内で見ると，すべてのグループで1回目から2回目，

表4　実験1と実験2のリスニングテストの結果

回数	グループ	実験1			実験2		
		人数	平均	(標準偏差)	人数	平均	(標準偏差)
1st	Advanced				16	6.438	(1.590)
	High	32	6.063	(1.605)	29	6.172	(1.605)
	Mid	53	5.925	(2.074)	42	5.643	(1.543)
	Low	34	5.588	(1.395)	36	5.528	(1.594)
	Total	119	5.866	(1.775)	123	5.837	(1.596)
2nd	Advanced				16	7.313	(1.537)
	High	32	6.750	(1.414)	29	7.103	(1.263)
	Mid	53	6.679	(1.327)	42	6.595	(1.398)
	Low	34	6.059	(1.705)	36	5.944	(1.567)
	Total	119	6.521	(1.484)	123	6.618	(1.507)
3rd	Advanced				16	7.938	(1.182)
	High	32	7.313	(1.331)	29	7.483	(1.299)
	Mid	53	6.925	(1.342)	42	6.905	(1.340)
	Low	34	6.324	(1.471)	36	6.556	(1.731)
	Total	119	6.857	(1.416)	123	7.073	(1.500)

あるいは1回目から3回目で理解度が伸びていた。実験1と同様に，2回目から3回目には，どのグループにおいても有意な伸びは見られなかった。つまり，理解度曲線は，1回目から2回目より，2回目から3回目の方がなだらかになっており，徐々に繰り返し聞く効果が下がってきていると言える（図2）。

4. 考察および教育的示唆

実験1と2で，計4種類のテキストを使い，学生に繰り返して聞かせることでどこまで理解力を伸ばせるかを調査した。その結果，大半の学生が3回聞くことで，何のヒントもなく自力で理解度を有意に上げることができることがわかった。しかし，実験1の下位群だけが理解度を他のグルー

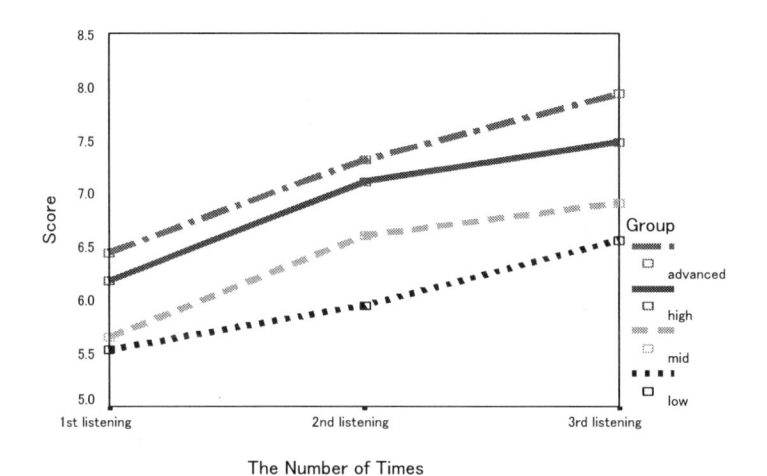

図2. 聞く回数による理解度の変化（実験2）

プほど伸ばすことができなかったように，テキストの難易度が学習者にとって難しい場合，わからない単語や句が多く，テープの速度で意味をとっていくのはたいへんなように思われる。事実，実験で使ったテキストと同じテキストを使って1度聞かせたあと，そのテキストを自分のペースで読ませた場合と，テープを流しながら読ませた場合，理解度は前者の方が高かった（平井, 2003）。このことから，英語力が低いと，ある一定の速度で前から意味をとっていくのが困難で，ただ繰り返し聞かせるだけでなく，自分のペースでテキストを読ませ，内容や重要単語を十分理解した上で，音読や聞く訓練を積み重ねていく必要がある。

また，やや速いテキストを使用した場合，図2で示されているように，英語力の低いグループほどテキストの速度に影響されやすく，第1回目の聞き取りでは，下位群，中位群が実験1より得点がやや低くスタートしている。しかし，聞く回数を重ねるにつれ，結局グループ間の得点差が等間隔になってしまっている。これは，1回目の聞き取りは聴解力の差で，繰り返し聞く度に，学習者は自分の持っている英語力を駆使しテキスト理解を深めていく。そして，最終的には，英語力の差として現れるようだ。その傾向が実験1の図1にも現れている。スタートは，中位群が上位群に接

近しているが，3回目になると引き離され，3グループがきれいに分かれている。

聞く回数と理解度の関係については，どのグループも2回目から3回目の理解度の伸びは有意ではないが，図1および図2で示されているように，得点曲線がやや上がっており，さらに聞く回数を増やせばまだ伸びるかもしれない。しかし，その伸び率はさらに低くなると予想でき，これ以上ただ聞かせるだけでは，単調すぎて効果的な指導とはいえない。さらに，テキストに集中して聞かせるためには，音声が読まれるスクリプトを少し変えて，音声との違いを探させたり，テキストを穴あきにして部分ディクテーションをさせるなど，その他のタスクや技能に焦点を当てながら，耳を鍛える工夫が必要である。

重要な点は，間違えた設問部分が何度聞いても聞き取れなかった部分であり，その原因が，文法，知らない単語，連続した単語に現れる音の変化であったりする。そこが，各学習者の学ぶべき箇所であるため，更に聞かせるために配布した穴あきスクリプトなどの文字提示をしたものを使って，聞き取れなかった部分を学習者自身が解決していくことが効果的だと思われる。その時に，LL教室やマルチメディア教室が利用可能であれば，各自のできなかった部分だけを集中して何度も聞く個別学習ができる。

よくありがちな指導や比較研究に，聞く努力をあまりさせず，自ら内容理解や学習項目の発見がないまま，すぐに日本語訳を渡す，解説をすることがある。補助をすることで，そのテキストの理解を上げることができるのは当然だが，そのような方法が，長期的に見て効果的な指導か，真の聴解力に結びつくかは大きな疑問である。もちろん補助を提供してから，効果的な聞く活動ができれば別だが，母語学習をしている幼児のように，自分で集中して聞き，自分で発見していく（＝理解していく）機会を多く持つことが，聴解能力を身につけることになるのではないだろうか。

さらに，重要なことは，常に受容能力だけで終わらないことであろう。オーラル・サマリー（oral summary）やディスカッションなどのスピーキング活動，ディクテーションやサマリー・ライティング（summary writing）などのライティング活動と，聞くことから，発信能力を磨いて

いくことで，学習した内容が定着する (e. g., Hirai, 2005 ; Wittrock, 1990)。今後の課題として，如何に目的を持って繰り返し聞かせられるか，また，その後どのような活動に入っていくと聴解能力だけでなく英語力が伸ばせるか，効果的なリスニング手順を検証していく必要があるだろう。

◆参考文献

Blau, E. K. (1990). The effect of syntax, speed, and pauses on listening comprehension. *TESOL Quarterly, 24*, 746-753.

Cantor, G., Takeda, S., & Takatori, K. (1993). *Speed reading in action-elementary.* Tokyo: Kirihara Shoten.

Cervantes, R., & Gainer, G. (1992). The effects of syntactic simplification and repetition on listening comprehension. *TESOL Quarterly, 26*, 767-770.

Griffiths, R. (1991). Pausological research in an L2 context: A rationale, and review of selected studies. *Applied Linguistics, 12*, 345-364.

Hill, J. (2000). Revising priorities: From grammatical failure to collocational success. In Lewis, M. (Ed.), *Teaching collocation: Further developments in the lexical approach* (pp.47-69). England: Language Teaching Publications.

Hirai, A. (2005). Factors predicting EFL learners' listening and reading fluency. *JACET Bulletin, 41*, 19-36.

Iimura, H., & Ishizaki, T. (2001). The effect of pauses on listening comprehension-Repetition vs. pauses. *Tsukuba English Education, 22*, 117-124.

Kelch, K. (1985). Modified input as an aid to comprehension. *Studies in Second Language Acquisition, 7*, 81-90.

Lewis, M. (2000). Learning in the lexical approach. In Lewis, M. (Ed.), *Teaching collocation: Further developments in the lexical approach* (pp.155-185). England: Language Teaching Publications.

O'Malley, M., Chamot, A. U., & Kupper, L. (1989). Listening comprehension strategies in second language acquisition. *Applied Linguistics, 10*, 418-437.

Pennington, M. (1996). *Phonology in English language teaching.* London: Longman.

Rost, M. (2002). *Teaching and researching listening.* London: Pearson Education.

Royer, J. M., & Carlo, M. S. (1991). Transfer of comprehension skills from native to second language. *Journal of Reading, 34*, 450-455.

Sherman, J. (1997). The effect of question preview in listening comprehension tests. *Language Testing, 14*, 185-213.

Suzuki, J. (1999). An effective method for developing students' listening comprehension ability and their reading speed: An empirical study on the effectiveness of pauses in the listening materials. In O. J. Nicholas, & P. Robinson (Eds.), *Pragmatics and pedagogy: Proceedings of the 3rd pacific second language research forum, 2*, (pp.277-290). Tokyo: PacSLRF.

Sticht, T. G., & James, J. H. (1984). Listening and reading. In P. D. Pearson (Ed.), *Handbook of reading research* (pp.293-318). New York: Longman.

Wittrock, M. C. (1990). Generative process of comprehension. *Educational Psychologist, 24*, 345-376.

国際教育交換協議会日本代表部TOEFL事業部 (2002)『1999年度TOEFLスコア利用実態調査報告書』2002年7月実施TOEFL-ITPセミナー資料

桜田京子 (2002)「熟達度テストの分析 (リスニング) ―教師が期待する高校生の学力とは」関東甲信越英語教育学会第26回千葉研究大会口頭発表資料, 和洋女子大学日本英語検定協会 (2002)『英検ガイド2002 new』東京:日本英語検定協会

平井明代 (2003)「リスニング時における文字提示の効果」『関東甲信越英語教育学会研究紀要』第17号, 113-122.

文部省 (現:文部科学省) (1999)『高等学校学習指導要領解説―外国語編　英語編』東京:開隆堂出版

文部科学省 (2002)「『英語が使える日本人』の育成のための戦略構想―英語力・国語力増進プラン」Retrieved Angust 30, 2006, from http://www.mext.go.jp/b_menu/shingi/chousa/shotou/020/index.htm.

音読指導を問い直す

久保野 雅史

1. 音読ブームの光と影

　世は音読ブームである。有効な学習方法として音読が広まることには，もちろん賛成である。しかし，音読は特効薬でも何でもない。明確な目的の下に指導過程に位置づけ，適切に活用しなければ，音読させても大して効果は上がらない。それでは筆者の授業における音読の目的は何か。それは，頭で理解した「知識」を自動化し実際に使用できる「技能」に高めることである。ルールの知識と言語使用の技能との関係について，土屋（2004）は次のように述べている。

　　　注意しなければならないことは，<u>明示的知識として説明できるルールを学習者が理解したからといって，それが直ちに技能として使えるようになるわけではないこと</u>である。たとえば3単現のルールは明示的知識として説明が可能である。しかしその知識を正しく使えるようになるには，たいてい，かなりの時間を必要とする。明示的知識を自動化するメカニズムはまだ十分に明らかになってはいないが，そのルールを意識せず正しく使えるようになるためには，相当量のリハーサルと使用経験が必要なことだけは確かである。（下線は引用者による）

筆者にとっての音読は，このリハーサルの有効な手段の一つ，という位置づけである。

しかし，音読ブームには何かがひっかかる。この違和感を整理すると，
(1) ブームに流されることへの違和感
(2) 音読指導の内容に対しての違和感
ということになる。

「ブームに流される」ことに，どうして違和感を感じるのか。ブームに乗ることはある意味で心地よい。周囲と同じ方向に進むのは楽である。大勢が向かっている流れに逆らって進むのは大変なエネルギーを要する。しかし「みんながやっているから」「流行っているから」というのは危険である。自分の頭で批判的に思考することを怠ってはならない。「何で音読する［させる］のか」について自分なりの理屈が必要である。「皆がやっているから」「音読のない授業はあり得ないから」では答えになっていない。

また，ブームは不満の反映である。第二次世界大戦前のファシズムの興隆を考えてみてもらいたい。ナチスの荒唐無稽な主張は，好景気で国民が生活に不満・不安を抱いていない時代に支持されただろうか？　鬱積する不満や先行きへの漠然とした不安の発露が，狂信的な支持という形で現れたのである。これは，小泉内閣の支持率が不可解なほど高かったこととも重なるように思われる。「音読ブーム」にも同じようなことがいえるのではないか。多くの国民（教員や生徒も含む）が英語教育の成果に不満を持っていた。先行きの展望も開けない。そのような暗闇の中に射す一条の光（a ray of hope）として「音読」を捉えているのではないだろうか。

次に，音読指導の「内容」について考えたい。いくつか例はあるが「速度を上げて音読する」という方法に絞って検討してみたい。巷には「音読トレーニング本」とでも呼ぶべき本が溢れている。その中に「英語を速く音読すれば，脳も鍛えられるし英語力も伸びる」というような内容も見られる。「脳を鍛えたい」と考える人が，音読や計算ドリルに励むことに反対している訳ではない。しかし，英語学習にとって「スピードを上げて音読する」ことに効果があるかは，はなはだ疑問である。例えば，教科書の音読速度を競わせるような場面を想像してもらいたい。速く読み終えようとする生徒の発音はどうなるだろうか？　テキストの意味を音声で伝えよ

うとすれば、ポーズやイントネーションが重要となる。しかしこういったことを意識していてはスピードは上がらない。音読の速度は、平板な早口で言えば言うほど上がるのである。スピードを意識すれば、発音はいい加減なものになり、乱れがちである。

このような音読練習をしてスピードが上がった生徒が、次のような感想を述べていたという。

「音読の速度が上がってうれしい。次からは、意味を考えて音読できるようにしたい。」

意味を伴わない音読はさせない。これが筆者が考える音読指導の基本である。

2. 音声に意味がのっているか？

生徒の話す英語を聞いていて、意味がすんなりと頭に入ってくる場合と、そうでない場合がある。その原因を突き詰めていくと「意味を伝える」という意思を明確に持って言葉を口に出しているかどうかに行き着く。書いた原稿がいくら立派であっても、個々の語句や文の発音が美しても、平板で一本調子な言い方では、聴衆にメッセージが届かない。

それでは「意味を音声にのせる」には、どのようなことを意識すればよいのか、また、指導すればよいのか。その具体例を紹介する。

授業では、教師やCDのモデルを真似て音読練習させることが多い。これは確かに有効な方法である。しかし、これだけでは自力で音調を作り出す力は育たない。土屋（2000）は、こういった従来方式の問題点を、次のように指摘している。

> この（モデルのあとに続いて音読する）音読練習法では、生徒は常にテープや教師のモデルを真似ることになる。これが問題である。このやり方を続けていると、生徒は<u>モデルがないと自力では読めない</u>という、非常に困った習慣を身につけてしまう。
>
> 要は生徒自身にどう読むかを考えさせることである。<u>いつもモデル</u>

を先に与えるのではなくて，どこで区切って，どこに強勢をおき，どんな抑揚をつけるかを，生徒自身に研究させるのである。自力で正しく音読できるようになるためには，このような指導を中学校2年生あたりから少しずつ積み重ねていくことが必要である。（下線は引用者）

　土屋が提案する「モデルなし音読」を授業で行う際には，注意しなければいけないことが一つある。それは，読ませるテキストの難易度である。未習の語句や文法事項であふれたテキストでは，内容を理解するだけで手一杯になってしまう。そこで，生徒が楽に読める程度に平易なテキストを与えることにする。今が中学3年の2学期だとしたら，中学2年3学期～中学3年1学期レベルのテキストを選びたい。特に支障なく内容を摑めたら，それを「聴衆に語って聞かせる」つもりで音読させてみる。一つ例を挙げてみよう。これは，中学3年～高校1年程度の難しさのテキストである。

　　The Olympic Games began in Olympia, in Greece, in 776 B. C. At first they lasted only one day and there was only one race. <u>Later there were more races</u> **and** <u>other contests</u> **and** <u>the games lasted several days.</u> People all over Greece took part.（下線・太字は引用者）

　太字にしたandを音声上で区別できない生徒は意外と多い。しかし，この2つのandの働きは全く異なっている。前者は，more racesという名詞とother contestという名詞を繋ぐ働きである。一方，後者は，Later … contestsという文とthe games … several daysという文を繋ぐ働きである。この違いをどのように音声化すべきか？
　前者のandは強勢を置かずに/n/のように発音すべきであろう。一方，後者のandの場合は，その直前で休止した上で強勢を置いて発音しなければ意味が際立たない。このような練習を折に触れて授業中に行い，「この意味だからこう読むはずだ」という規則性を体得させなくてはならない。中学校教科書の文章も，こういったトレーニングに活用することがで

きる。まず2年生のテキストを見てみよう。

健は、夏休みにアメリカへホームステイに行きサマースクールに通いました。以下は、ホームステイのガイドブックの一部です。どんなアドバイスが書いてあるだろうか。

  Communication is important. You have to speak English. <u>But you don't have to speak perfect English.</u> (*New Horizon 2*)
（下線部は引用者）

下線部の文ではどこに強勢を置くべきか？　意味を考えれば、もちろん perfect になる。このテキストが誰を読者に想定して何のために書かれたのかを考えてみよう。「アメリカ人家庭にホームステイする際の心得」を日本人中高生を読み手として書かれたテキストである。そうだとすると、伝えたい内容は次のように言い換えることもできる。

  You have to communicate with your host family. But they don't understand Japanese. So you have to speak English. But don't be afraid of making mistakes. <u>Your English doesn't have to be perfect.</u>
（下線部は引用者）

こういったメッセージを伝えているのだ、ということが読み取れたならば、それをどうやって音声に反映したらよいか考えさせる。こちらから一方的に正しい読み方を示すだけでなく、生徒自身に考えさせて、気づかせることが大切である。

次に3年生のテキストから引用する。点字（braille）について、マークがグリーン先生に質問している場面である。

 Mark：When was braille invented?
 Ms. Green：In 1829. It was invented by a Frenchman, Louis Braille.
 Mark：<u>So it's called braille.</u>

Ms. Green : That's right. (*New Horizon 3*) (下線部は引用者)

ここの下線部では，どの語句に強勢を置くべきだろうか？　もちろん文頭の So になるだろう。「点字の発明者はフランス人のルイ・ブレイルだ」と知ったマークは「そうか！　だから，点字は braille っていうんだ！」と感動している場面である。言い換えてみると Now I understand why it's called braille. といったところだろう。この意味がわかった上で，それを音声に反映させるにはどうしたらよいのか，考えた上で言わせてみる。何人かの生徒に言わせた上で，その音調上の違いを整理して，「なぜ，そのように読んだのか？」「どちらの解釈・読み方が適切か？」などを生徒に考えさせていく。こういったプロセスを通して，自力で「意味を音にのせる」力が育成できると考えている。

　次は，高校の教科書で，100年前の台所と食卓の様子が写った写真を説明している部分である。下線部のどこを強く読めばよいだろうか？

　　In the picture on the left, a woman is preparing a meal. On the right, two women are eating dinner.
　　<u>What are the differences between the kitchen and the dining room in the pictures and those in your house?</u> (*Unicorn English Course I*)

ここでは最後にある in your house の your を強く読む。「写真の」台所と「みなさんの家の」台所を比較しているので，your にコントラストが置かれるからであろう。

　もう一つだけ例を出す。区切りとイントネーションを誤ると，聞き手に誤解を与える場合である。

　　<u>Supermarkets use too much paper and plastic for wrapping goods.</u> (The paper comes from trees and the plastic from oil, and both are important resources.) (*Unicorn English Course II*, 旧版)

下線部の動詞 use の目的語は too much paper and plastic である。したがって paper and plastic は長い一つの名詞のように読まなくてはならない。もし paper でイントネーションを下げて，ポーズを置いてしまうと，plastic for wrapping goods が次の文の主語のように聞こえてしまうからである。

以上のような意味と音の関係は，教師による範読（model reading）においては更に重要である。教師は範読を通して，意味と音の関係を意識的に示していく必要があるからである。この範読の難しさについては，黒田（1934）が当時の東京高等師範学校の学生の教育実習について次のように厳しく指摘している。引用にあたっては，漢字・仮名遣いを現代風に改めてある。

　　　君の授業を見て第一に感じたことは，君の今迄の勉強が中等学校の英語の教師として当然心得ておくべき基礎的方面に於いて不十分だと言うことである。（中略）
　　　中学校の教師としては，英語の基礎的方面の知識は更に進んだ文学語学の高級的知識に劣らぬ大切なものであるということを忘れてはならない。（中略）'A bird can fly up in the air.' という文があったが，君は教壇に立つ前に fly の次で切るのと up の次で切るのとで文の意味が変わって来ることを考えてみたか。小さな問題だと思うかも知れない。しかし中学校の先生としては決しておろそかにしてはならないことである。

ここで問題となっているのは，
　(1) A bird can fly/**up** in the air.
　(2) A bird can fly **up**/in the air.
の意味の違いである。(1) が鳥が飛ぶ「場所」を表しているのに対して，(2) の in は into のように「移動」を表すことになる。このような意味と音声の関係に教師自身が敏感になって研鑽を積むことが，音読指導の力を上げるためには必要である。

3. 音読練習のバリエーション

　ここでは音読のバリエーションとして「虫食い音読」を紹介したい。普通の音読練習が終わったあとで、以下のように空所を含んだプリントを配り、補って音読させる活動である。答えを書き込むことはさせない。答えを書き込んでしまうと空所のないテキストを読むのと同じになってしまうからである。瞬時の判断で空所を補って読ませるためには、鉛筆を持たずに活動させることが大切である。また、このプリントは家庭での復習に活用することも奨励している。

　適切な前置詞や冠詞などを適切に使って発話したり、適切な動詞を適切な形にして使うためのトレーニングとして効果が期待できる。ここでは中学3年の教科書を加工した例を紹介する。

＜テキスト＞
　　Korea was a colony of Japan for thirty-five years. The Japanese government forced the Koreans to use only Japanese. It was really painful for them to stop using their own language. They could not use it again in public until the end of World War Ⅱ. (*Crown English Series 3*, 旧版)

(1) (　) に適切な前置詞・接続詞を補って読みなさい。
　　Korea was a colony (　) Japan (　) thirty-five years. The Japanese government forced the Koreans to use only Japanese. It was really painful (　) them to stop using their own language. They could not use it again (　) public (　) the end of World War Ⅱ.

(2) 必要ならば (　) に限定詞（冠詞・所有格等）を補いなさい。
　　Korea was (　) colony of Japan for thirty-five years. (　) Japanese government forced (　) Koreans to use only Japanese. It was really painful for them to stop using (　) own language. They could not use it again in public until (　) end of (　) World War Ⅱ.

− 160 −

(3) (　) の動詞を適切な形に変えて補いなさい。

　　Korea (**be**) a colony of Japan for thirty-five years. The Japanese government (**force**) the Koreans (**use**) only Japanese. It (**be**) really painful for them to stop (**use**) their own language. They could not use it again in public until the end of World War Ⅱ.

　(3) は既習事項を総動員して最適な形を選ぶ作業である。ここでは，動詞を＜過去形・不定詞・動名詞＞に変化させる必要がある。進行形・受動態・完了形なども含めて，このような動詞の変化を瞬時に的確に行うことができなければ正しく話すことはできない。これはテストにも応用できる（久保野，2006）。また，(4) のように動詞そのものを選んでから適切な形に変えさせることもできる。

(4) (　) に適する動詞を選び，適切な形に変えて補いなさい。

　　Korea (　　) a colony of Japan for thirty-five years. The Japanese government (　　) the Koreans (　　) only Japanese. It (　　) really painful for them to stop (　　) their own language. They could not use it again in public until the end of World War II.
　選択肢：**be　force　use**

4. 音読・暗唱は「話すこと」のシミュレーション

　「話す力」を育てるためには，実際に「話す経験」を積む必要がある。しかし，学校の授業でこれを十分に確保することは難しい。限られた時間で「話す」経験の不足を補う必要がある。その最も有効な方法が「音読・暗唱」である。またこの活動は，運動部の走り込みや筋トレのように，英語の基礎体力増強の手段としても効果が高い。
　「暗唱からスピーチへ」という流れに絞って話を進める。この2つの活動には共通点が多い。書かれたテキストを音声化して聞き手に伝える，という点は同じである。違いは，テキストがオリジナルかどうかである。し

たがって，教科書本文を音読・暗唱する活動は，スピーチのシミュレーション的活動だと捉えることができる。

スピーチでは原稿の丸暗記は要求しない。キーワードを書いたメモを時折見ながら内容を思い出し，顔を上げて発表する方が，実際に「話す」活動に近いからである。これと同様に，教科書の暗唱の際にもキーワードを板書して練習すればよい。しかし，音読と暗唱にはギャップがある。これはどのように埋めればよいだろうか？

音読を繰り返しているだけで自然と話せるようになる，というのは音読を過大視した考え方である。筆者はそれだけでは無理だと考えている。文字を目で追いながらの読み上げと「話すこと」は本質的に別の行為だからである。また，音読練習だけで「暗記しろ」と命ずるのも生徒にとってはギャップが大き過ぎる。音読と暗唱のギャップを埋めるためには，細かな段階（successive small steps）を刻む必要がある。

高校1年の教科書にあった Spielberg 監督が子供時代を振り返っている文章を使って具体例を示す。

Step 1　音読練習

テキストを黙読し，内容説明を聞いたあとで行う。理解が不十分な文章の暗唱を無理強いしてはならない（久保野りえ，2003）。

> When I was a young boy, I had the same fears that most kids have. My childhood was full of scary experiences. When I was twelve, I became the family photographer and dramatized everything. My first real movie was a movie of model trains crashing into each other.
> (*Unicorn English Course I*, 旧版)

＜一斉→バズ→個人＞の順序で練習する。教師のモデルを与えるのが基本である。ただし，学年が上がってくれば，前述したように，既習事項で書かれた易しいテキストを与えて自力で読みとらせ，教師のモデルなしの自立した音読をさせることも重要である。

Step 2 Read and look up

音読から話すことへの第一歩である。文・節ごとに黙読し，顔を上げてから行う。一瞬だがテキストから目線を切って英語を口に出すことになる。その際，次のような形に本文を加工し，左手の親指を行頭に置きながら行うと，再度黙読する際に視線が迷わない。

When I was a young boy,
I had the same fears that most kids have.

My childhood was full of scary experiences.

When I was twelve,
I became the family photographer and dramatized everything.

My first real movie was a movie of model trains
crashing into each other.

Step 3 Recitation

次のようなキーワードを板書し，教師のモデルに続けて一斉に言わせることから始める。あとは，音読と同様に＜バス→個人＞の順で進める。

```
        young,      fears       kids.
            childhood       scary
        twelve,     family      dramatized
            first       model       crashing
```

キーワードの量は適宜調節する。最終的には，このように内容語だけをきっかけとして暗唱させたいが，活動に不慣れな場合などは，次のように，冠詞・前置詞，be 動詞や接続詞のような機能語を抜いただけのものから始めると負担が軽い。単語を抜いた箇所には広めにスペースを空けて，補

う必要があることが視覚的にわかりやすいようにしておく。

When I　　　young boy,
　　I had　　　same fears that most kids have.

My childhood　　　full　　　scary experiences.

　　　　　　　I　　twelve,
I became　　　family photographer　　　dramatized everything.

My first real movie　　　movie　　　model trains
　　　　　crashing　　　each other.

　こうすれば，先程紹介した「虫食い音読」と近い活動になる。
　板書と同様のプリントを配布し，家庭で暗唱の復習ができるようにする。家庭学習はともすると書くこと中心になりがちである。しかし，このような復習プログラムを与えることによって，家庭学習の方法を改善することができる。さらに，次時の冒頭で，家庭での練習の成果を発表する場面を設けることによって，練習への意欲を高めることができる。

◆参考文献

久保野雅史（2006）「文法の『応用力』を測るテスト」『英語教育』第55巻，第8号，20-22.
久保野りえ（2003）「レシテーション再考」『英語教育』第52巻，第6号，21-23.
黒田巍（1934）「英語教授短評：英語の先生になろうとする人に」東京文理科大学内 英語教育研究会（編）『英語の研究と教授』第2巻，第12号, 3. 東京：研究社
土屋澄男（2000）「英語の基礎をつくるオーラル中心の授業」『STEP英語情報』2000年11-12月号，32-35. 東京：日本英語検定協会
土屋澄男（2004）『英語コミュニケーションの基礎をつくる音読指導』東京：研究社

オーセンティック教材を用いたシャドーイングによる指導

山田　登

1. はじめに

　シャドーイング（聞こえる音声をほとんど同時に繰り返すトレーニング法）は今や英語学習の秘かなブームを巻き起こしている。NHKラジオ第2放送の英語講座の中にも練習方法の一つとしてシャドーイングを取り入れており，英語学習用にシャドーイングを用いた出版物も数多く出るようになった。英語教師の中にもシャドーイングの有効性を認め，実際の授業に活用しているケースが増えている。高校の授業，とりわけ英語科，国際科，英語コースなどを持つ高校ではシャドーイングがかなり強力な指導技術の一つとして活用されている。また，これに伴ってシャドーイングに関する研究も盛んになりつつあるのが現状である。

　シャドーイングが同時通訳の練習方法の一つであるということがこの方法に魅力を加えている。英語学習者の多くは同時通訳者に対し，強い憧憬の念を持っており，たとえ彼らのようになれなくても，字幕なしで映画を理解したい，簡単な通訳ならできるようになりたい，などという願いを持ち，同時通訳者のトレーニング法を自分の練習法に取り入れている学習者も多い。

　さて，日本の英語教育の非効率性が教育界や産業界などから指摘されて久しいが，ここに来て文部科学省を中心にいくつかの英語教育改善の施策が打ち出されている。例えば，「スーパーランゲージ・ハイスクール」「英語が使える日本人の育成のための戦略構想」「センター試験へのリスニングテスト導入」「公立小学校への英語教育導入」などである。世の中が一

層グローバル化し，コミュニケーションの手段としての英語の必要性が叫ばれる中で，英語教師としての責務はこうすれば英語力が身につくという的確な方法を明示することであると考える。

筆者はここで一つの教え方として，学習者に学習動機を高めることのできる英語ニュースや映画を教材とし，同時通訳練習の一方法であるシャドーイング技法を使って授業を行うことを提案する。この方法によってオーラル・コミュニケーション力を確実に高めることができると考えているからである。以下，オーセンティックな教材やシャドーイングの利点，授業の進め方などについて論ずることにする。

2. まず，教材について

2.1 できるだけオーセンティックな（本物の）教材を使用する

水光（2001）は，教材の作成や選定で教師の犯す最も多い誤りは，学生の力を過小評価することにあるとし，学生にやさしい教材を提供するのは逆効果であり，英語母語話者がその文化圏で実際に使っている本物の英語（authentic English）を使うのは効果が大である，と指摘している。

また，高橋（1995）は，オーセンティックな英語を理解するためには，オーセンティックな英語で訓練しない限りいつまでたっても聞き取ることができるようにはならない，と述べている。

しかしながら，オーセンティックなものを重視しながらも，学習者とのレベルの乖離を生む場合もあるとして，Underwood（1989）は学習者が聞く教材はrealistic（現実的）であればよいとし，Richards（1990）もrelative authenticity（比較的本物に近いもの）を目指すべきだ，としている。

注意すべきことは，オーセンティックな教材の中でも学習者のレベルとかけ離れない教材選びをすることである。

2.2 オーセンティックな教材として映画を利用する

筆者はオーセンティックな教材として，普段の授業の中で，BBC,

VOAなどの英語ニュースと，"My Girl"や"Pay It Forward"などの映画を利用しているが，この小論では映画のみを取り上げることにする。

　映画が教材として優れている点は，次のとおりである。
(1) 英語授業や英語学習のために特別作られた教材と異なり，英語圏の人々が普段使っている語彙や表現，及び自然な速さの英語にふんだんに接することができる。(2) 映画のストーリーの面白さや映画自身の魅力から，学習の強い動機づけとなる。この点で井狩 (2006) は脳科学の観点から「興味を持つ・楽しい・わかりやすい」ということが第2言語習得に大きな効果をもたらす，と述べている。(3) 映画では言語とジェスチャーなどの身体的動きが一体になっており，人間の言語活動が直接捉えられる。(4) 英語の音変化や韻律（リズムやイントネーションなど）を習得するために，映画は画面の助けもあり，適している。(5) 英語圏の国々の文化やものの考え方なども学べる，などである。

　但し，授業に映画を用いることは利点ばかりではなく，次のような問題点もある。(1) 話す英語のスピードが速いので，容易に理解できない。(2) 語彙，表現などが概して難しい。(3) 方言やスラングなどの表現が出てくるため，一般の学習者には不向きである，などである。

　したがって，授業に映画を利用する場合，これらの問題点を解消しなければならない。(1) については，英語独特の音変化や韻律などについて前もって教え込んでおくこと，パーシャル・ディクテーションを何回も行いスピードに慣れさせること。(2) については，スクリプトを用いて語句の意味や読み方を詳しく解説すること，映画に出てくる表現は日常の場面で使えるものが多いので学習者に興味を持たせること。(3) については，名画などや学生に相応しい映画にはそれほど方言やスラングなどがないことから映画やシーンの選定に気をつけさえすればよい。

3. 指導方法としてのシャドーイングについて

　まず，最初に先行研究を概観してみることにする。

3.1 シャドーイングに関する先行研究

　玉井 (1992) は，普通科の高校生を被験者として，シャドーイングの指導を週1回，実験群には1度テープを聞きながらスクリプトを読んだ後で，スクリプトを見ずにシャドーイングの練習をさせ，統制群にはシャドーウイングの代わりにディクテーションを行わせた。3ヵ月半後のリスニング力を比較した結果，シャドーイング群はディクテーション群よりも成績が有意に高かったと述べている。

　また，柳原 (1995) は，短大生90人を被験者として，英語聴解力の指導法に関する研究をし，シャドーイングとディクテーションの効果について調べた。その結果練習済みの教材と新規の教材を使用したところ，両テストともに総じて，シャドーイング＞ディクテーション＞聞き取り，の順で正答率が高かったとしている。

　さらに玉井 (2005a) は，高校生94名を被験者として調査し，シャドーイング群とディクテーション群とを比較したデータをもとに，被験者をさらに上中下三群に分けて分散分析を行った結果，シャドーイング群では交互作用が見られ，指導効果が特に中・下位群において強く表れたと指摘している。

　以上がシャドーイングとディクテーションとを比較した研究であるが，これら2つを組み合わせたことの効果を研究したものとして茅野 (2005) がある。

　茅野は，高校生78名を対象として，ディクテーションとシャドーイングを連携させた指導に効果があるかどうかを調べた結果，ポストテストでは成績が向上し，特に中位者及び下位者が大きく伸びたとしている。英語を聞くことに十分慣れていない学習者にとって，英語特有のプロソディ（韻律特性）に慣れることで，聴解力を伸ばす効果があることが明らかになった，としている。

　一方，建内 (2005) は，国立大学生77名を調査対象とし，シャドーイングとリスニングの両方を行う群 (EG) とリスニングだけの群 (CG) とを比較した。その結果，リスニング課題を行う上では，リスニングだけを行うよりもシャドーイングを利用しながらリスニング指導をしていく方が

リスニング力向上に効果があり，しかも長期記憶への有意な効果があることがわかった，としている。

ここでシャドーイングについて長い間研究している玉井（2005b）は指導手順として次のように述べている。

玉井によると，シャドーイングは音の把握を最優先にし，シャドーイングの目的は意味把握ではなく，正確に復唱技術を身につけることであると考えるならば，最初から意味は与えてしまい，授業の中心にプロソディ・シャドーイング（p. 172 参照）を組み立て，慣れた段階でコンテンツ・シャドーイング（p. 173 参照）を仕上げにするのがよい，としている。

また，チェンバレン暁子（2006）も，大学生 14 名を被験者として実験し，調査の結果，特に発音やプロソディ面で効果を現したとしている。また，アンケート調査では，映画英語の授業の中に継続してシャドーイングを行いたいと思っている学生は，指導した学生の 8 割以上に達したとし，映画を用いてシャドーイングを行うことの効果を指摘している。

上記の研究結果から，シャドーイングによる指導の効果は高いこと，特に学習者の中・下位群に有効であること，コンテンツ・シャドーイングよりもプロソディ・シャドーイングを優先にした方がいいこと，などが明らかになっている。

3.2　シャドーイングが英語授業（英語学習）において効果的な理由

シャドーイングが英語学習者の英語能力向上に効果的であること，また授業において有効な技法であることを玉井（2004）と鳥飼（2003）は次のように述べている。

玉井は，英語学習の観点から，

(a) シャドーイングによって，英語を正確に繰り返す技術をモノにすることができる。その上英語の理解がより確実になる。

(b) 言葉を音にするスピード（構音スピード）が速くなり，その結果，英語の理解が速くなる。

(c) イントネーションやストレス（アクセント）などを正確に知覚して理解し，それを表現する力が向上する。すなわち音のデータベースがで

きる。
(d) 聞いたことを同時にすべて復唱するので集中力がつく．

と述べている。

　一方，鳥飼は，英語授業の観点から，
(1) シャドーイングは個人でも練習できるが，LL 設備があれば，大人数クラスでも一斉に行うことができ効率的である。
(2) シャドーイングはリスニング練習とスピーキング練習を同時に行うので時間効率がよく，限られた授業時間を有効に活用することができる。
(3) シャドーイングでは集中して英文を聞かなければならないことから，学習者が真剣に取り組み，練習中に居眠りや私語をするなどということはあり得ない。
(4) 自分のシャドーイングを録音して聞き直すことにより，学習者が自分の話す英語を客観的に知ることができる。
(5) シャドーイングは比較的短期間で上達することができるので，学習者が自分の進歩を実感しやすく，学習意欲が増す。

と指摘している。

4. 授業の進め方

4.1 授業の進め方のモデル

　門田・玉井（2004）は，初級レベルの教材でシャドーイングを行う場合のステップを次のように提示している：

　（STEP1）リスニング（テキストを見ないで，内容を大まかにつかむ）
　（STEP2）マンブリング（テキストを見ないで音声を聞きながらぶつぶつとつぶやくように発音する）
　（STEP3）シンクロ・リーディング（テキストを見ながら，ほぼ同時に音読する）と意味確認
　（STEP4）プロソディ・シャドーイング（ストレス，リズム，イントネー

ション，ポーズなどのプロソディックな要素に注意しながらテキストなしでシャドーイングする）
（STEP5）コンテンツ・シャドーイング（聞こえてくる英語の内容に焦点を当てながら，テキストなしでシャドーイングする）

4.2 具体的な授業の進め方

門田・玉井（2004）の指導モデルを参考にして，筆者は大学1，2，3年生対象の授業にシャドーイングを導入している。

シャドーイングを実施する前に，音声変化（連結，同化，脱落など）及び英語独特の韻律を教え，そのための訓練を十分に行う。

最初，シャドーイングの準備教材を用いて練習をする。このときは速度はやや遅く，内容もやさしいものを使用するが，この活動は学生にとっては後の映画のような速い教材に備える事前の活動である。シャドーイング活動を授業に導入する場合，考えておかなければならないことは，最初から速い生の英語をシャドーイングさせるのではなく，以下示すような，やや遅いスピードの教材を使用する First Stage と自然なスピードに近い教材の Second Stage の2段構えで行うことが望ましい。

| First Stage |

第1の教材（内容がやさしく，スピードのやや遅い教材）を用いて
(1) まず，1分間90-120語レベルの教材（例えば，田中（2004）の「基礎トレ」やVOAスペシャル）のスクリプトを配布し，語句，発音やリズム，音変化などの解説をしたり，学生から質問を受けたりする。
(2) スクリプトを見ながら音声をまねるシンクロ・リーディングをさせる。
(3) 次に，シャドーイングをさせる。スピードがやや遅いので比較的上手にこの活動ができる。

| Second Stage |

第2の教材（オーセンテック教材：映画）を用いて
ここではシャドーイング用教材として，1分間120-160語のスピードのものが適している。したがって，映画のシーンの中でもこれに適したスピードのものを選び，授業で使用している。

Pre-viewing
(1) その日視聴するシーンに関連した話題を提供したり，特に難解であると思われる語句や表現などを説明する。また時に，キー・フレーズなるものを示し，これをもとにストーリーの予想をさせる。また，文化的，社会的な面などの説明も加える。

While-viewing
(2) その日に扱う1シーン（2分程度）を字幕なしで見せる。その後内容面でわかったこと，聞き取れた語句や表現などを，最初にペアで話し合わせ，次に学生に発表させる。ここでは学生に発表させるが教師は正否を言及しない。
(3) 次に，英語字幕で同じシーンを見せる。このときも，わかった内容及び語句などをペアで話し合わせ，その後発表させる。今度は学生の発表内容の正否を説明する。
(4) スクリプトを配布し，各自に内容を理解させる。辞書（電子辞書が圧倒的である）を引いたり，質問するなどして，理解できない部分がなくなるようにさせる。ここで教師はおおまかな内容及び難しい語句や表現などについて解説を加えたりする。
(5) 学生はスクリプトか映像画面の英語字幕を見ながらシンクロ・リーディングを行う。内容がわかっているので，あとはいかに遅れないでシンクロ・リーディングを上手にやるかが問題となる。
(6) ここで字幕なしの映像を見せて，プロソディ・シャドーイングをさせる。
(7) 次に，字幕なしの映像を見せて，コンテンツ・シャドーイングをさせる。（この活動とともに，音声を発せず，口だけを動かすサイレント・シャドーイングを行わせることもある。）

Post-viewing
(8) こうしてプロソディ・シャドーイングとコンテンツ・シャドーイングがスムーズにできるようになったら，次に音読練習をさせる。ここで，玉井（2005a）のいうスピード・リーディングをさせる。これは可能な限り速く読ませる活動であり，いかに速く読めたかを学生に計測させ

るものである。
(9) 映画の音声をオフにし，各俳優の台詞を本物の俳優になったつもりで感情をこめて何回も言わせる（オフレコ練習）。
(10) ストーリーの要約を英語または日本語で言わせたり，内容についての意見や感想を交換させるためのディスカッションを行う。

5. 評価方法について

　玉井（2005a）は，シャドーイング技術を測るということは，どれだけ正確に入力情報を復唱できるかということであるとし，統語論的な知識や語彙知識，語用論的知識や文脈の類推，意味分析における結果が，相互補完的に音韻分析を助けることは考えられるが，純粋なシャドーイング技術のみを考えると，基本的にはどれだけ正確に入力音声の再構築ができるかという復唱能力の測定と考えられるとし，2つの測定法を提案している。
　1つは音節評価法で，もう1つはチェックポイント法である。音節評価法は音節を単位として原スピーチに対する再生率を，採点用紙を用いて評価する方法である。これに対して，チェックポイント法は，簡便な方法で，音節でなく，単語のレベルの聞き取りをすること，さらに特別にチェックポイントを決めて採点するものである。具体的には例えば全単語の5語ごとにチェックするやり方である。いずれにしてもこれらの測定法はかなりの時間と労力がかかる方法である。
　授業におけるシャドーイングの評価を筆者は上記のチェックポイント法と併せて，次のような主観的評価を実施している。
　LL教室において，学生のシャドーイングの様子をモニタリングすることで，これによって，かなり正確な評価ができる。プロソディ・シャドーイングやコンテンツ・シャドーイングを実施させているときに，特定の学生に絞り20名程度の学生のシャドーイングの状況を聞きながら評価をしていく。この方法だと学生のシャドーイングの評価は瞬時に行うことができる。現在はA，B，C（うまい，ふつう，良くない）の3段階で評価している。

6. 学生のこの授業に対する意識について

6.1 映画に関する学生の主な意見・感想

○［有益な面］

英語の発音が身につく。他の教材と比べて表現などが記憶に残りやすい。総合的な英語力がつく。リスニング力が上達する。生の英語が多く聞ける。

○［興味と関心］

毎回の授業が楽しみである。ストーリーの続きが気になる。吹き替えを聞いたり日本語字幕を見たりするのと違って新鮮な感じがする。映画を使うことによって勉強がしやすい。

○［シャドーイング］

映画を見ながら英語を聞くのは大変面白いが，映画をシャドーイングするのはなかなか難しい。ナチュラルスピードなので速くてついていけないが，スムーズにシャドーイングするときの喜びは大きい。

○［マイナス面］

映画はおもしろいが，シーンがとばしとばしなのでつまらない。全部を通して見たい。

6.2 シャドーイングに関する学生の主な意見・感想

○［効果的な面］

シャドーイングを何回かするうちに，英語が聞き取りやすくなる。英語の理解につながる練習である。実際に発音することで，英語のリズムやイントネーションなどを覚える。少しずつ話せるようになっている。英語を読むのがうまくなる。英語が身につく。難しいが慣れれば力がつく。授業の中で最も英語力がつく部分である。よい勉強法である。効率のいい方法である。

○［感想など］

最初は難しいが，回数を重ねるごとにできるという実感がわく。なかなかモデルのとおりには言えないが，実際の英語のスピードに慣れるという意味ではいい方法である。あとを追っていくことで，実際の英語のスピードがずいぶん速いなと改めて感ずる。家で勉強するときにもシャドーイングを使っている。内容をよく理解しないとシャドーイングはできない。

○［マイナス面］

シャドーイングは難しくついていけないのでもう少し簡単なものをやってほしい。映像と合わせてシャドーイングをしていくのは無理だと思う。難しいので，一度に行うシャドーイングの量を減らすか，もう少しゆっくりした会話にした方がいい。個人差の出る練習方法だ。シャドーイングは難しいので，練習のとき，シンクロ・リーディングをしてしまうことが多い。

玉井（2005a）は，シャドーイング実施後の学習者の意識レベルの変化について調査結果をまとめているが，シャドーイングを行うことによって（1）プロソディに関する改善，（2）運動としての発話力に関する改善，（3）聞き方に関する改善，がなされた，としているが，上記の学生の反応と一致する部分が多い。

7. おわりに

まず，教材に関しては，初歩の段階からできるだけオーセンティックなものを用い，早い段階から耳を慣らすようにさせたいものである。年齢が低ければ低いほど，スピードの速いものに順応する能力があり，従来のようなゆっくり，しかもはっきりした不自然な教材（温室培養的英語）に慣れさせるのは危険である。英語学習を長年積んだとしても，外国の地ではじめて英語に接したとき，そのスピードに圧倒された経験を持っている者は多いはずである。このスピードの問題は何としても早急に解決したいものである。これに対処するには，教材としては映画がまさに打ってつけの

ものである。

　具体的な指導法としてシャドーイングは，集中的に行うことによって，発音はもちろんリズムやイントネーション，ポーズなどの韻律の技術を身につけ，併せて，内容の理解までも容易にさせてくれるという利点がある。今後，中学・高校・大学など（これから英語教育が始まろうとしている小学校まで含めて）の教育機関でシャドーイングが広く取り入れられれば，学習者の興味関心と相まって，コミュニケーション力を伸長させる有効な手段となり得ることを指摘しておきたい。

　もう一つ大切なことは学習者の動機づけ，即ち意欲の問題である。「自ら学びたい，学ぶことが楽しい」といった強い意識を持たせることによって，言語習得を可能にすることができる。このため，学習者に英語を学ぶ意義や目的を明確に持たせることが必要であり，指導者としては，喜んで学べるような雰囲気作りと指導法の工夫をさらに推し進めていかねばならない。指導者の教育及び英語に対する熱意や意気込みが学習者に大きな影響を与えるからである。

◆参考文献

Richards, J, C.（1900）. *The context of language teaching*. Cambridge: Cambridge University Press.
Rost, M.（1990）. *Listening in language learning*. London: Longman.
Underwood, M.（1989）. *Teaching listening*. London: Longman.

井狩幸男（2006）「英語教育に役立つ脳科学」『英語教育』第55巻，第7号，25-27.
伊庭緑（1997）「リスニング教材としての映画」江利川春雄，東川直樹，林浩士（編）『英語科授業学の今日的課題』（pp. 230-238）東京：金星堂
門田修平・玉井健（2004）『決定版 英語シャドーイング』東京：コスモピア
小林敏彦（2003）「洋画を活用した英語授業のための10ステップ統合モデル」中谷安男，八尋春海（編著）『映画英語教育論』（pp. 10-27）名古屋：スクリーンプレイ出版
水光雅則（2002）「CALL教材 Listen to Me! を使った『授業』と『自習』と『教師の役割』」 *MM News*, 5, 1-17.（京都大学総合人間学部）
高橋広（1995）「映画を使ったリスニング授業の実際」スクリーンプレイ編集部

（編）『映画英語教育のすすめ』(pp. 60-70) 名古屋：スクリーンプレイ出版
武井昭江（編著）(2002)『英語リスニング論』東京：河源社
竹内理（2003）『より良い外国語学習法を求めて―外国語学習成功者の研究』東京：松柏社
建内高昭（2005）「シャドーイング実践指導とリスニング力および短文再生に関して」『中部地区英語教育学会紀要』第35号，31-38.
田中深雪（2004）『英語リスニングの「基礎トレ」プロに教わる秘密のメニュー』東京：講談社インターナショナル
玉井健（1992）「"follow-up"の聴解力向上に及ぼす効果及び"follow-up"能力と聴解力の関係」*Step Bulletin*, 4, 48-62.（日本英語検定協会）
玉井健（編著）(2004)『英語シャドーイング＜映画スター編＞Vol. 1』東京：コスモピア
玉井健（2005a）『リスニング指導法としてのシャドーイングの効果に関する研究』東京：風間書房
玉井健（2005b）「シャドーイングは万能薬なのか」『英語教育』第53巻，第13号，28-30.
チェンバレン暁子（2006）「シャドーイングを取り入れた映画英語授業」『映画英語教育研究』第11号，40-54.（映画英語教育学会）
茅野潤一郎（2006）「ディクテーションとシャドーイングによる指導法が聴解力に与える効果」*Language Education & Technology* 43, 95-109.（外国語教育メディア学会）
鳥飼玖美子監修（2003）『はじめてのシャドーイング―プロ通訳者の基礎訓練法で，英語の"音"感覚が飛躍的に身に付く』東京：学習研究社
柳原由美子（1995）『英語聴解力の指導法に関する研究―シャドーイングとディクテーションの効果について』*Language Laboratory*, 32, 73-89.（語学ラボラトリー学会）

中学校英語授業での常設的コミュニケーション活動のあり方

三浦 孝

1. はじめに

　英語コミュニケーション能力を育成するためには，生徒が教室で意味ある目的のために英語を使うコミュニケーション活動が有効だとされる。その際に問題となるのが，活動への生徒と教師の「慣れ」の確保である。どの活動にも，活動手順の説明が必要であるから，新しい活動を導入する際には，手順説明に時間を費やすことになる。したがっていくら良い活動だからといっても，短期的にめまぐるしく活動を入れ替えることは，時間のロスと不消化につながる。同じコミュニケーション活動にバリエーションを加えながら常設的に運用すれば，生徒にも教師にも活動の慣れが生まれ，改良の機会が増え，短時間（10分程度）でも密度の濃い活動が期待できる。

　本稿では，このような観点から，少なくとも10回程度は常設的に運用可能なコミュニケーション活動の具体例として，中学1年生用に合計16回分の英語プレゼンテーション活動を紹介する。なお，ここで扱う「コミュニケーション活動」とは当然，機械的ドリルや，伝達価値やニーズを伴わないディスプレイのための言語活動ではなく，発信者と受信者の間で，自分や相手にとって価値のある意味を伝達する活動を意味する。

常設的活動の意義

　常設的活動を行うことによって，次のような効果が期待できる：
　（1）同じ活動を繰り返すので，活動の事前説明の時間が節約できる。
　（2）同じ活動を繰り返す中で，生徒が次回の見通しを持って，工夫して

活動に臨むようになる。
(3) 同じ活動を繰り返す中で，教師がアクション・リサーチ的に活動の問題点を見出し，改良を加えることができる。

コミュニケーション活動が効果を生むための枠組み

いくら生徒が好むからといっても，年間指導計画や本時の授業目標と関連づけのない，単発的活動を乱発しても効果は薄い。コミュニケーション活動が効果を生むためには，次のような枠組みに位置づけることが必要である：

(1) 活動を，英語科の中・長期的な到達目標の中に位置づける。
(2) 生徒がその日の活動のタスクを達成したかどうかを確認するステップを，指導手順に入れる。やりっぱなしにしない。
(3) 優れた生徒作品をクラスに還元することにより，全体の質を上げる。
(4) 生徒に授業ジャーナルを書かせてフィードバックを確保し，活動に対する生徒の反応を掌握する。また，教師の授業ジャーナルで，活動の問題の発見と解決の足跡を記録する。

2. 英語プレゼンテーション活動

プレゼンテーション活動とは：

ここで扱う「プレゼンテーション」とは，「ミニ・レクチャー」とも呼ぶべきもので，発表者がクラスメートに役立つ情報や状況・出来事について，客観的に相手にわかりやすく口頭発表する活動をいう。自分の主張や意見よりも客観的事実の伝達を主眼とし，雄弁さ（eloquence）よりも明快さを優先する点で，スピーチとは異なる。また，終始発表者のみが話し続けるスピーチとはちがって，プレゼンテーションでは発表者が聴衆と対話しながら話を進めることが求められる。したがってプレゼンテーション活動では，聴衆の側のプレゼンテーション参加能力すなわち「聞き・反応する態度や能力」の開発をも伴う必要がある。

プレゼンテーション活動で目指す能力：

将来，学会・会議・商談などにおいて，聴衆が求める情報を，視聴覚情

報・配布資料をも伴って口頭発表し，聴衆と質疑応答や意見交換を行う力の基礎を育てる。また，聴衆としてプレゼンテーションに参加し，発表者との間で質疑応答や意見交換を行う力の基礎を育てる。

＜発表者に育てたい力＞

(1) 原稿をではなく，聴衆を見て話す能力・態度を養う。そのためには，発表準備で**文依存の準備方式**をやめ，**キーワード単位の準備方式**に切り替える。

文依存の準備方式とは：従来のスピーチ準備で用いた 〚「日本語原稿作成」→「原稿の英訳」→「英訳した英文の暗唱」→「暗唱で発表」〛の流れ

キーワード単位の準備方式とは：〚「英語キーワードでブレインマップの作成」→「ポスターの作製」→「ポスターを指さし説明する形で発表する」〛の流れ

その理由は，入念に原稿を書いてそれを暗唱して本番に臨むという文依存の準備方式は，eloquence や rhetoric を重視したスピーチのための準備方式であり，情報の伝達と聴衆との対話を重視するプレゼンテーションの準備にはふさわしくないからである。大多数の生徒にとって，従来の準備方式が強い原稿依存と硬直した話し方を生み，その結果として本番で原稿を棒読みすることにつながっていると考えるからである。

(2) 一方的にまくしたてるのでなく，聴衆とのインタラクション（質疑応答）を図りながら話す態度・能力を養う。

(3) 聴衆が知らない語句は，わかりやすく言い換えて伝える態度・能力を養う。

(4) すべての部分を平板に話すのではなく，重要な部分をゆっくり，大きく発話し，必要ならば繰り返し聞かせる態度・能力を養う。

(5) "Do you understand?" などの表現を用いて，聴衆の理解を確かめながら話す態度・能力を養う。

＜聞く側に育てたい態度・能力＞

(6) 発表者の問いかけに対して応答を返す態度・能力を養う。

(7) 自分が話を理解しているかどうかを発表者に伝える態度・能力を養う。
(8) わからない部分を発表者に聞き返す態度・能力を養う。
(9) 話題に関して，発表者に関連質問をする態度・能力を養う。

具体的活動例

ここでは中学1年生用に，自作ポスターを使った常設的プレゼンテーション活動を紹介する。1回の所要時間約10〜15分で，連続4回で1サイクルとし，その4サイクル分を紹介する。各サイクルの基本設計は表1のとおりである。

表1　各サイクルの基本設計

サイクル	実施時期	テーマ	用いる言語事項
サイクル1 (1回〜4回)	中学1年5〜6月	This Is Me.	be動詞を使った文。ただし，文でなく単語で話してもよしとする。
サイクル2 (1回〜4回)	中学1年7月〜9月	I Like This Country.	一般動詞の文を加える。
サイクル3 (1回〜4回)	中学1年10月〜11月	Let's Go There.	助動詞canの入った文を加える。
サイクル4 (1回〜4回)	中学1年12月〜2月	My Old Picture	過去形の文を加える。

2.1　サイクル1（中学1年5〜6月用）のプレゼンテーション

この時期は，多くの検定教科書が動詞をbe動詞に限定しているのを考慮して，be動詞のみを用いる。

サイクル1の最終到達点：

'This Is Me'（これが私です）のテーマで，次ページの図のような自作ポスターを聴衆に見せながら，右下の発表例のような発表を行えるようにする。なお，発表例に質問が多く含まれている理由は，それまでの1〜3回目の積み上げ（表2参照）の上で話しているからである。

［サイクル1発表例（4回目）］
Hello, class. Who am I ?
＜ポスターの（1）を指さして＞
Yes, I am Tappee.
＜（2）を指さして＞This is my picture. What is my hobby? Yes, it is surfing.
＜（3）を指さして＞Am I in the softball club or the brass band club? Right, I am in the brass band club.
＜（3）の指揮者の絵を指さして＞
This is our teacher. He is Mr. Hattori.
＜（4）の絵を指さして＞Is this my father, or my grandfather?
Yes, he is my grandfather. His name is Shigeru. He is 62 years old.
＜（5）の絵を指さして＞ This is my dream. My dream is a pilot. That is all. Thank you.

　サイクル1での発表内容は，表2のように回を重ねるごとに積み上げる方式をとる：

表2　サイクル1の活動の積み上げ方

回数	ポスター記入箇所	どのような絵を記入するか
1	box（1）	自分はクラスメートに「どう呼ばれたいか」
	box（2）	自分の似顔絵と，自分の特徴を示す物
2	box（3）	自分の所属クラブ
3	box（4）	自分の家族または友人，ペット
4	box（5）	自分の将来の夢や，あこがれの人物

　つまり，1つのプレゼンテーションを一度に完成させるのではなく，4

回に分けて内容を徐々に積み上げてゆく（この積み上げ方式は稲岡（1995）を参考にした）。これによって発表者には慣れが生まれ，聞き手には十分な対話のチャンスが生まれる。以下に，各回ごとの展開を述べる。

前準備：
a) 生徒各自に，四つ切ボール紙（25.5cm×30.5cm）を配る。これを右図のように仕切り，プレゼンテーション用のポスターにする。絵は教室後部からも見えるよう大きく描く。
b) box (1) (2) に，名前と絵を記入する。
c) 下記の発表例（1回目）にならい，絵を指さしながら，メモを見ないで英語で自分を語れるよう準備してくる。

(1)	
(2)	(3)
(4)	(5)

［発話例1］：

Hello, class. I am Tappee. This is my picture. My hobby is surfing. That is all. Thank you.

第1回：（所要時間10分）
a) 生徒4名のグループで活動する。1人1分ずつ，用意してきたポスターを見せながら，上記の発話例1のようにグループ員に話して聞かせる。話す際には，
  (1) グループ員全員を見て話す
  (2) メモや原稿は一切見ない（見た場合は失格とし，やり直させる）
  (3) 重要な語は大きく・ゆっくりと発音し，2度繰り返して話す
  (4) 未習語を使うときは，その語のスペリングを別紙に綴って見せながら，ジェスチャーや既習の語で言い換えて説明する
  (5) "Is it clear?" を用いて聞き手の理解をチェックし，"No." と言われたらもう一度説明をしなおす
の5点を励行する。特に (2) のメモ禁止のルールは最初から厳格に徹底したい。ここを甘くすると，原稿から読み上げる習癖が蔓延する。
b) 4人が話し終えたら，ポスターを互いに交換し，他の生徒のポスターを持って話を順に再話してみせる。話しながら "Am I correct?" と内

容を確認しながら行う。これが，「発表者は本当に聴衆に伝えたか」「聞き手は本当に発表を理解したか」の達成確認プロセスであると同時に，他生徒のポスターをヒントとして即興的に話す訓練ともなる。
c) 教師は上記 a），b）の活動中に，上手にできている生徒やグループを見つけておき，彼らに教壇に出て発表してもらう。

第2回：（所要時間 10 分）
　第2回は，前回作ったポスターの box 3 に自分のクラブ活動の線画を書き加えてくる。ただし線画は入念なものでなく，話すためのヒントになるような簡単なものにとどめること。具体的な活動手順は，第1回の a）～c）と同じであるが，次の変更点を加える。
　d) 新しいグループで行う。
　e) 先回既に話した部分については，聞き手との問答形式で話を進める。

［発話例2］：

　　Hello, class. Who am I? Yes, I am Tappee. This is my picture. What is my hobby? Yes, it is surfing. I am in the brass band club. This is our teacher. His name is Mr. Hattori. He is a kind teacher. That's all. Thank you.

　第3回，第4回もこれと同様に，それぞれ絵に 1 box ずつ絵を追加して，話をふくらませ，既説明部分は問答形式を用いて，新しいグループで行う。

　これまでの4回の間に，生徒は先述の目標の
　(1) 原稿ではなく，聴衆を見て話す
　(2) 聴衆とのインタラクションをとりながら話す
　(3) 聴衆が知らない語句は，わかりやすく言い換えて伝える
　(4) 重要な部分をゆっくり，大きく発話し，必要ならば繰り返し聞かせる
　(5) "Do you understand?" などの表現を用いて，聴衆の理解を確かめながら話す
　(6) 聴衆は発表者の問いかけに応答を返す

中学校英語授業での常設的コミュニケーション活動のあり方

(7) 聴衆は自分が話を理解しているかどうかを発表者に伝える
という，プレゼンテーションの基礎を訓練することができる。

2.2 サイクル2（中学1年7〜9月用）のプレゼンテーション

サイクル2では'I Like This Country'と題して，生徒1人が世界のどれか1国を担当し，その国の概要について英語で発表する。活動の基本設計はサイクル1と同様だが，次のようなグレードアップを加えてゆく。

＜発表者＞
(1) Like, have, go, come, look, live などの一般動詞の現在形を加えて表現の幅を拡げる。
(2) 冒頭で主題を語り，次いでそのサポート部分を続ける談話構造を持った発表を行う。

＜聞き手＞
(3) グループの机上におはじきを配り，話者に対して自分が1つフィードバックを返すごとに，おはじきを1つ取ってよいことにする。活動の最後に，自分が取ったおはじきの数を報告させる。フィードバック表現は，基本的なものを模造紙に大きく書いて常時教室の壁に掲示し，必要なときに参照できるようにしておく。

サイクル2の最終到達点：

下図のような自作ポスターを見せながら，右下発表例のような発表を行えるようにする。なお，発表例に質問が多く含まれている理由は，1〜3回目の積み上げの上で話しているからである。

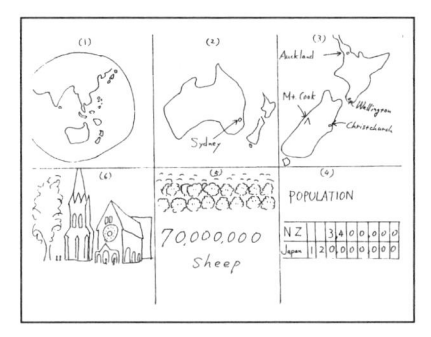

［サイクル2発表例（4回目）］
＜box (1)を指さして＞Hello, class. Welcome to New Zealand. Look at Map One. What is this ocean? Yes, it is in the South Pacific Ocean.
＜box (2)を指さして＞Look at Map Two. What is this big

-185-

country? Right! It is Australia. New Zealand is next to Australia. It has two big islands.

＜box（3）を指さして＞Look at Map Three. What is the capital of New Zealand? Yes, it's Wellington. It's here on the map.

＜box（4）を指さして＞Look at this box. How do you read this number? Three million four hundred thousand. Right! Three million four hundred thousand people live in New Zealand. New Zealand has a population of 3,400,000.

＜box（5）を指さして＞Look at this box. How do you read this number? Seventy million, yes. What number is this? Seventy million sheep live in New Zealand.

＜box（6）を指さして＞Look at this picture. It is Christchurch. Christchurch is a very beautiful city in South Island. I like New Zealand. That's all. Thank you.

　サイクル2は，10～15分間の活動を4回積み上げて構成する。その積み上げ方は下表のようにする：

表3　サイクル2の活動の積み上げ方

回数	ポスター記入箇所	どのような絵を記入するか
1	box（1）	広域世界地図上で自分が紹介する国の位置を示す。
	box（2）	もう少しclose upした地図で，近隣国との位置関係を示す。
	box（3）	国内地図で，主要都市を示す。
2	box（4）	その国の人口を示す。
3	box（5）	その国の産業を示す。
4	box（6）	その国の名所か魅力を1つ示す。

　サイクル1と同様，新しい4人のグループで活動し，先回までの部分を問答形式で話した上で，今回の部分を追加して話す。発表者が話し終えたあとにポスターを交換して他メンバーの発表を再話する。

2.3 サイクル3（中学1年10～11月用）のプレゼンテーション

サイクル3では，'Let's Go There!'のテーマで，クラス遠足に行くとしたらどこがいいかをクラスに提案する内容とする。活動の基本設計はサイクル1，2と同様だが，次のようなグレードアップを加えてゆく。

＜発表者＞

(1) B4サイズポスターの仕切り方は，各自の都合のよいように自由とする。ただし遠くから見やすくするため，ボックスの数は8以下とする。

(2) First, Second等のdiscourse markerを用いて，話の結束性を高める。

＜聞き手＞

(3) 4人の発表が済んだら，どの遠足プランがよいか，1位を決める。次に，選んだプランにグループで改良を加えてグループプランとし，次回に全クラスの前でプランをアピールする。

サイクル3の最終到達点：

下図のような自作ポスターを見せながら，'Let's Go There!'のテーマで，右下発表例のような発表を行えるようにする。なお，この発表例に質問が多く含まれている理由は，1～3回目の積み上げの上で話しているからである。

[サイクル3発表例（4回目）]
Hello, class.
＜box（1）を指さして＞
Please look at box one. Do you know this place? Yes, it is Yamate Amusement Park in Higashi Machi. Let's go there on Sunday. Everybody enjoys the place.
＜box（2）を指さして＞
First, we can drive a go-cart there. Do you like Go Cart? Raise your hands. Many say yes. Good. How long is the course? Do you know? The course is

600 meters long.

＜box（3）を指さして＞Second, we can visit Totoro House there. Do you know Totoro? Yes, Miyazaki Hayao's Totoro. Do you like Totoro? Raise your hands. Thank you. A lot of students like it.

＜box（4）を指さして＞What is this? Yes, it is Cat Bus. We can get on a big Cat Bus in Totoro House.

＜box（5）を指さして＞What is this? Right! It is a big Totoro Doll. Let's touch it.

＜box（6）を指さして＞Third, we can visit a beautiful Japanese garden there. Let's have a picnic in the garden. Let's take a picture together. That's all. Thank you.

（注：Yamate Amusement Parkは，例示のために仮想したものであり，実在はしません。）

　　サイクル3は，10～15分間の活動を4回積み上げて構成する。ポスターの枠組みを自由とするため，決まった積み上げ方を指定はしないが，原則的に次のようなTopic Sentence＋Supportの構成をとる。

表4　サイクル3の活動の積み上げ方

回数	ポスター記入箇所	どのような絵を記入するか
1	box（1）	「遠足には～へ行きましょう」といった，推薦をする。
	box（2）	その場所を推薦する第1の理由を述べる。
	box（3）	その場所を推薦する第2の理由を述べる。
2	box（4）	更に補足する。
3	box（5）	更に補足する。
4	box（6）	更に補足する。

2.4　サイクル4（中学1年12～2月用）のプレゼンテーション

　　サイクル4では，'My Old Picture'というテーマで，生徒が自分の昔の写真を拡大コピーしてポスターに張り，それを見せながら過去の意味深い

思い出を語る。なお，使用する写真の枚数は2枚以内に限定する。これは，写真が多いと，1枚1枚を丁寧に説明することなく，ただ単に写真をめくってゆくだけの発表になるからである。活動の基本設計はサイクル3と同様だが，次のようなグレードアップを加えてゆく。

＜発表者＞
　(1) 過去形を加えて，表現の幅を更に広げる。

＜聞き手＞
　(2) 発表者に対して，関連質問を出せるようにする。次のような関連質問の切り出し方を掲示し，質問を作る援助とする。

What did you ―?　　　Which did you ―, ― or ―? Where did you ―?
When did you ―?　　　Why did you ―?　　　　　　Who ―?
How often did you ―? How long did you ―?　　　Were you ―?
Was it/he/she ―?　　 Were you/they ―?　　　　　 Was/Were there ―?

　これによって，「わからない部分を発表者に聞き返す」「話題に関して，発表者に関連質問をする」という聴衆の能力・態度を開発する。

2.5　中学2年生以降のプレゼンテーション：グレードアップの方向

　中学2年プレゼンテーションでは，1年次の「私中心」の話題を脱し，やや客観性を増したテーマで行う。また，話す分量が増えてくるので，グループ内で1回に1人が発表する方式をとる。4回でメンバー全員が発表したら，グループで最も良い発表を選び，それをグループ作品として改良して，全員の前で発表する。

　中学3年プレゼンテーションでは，更に客観性と情報量を増したテーマを扱う。特に奨めたいのは，各グループが分担して教科書のレッスン内容の関連情報を調べて，それを英語でわかりやすくクラスに説明する形のプレゼンテーションである。そのためには新学年開始前に教師が教科書1年分の話題を事前把握し，関連情報が生きるレッスンをリストアップし，4月早々，各グループがどのレッスンを担当するかを決め，発表時期の目安も予告しておく。例えばマザー・テレサ，キング牧師，チャップリン，杉原千畝，地球環境問題などを取り上げたレッスンでこれを行えば，授業の

内容と常設コミュニケーション活動が有機的に一体化して,活動とテキストの相乗効果が期待できる。

なお,今回は紙面の都合で紹介できなかったが,筆者の知る常設的コミュニケーション活動ではAdachi (2001),横山 (2003),Fujisawa (2006) の優れた実践がある。これについては,別の機会に紹介させていただく予定である。

◆参考文献

Adachi, T.（足立智子）(2001). Classroom interaction in the Japanese English classroom. 平成12年度静岡大学教育学研究科修士論文
Fujisawa, S.（藤沢 英）(2006). An action research on 10 minute daily activities for using all four language skills. 平成17年度静岡大学教育学研究科修士論文

稲岡章代 (1995)「第1章2節 はり絵を利用した自己表現活動」樋口忠彦（編著）『個性・創造性を引き出す英語授業』(pp.11-17) 東京:研究社
横山尋司 (2003)「横ちゃんMan英語研究所」http://page.freett.com/yokochanman2/ 2006年7月22日ダウンロード

スピーキング指導―スピーチ「未成年の主張」を通して

山本 敏子

1. はじめに

　筆者の勤務校では「オーラル・コミュニケーション」(以下 OC と略す。旧課程では「OCA」、現行の課程では「OCI」)の時間にスピーチを取り入れてきた[1]。OC は 2 単位で 1 年生が全員履修する。

　一方で、勤務校には附属中学校があり、学年の約 2/3 はそこから進学してくる生徒たちである。附属中学校の授業は伝統的にオーラル重視で行われており、3 年間で実にさまざまな活動を体験している。スピーチもその一つで、ショウ・アンド・テル (Show & Tell) が取り入れられている。となると、中学校で行われているスピーチと差別化を図る必要性があった。そこで高校生としての思考力や判断力を踏まえた表現活動を期待して、スピーチの中に何らかの自分なりの「主張」を組み込むことにしたのである[2]。その当時、本校の文化祭で日本語による「未成年の主張」というイベントが行われていたため、筆者はそれを借用し、「主張」を組み込んだスピーチに「未成年の主張」という名前をつけた。ただし「主張」といっても固い内容である必要はない。例えば自分の旅の思い出を語り、最後に「旅は大変すばらしいものなので、皆さん、できる限り旅に出ましょう」といったものも可としている。

　目指していることは、単に自分の身の回りのことを述べるにとどまることなく、客観的な視点ももって聴衆に訴えかけていこうとする姿勢なのである。前者を狭義の自己表現とすれば、「未成年の主張」は広義の自己表現活動といえようか。

別のいい方をすれば，カーネギー（D. Carnegie）によるスピーチの「4つの主たる目的」（遠山，1992）の中で視点を少し広げたことになろう。
　　　(1) To persuade and get action　　(2) To inform
　　　(3) To impress and convince　　(4) To entertain
　中学生時代のスピーチの主たる目的が，上記の（2）や（4）であったとすれば，高校1年生のスピーチでは（1）や（3）にまで目配りすることを努力目標としたのである。そして（1）や（3）を重視すれば，聞き手の反応を引き出すことがより一層，大切になってくる。本稿では「聞き手の反応」ということまでを含めてスピーチ活動と呼ぶことにする。

2.「未成年の主張」の背景

　「未成年の主張」を取り入れた OC の授業の全体像を示したい。週2時間の内，1時間は日本人教師のみの授業，もう1時間は様々な活動で構成されるネイティブ・スピーカー（native speaker，以下 NS と略す）とのティーム・ティーチング（Team Teaching，以下 TT と略す）である。日本人教師のみの授業では，文法シラバスで構成される易しめの「ライティング」の教科書を使っている。TT の授業では，日本人教師の授業で扱った文法事項の定着を意図して，それを使わせる活動を行っている。1クラスのサイズはほぼ40人で男女半々である。
　「未成年の主張」はその2時間の両方で行われる。したがって，TT の時間に自分の番が来れば NS に自分の英語を聞いてもらえることになる。始める時期は高校生活や高校の英語に慣れてきた9月あるいは10月以降，1時間に男女1人ずつ行い，学年末までにクラス全員がスピーチを体験する。スピーチのための原稿は夏休みの宿題とし，原稿を書く B4 用紙1枚と B5 の企画書[3] 1枚を夏休み前に配付する。
　B5 の企画書の存在は，第1には生徒のためのものだが，教師のためでもある。生徒の原稿だけでは「話が一体どういう展開になっているの？」「結局，何が言いたいの？」という疑問が生じることがあるからである。一方，生徒にとっては企画書の作成により，自分の話の展開を明確にした

り，スピーチの主眼は何なのかを自ら意識化することが可能になる。

　原稿と企画書を生徒は夏休み明けに提出する。スピーチの順番は男子・女子それぞれ出席番号の最初と最後の者がジャンケンをし，先にやるかあとにやるかを決める。どちらにせよ，男子は男子で，また女子は女子で出席番号順にスピーチすることになる。スピーチをする順番でこちらも原稿と企画書に目を通し，一人ひとりにコメントを付けて返却していく。この場合に重視して指摘するのは，論理の飛躍や具体性の欠如といった全体の構成に関わること，また英語としては意味をなさない「英文」の指摘などのグローバル・エラー（global error）である。コメントだけでは無理な場合はカンファレンス形式で対応することになる。

　一方で，生徒の中には原稿のテーマそのものを変えることを申し出る者もいる。原稿を書いてから実際にスピーチを行うまでに数カ月たってしまう生徒もいるからである。級友のスピーチを聞いているうちに，聴衆が興味を抱くようなテーマ設定が必要なことを学んだり，自分が主張したい内容が変わってくるのだ。それはそれで大いに結構である。長い英文をテーマを変えて2度，3度書くことで得るものは少なくない。

3．「未成年の主張」の活動

3.1　スピーカーの活動

　実際のスピーチが行われる当日，当該生徒は十分に口ならしをしてくる（ことになっている）。スピーチの流れを大切にするということから企画書は見てもよいが，原稿を読むことは不可としている。難しい単語を使わざるをえなかった場合は，黒板にその単語と意味を予め書いておく。スピーチをする際，そのスピーチを効果的にする小道具を使ったり，実演をすることは奨励している。地図や写真を拡大コピーしたものを黒板に貼って，夏休みの英国短期留学を語った生徒，自分でピアノ演奏したものをMDに録音し，それをBGMとして小さく流しながら音楽について熱く語った生徒等々，スピーチに付随した様々な工夫があった。

　聞き手を引きつける工夫として，声や身体の位置，アイ・コンタクト

(eye contact) などの重要性にも前もって言及しておく。また，話を聴衆に尋ねる疑問文で始めたり，途中で疑問文を差し挟むことの有効性も指導している。あるスピーカーは疑問文を聞き手に投げかけたものの聴衆からの反応がなく，"Say yes."と反応を促していた。

3.2 リスナーの活動

コミュニケーションとは「当事者が対話的関係の中で行う共同作業」(田中，1996) である。それゆえ田中はコミュニケーション重視という立場で英語教育を語る際，従来の「発信型」という視点ではなく「対話型」という視点が必要であるとする。40人というクラスサイズで，スピーチ活動をいかに「対話型」にしてゆくかは筆者にとっても課題であり，その観点から次の2点を紹介したい。

3.2.1 あいさつ

スピーカーはたいてい "Hello, everyone." といった表現でスピーチを始める。それに対しクラス全員が "Hello." と声に出して応答するのである。教師がやれば生徒も必ずやるようになる。これは数年前まで一緒に組んでいた米国人女性教師が実際にやっていたことで，それに対する生徒たちの反応を見て，筆者自身もやり始めた。聞く側にスピーチに「参加」する準備ができ，話す側もそこで一呼吸おいて教室全体に一体感が生まれる。

3.2.2 リスナーズ・シート (listener's sheet) の活用

スピーチを開始する前に，聴衆一人ひとりにB6版の紙を配付する。筆者は以前は評価表を配付していた。声の大きさやアイ・コンタクト，また内容などを5段階評価し，最後にコメントを自由記述させるものである。しかし，5段階評価は生徒一人ひとりで基準が異なり，さほど意味をもたないのではないか，と感じるようになった。

また，スピーチ活動を「発信型」よりも「対話型」に近づけるには，数値によって評価させるより内容面で反応させた方がよいと考えるようにもなっていた。「級友＝スピーチの評価者」という位置づけから「級友＝メッセージに反応する聞き手」という立場に変えようという判断である。筆者

は従来の評価表を廃止し，リスナーズ・シート（listener's sheet）とも呼ぶべき新たな形式の用紙を作成した。

　スピーチ終了後，聞き手はシートに3つのことを記入する。第1は他の聞き手に対する質問で，話し手の発した内容を理解したかどうかをチェックするための質問である。第2は話し手に対する質問で，スピーチの内容を受けて，それを敷衍する質問である[4]。これらの質問を最低1つずつ英語で作成する。第3はスピーチ全体に対するコメントを英語もしくは日本語で書く。ただ「良かった」とか「おもしろくなかった」というようなものは認めないとした。どういう点が「良かった」のか，なぜ「おもしろくなかった」のかを記述する必要があるからである。

　第1，第2の2つの質問とも内容に関する作業のあとなので，第3のコメント欄も以前より，内容そのものに関して書く生徒が多く見られるようになった。英語であれ日本語であれ，他人の話に真剣に耳を傾けていれば，何がしかの反応が必ずあるはずである。新しい書式はそれを引き出しやすくしたといえよう。

　ある生徒が途上国へ家族で旅行した体験から，そこで若者がつける仕事が日本といかに違っているか，日本の若者がやはり恵まれているのではないか，というスピーチをしたことがある。それへのコメントの一つを紹介しよう。「確かにそういうことを考えることは大事だよね。私もそういうことを考えて非常に悩んだことがある。しかし，なんだかんだいっても，世の中は不条理なんだよ（悲しいことに）。…（中略）…まあしかし，結局は君の言うように，良い環境を与えられ，夢ももてる僕たちはがんばらないとね」

　もちろん英語で書く生徒もいる。水泳部員の生徒が自らのハードな練習を語り，対外試合で必ず勝つから応援よろしく，というスピーチへのコメントである。"You did an excellent speech. Both language and speed are good. I like swimming, too, but I don't like competing about it. Anyway, do your best for the future."（原文のまま）

　筆者は以前，TTのときにスピーチをした場合にはこのリスナーズ・シートを使用しなかった年度があった。NSにスピーチを聞いてもらうこ

とができ，NSからの質問に答え，NSのコメントがもらえる，これで十分かなと思ったのである。教師としては一人のスピーチ活動に要する時間を切り詰めたいという気持ちがあった。しかし年度末にアンケート調査をしたところ，これは不評だった。生徒はやはり級友からの反応を欲していたのである。

3.3 スピーカーとリスナーとの対話活動

聞き手が2つ以上の質問と感想を書き終えると質疑応答に移る。聞き手が書いている間と「質問1」に関するやりとりの間，スピーカーは教卓のそばの椅子に座っている。筆者は出席番号を書いたカードを作っておき，それをよくきって，そばにいるスピーカーに引かせる。当該生徒が質問を言うと，スピーカーが再度カードを引いて回答者を選ぶ。回答に対して筆者がスピーカーに"Right?"と尋ねる。これを2～3つ行ったあと，次に「質問2」に関するやりとりに移る。

「質問2」はスピーカー自身へのものなのでスピーカーは立ち上がり質問を待つ。自発的に質問が出ることもある。「自分は将来つきたい仕事が決まったので，勉強する意欲が出てきた。皆も将来の仕事を早く決めるとよいと思う」といった内容のスピーチに関連して，「決まらない場合はどうしたらよいか」という質問がすぐに出てきた。おそらく彼女は自分の将来の仕事像がつかめないことに悩んでいたのであろう。この質問に対し話し手はしばらく考え込んでいたが「将来の仕事を見つけるためにも今，勉強する必要があるのではないか」という内容の英語で応答していた。

たいていの場合は，やはり筆者がカードをきり，質問者を選ぶことになる。スピーカーの回答に対して筆者がセカンド・クエスチョン（second question）を発したり，時に聞き手にふったりして，できる限りここでも「対話型」を追求する。しばらくして筆者が"Any other questions?"と聴衆に問いかける。TTであれば後ろで聞いていたNSの手が挙がり，かなり鋭い質問が3～4つ程度なされる。そのあとNSからの論評がなされ必ず褒めて終わる。TTでなければ筆者がコメントするのだが，マイナス面にもふれないではいられないのは日本人教師の性（さが）であろうか。

スピーキング指導：スピーチ「未成年の主張」を通して

この後，聞き手は書き終えたリスナーズ・シートをスピーカーに渡し，スピーカーはそれら全部に目を通し，最後に筆者に提出する。

4. 「未成年の主張」を生徒はどうとらえたか

「未成年の主張」という活動に対するアンケート結果を報告したい。なお筆者は昨年度（2005年度）2クラスのOCを担当していたが，アンケート調査は年度末の時間の関係で1クラス（39人分）にとどまった。

4.1 アンケート項目と数値結果

1. 自分のスピーチを自己評価してください。
   (1) 良くできた思う。……………………………………… 12.8%
   (2) どちらかといえば良くできた思う。………………… 35.9
   (3) どちらともいえない。………………………………… 28.2
   (4) あまり良くできなかったと思う。…………………… 20.5
   (5) 全く良くできなかったと思う。……………………… 2.6
2. 前問1の回答に関して，どのような点でそう思うか書いてください。
3. スピーチ「未成年の主張」の企画について聞きます。
   (1) 良い企画だと思う。…………………………………… 48.7%
   (2) どちらかといえば良い企画だと思う。……………… 38.5
   (3) どちらともいえない。………………………………… 7.7
   (4) あまり良い企画ではないと思う。…………………… 2.6
   (5) 全く良い企画ではないと思う。……………………… 2.6
4. 前問3の回答に関して，どのような点でそう思うか書いてください。
5. スピーチのときボブ[5]がいる場合とそうでない場合がありました。それについての感想を聞かせてください。
   (1) ボブがいるときにスピーチをしたかった［できてよかった］。
   ………………………………………………………………… 30.8%
   (2) どちらかといえば，ボブがいるときにスピーチをしたかった［できてよかった］。……………………………………… 25.6

  (3) どちらともいえない。……………………………………… 30.8
  (4) どちらかといえば，ボブがいないときにスピーチをしたかった
   ［できてよかった］。…………………………………… 10.3
  (5) ボブがいないときにスピーチをしたかった［できてよかった］。
   ………………………………………………………………… 2.6
6. 前問5の回答に関して，どのような点でそう思うか書いてください。
7. クラスメートからの質問および感想の記入・そのあとの質疑応答について感想を聞かせてください。
  (1) 良い企画だと思う。……………………………………… 41.0%
  (2) どちらかといえば良い企画だと思う。………………… 33.3
  (3) どちらともいえない。…………………………………… 17.9
  (4) あまり良い企画ではないと思う。……………………… 7.7
  (5) 全く良い企画ではないと思う。………………………… 0
8. 前問7の回答に関して，どのような点でそう思うか書いてください。
9. 再度「未成年の主張」を行うとすれば，その時はどんなことを重視しますか。
10.「未成年の主張」に対する意見や感想があれば書いてください。

4.2　アンケート結果のまとめと考察

 ここでは上記4.1にまとめたアンケートの数値結果に考察を加え，さらにアンケート項目の自由記述部分に書かれたことを紹介する。

4.2.1　スピーチの自己評価（アンケート項目1・2）

 半数近い生徒が自分のスピーチを「（どちらかといえば）良くできたと思う」と肯定的評価を下し，23％の生徒が「あまり，もしくは，全く良くできなかったと思う」と否定的な評価をしている。
 前者の代表的な意見を挙げると，「スピーチの内容はすべて暗記し，本番も前を向いて話すことができた」「文章を暗記するだけでなく，思いをこめながらみんなに語ることができた」「みんなのリアクションや感想から」等。ほぼ自分のイメージどおりにことが運んだことを評価している。
 一方，否定的な評価を下した生徒の意見は，「覚えたはずがとんでしまっ

た」「緊張のあまり早口になってしまった」等。

4.2.2 「未成年の主張」の企画への評価（アンケート項目3・4）

9割近い生徒がこの企画を「（どちらかといえば）良い企画だと思う」と肯定的評価を下している。その理由として挙げられた代表的な意見は2つに大別される。1つは英語力の向上に関するもの，もう1つは級友やトピックへの新しい発見である。

前者の例では「人前で英語を話す練習になり，貴重な経験である」「自分の言いたいことを英文にする力をつける練習になった」「聞く力も身につく」等。後者では「みんなの違った一面を見ることができたし，新しい発見があったから」「いろいろなテーマの話を聞くことができて自分の知らなかったことに興味が持てる」といった意見。また「自分で作るのは大変だけど，みんなの主張したいことを英語で聞き取るのは楽しかった」というものもあった。

4.2.3 NSの存在への評価（アンケート項目5・6）

5割以上の生徒が，NSの存在を「（どちらかといえば）ボブがいるときにスピーチをしたかった（できてよかった）」と肯定的に評価した。否定的に評価した生徒は13%に過ぎない。その一方で3割もの生徒が「どちらともいえない」を選んでいる。

自分のスピーチが果してNSに通じるのかという不安とまた通じたときの喜び，NSのいくつもの鋭い質問に対応せねばならないことへの不安とまたうまく対応できたときの喜び，こうした揺れ動く気持ちが回答に反映されたといえよう。NSがいた方がためになることはわかるのだが，それに伴う緊張感は耐えがたいとする生徒たちが「どちらともいえない」を選んだり，否定的な評価を下している。

4.2.4 リスナーズ・シートへの評価（アンケート項目7・8）

74%の生徒が，リスナーズ・シートの存在を「（どちらかといえば）良い企画だと思う」と肯定的に評価している。その一方で否定的な評価を下した生徒は8%に満たない。

約3/4に近い生徒が，スピーチをしたあとの活動を肯定的に捉えているが，その理由で最も多かった回答は「自分のスピーチの良かった点や改良

すべき点が見つかる」というものだった。さらに「自分のテーマに関し，より深く考えることができる」「質問に答えるためには，自分のスピーチの内容をしっかり把握しておかないといけないから」「質問を受けることでとっさに英語で答える練習になる」というように，内容の深化と英語の訓練という２つの面からの回答があった。単純に「質問を読むのがおもしろかった」「大変ユニークなコメントが多い」という回答もある。

　肯定的評価をした理由として，聴衆の立場から回答したものも少なくなかった。最も多かったのは「他人のスピーチを細かく聞こうと集中する」という回答。他に「質問文を作るのは意外とむずかしく勉強になる」「質疑応答があることで，その人のスピーチの内容がよりわかる」というものもあり，こちらも英語力の鍛練，内容理解の深化という２つの側面からの回答があった。

　「どちらともいえない」という中立的評価を下した回答の理由としては「話に集中したり，話をまとめたりする訓練になることは認めるが，メモすることばかりに集中してしまう感もあった」「スピーチが早い人は内容がつかめない」「自分から進んで質問する人が少ない」などがあった。

4.2.5　次回の「未成年の主張」で重視すること（アンケート項目9）

　発表活動は２年になっても継続するが，「未成年の主張」という形式ではないので，これはいうなれば仮定法の設問でしかない。しかし筆者としては，スピーチ活動の体験から生徒が果して何を学びとったのかその一端がこの質問への回答から読み取れるであろうと判断したのである。

　生徒たちの回答で最も使われていた語は「伝わる」とか「伝える」であった。例えば「全員に100％の内容が伝わるようなスピーチにしたい」「一番伝えたいことをはっきりと伝えられるようにする」等々。もっと具体的なことを回答した生徒にしても，この願いが根底にあってのことであろう。ある生徒は次のように列挙している。「皆に身近で関心のもてるスピーチにする。一人よがりのスピーチにしない。できる限り簡単な英語で表現する」生徒たちは話し手としての，また聞き手としての，両方の実体験から，「相手に伝わるような発表」をするための具体的方策を学びとったことがわかる。

回答では様々な方策が提起された。「テーマを工夫する」「文をよく練っておく」「原稿を書くときから聞く側のことを考えて構成したい」といった原稿作りの段階での注意点。「もっと原稿を読み込んで，緊張してもスラスラ出てくるようにしたい」「原稿を完璧に覚える」といった準備や練習に関する指摘。また聞き手としての体験から出てきた視点であろう，「聴衆の立場になったときに理解しやすい話し方にする。例えば話す速度」という回答もあった。「前を見て」「大きな声で」「早口にならずに」「間（ま）をおいて」「語りかけるように話す」といったデリバリー（delivery）に関する観点も少なくなかった。

　いずれにせよ「話し手・聞き手両方が満足できるようなスピーチをしたい」「聴衆を引きつけるようなスピーチをしたい」といった回答は，聴衆を巻き込まない限りスピーチは成功しえない，と実感したことをうかがわせる。

4.2.6 「未成年の主張」に対する意見や感想（アンケート項目10）

　「意見や感想があれば書いてください」という指示文だったが，かなり多くの生徒が記述してくれた。まず，発表者としての立場からの記述例。

　「スピーチと聞いて最初は大変そうだなあと思ったけれど，やったあとの達成感が大きくてよかったです。また英語で長い文章を書くことはあまりないので英語のよい勉強にもなりました」「もう1回やりたい。今回の反省を生かしてもっといい発表ができるだろうし，楽しかった」

　聞き手の立場からの記述例。「たくさんの英語を聞く練習ができてとてもよかった。ちゃんと集中して聞けば少しずつでもわかるようになり，そのことを発見できてよかった」「クラスメートの発表もおもしろいし，考えさせられるものなど，多種多様の内容のスピーチが聞けて良かった」一方で少数ながら否定的な感想もあった。「作文力などその他いろいろな力がつくと思うけど，厳しいのでもうやらないでほしい」

　また提言もあった。「『未成年の主張』という名前を変え…自分としてはこの名前は少しイヤだった…もっと自由度を上げるか，もしくは逆にテーマを絞る」「普通の授業が減らない方がよいと思うので，もっと速いペース（1時間に4人ぐらい）で発表を進めた方がよいと思う」

5. おわりに

　主観的な自己表現に客観的な見方も加味した，いわば広義の自己表現を求めることで，聞き手との「対話型共同作業」を目指したスピーチ「未成年の主張」という活動について述べてきた。前章で見たように，生徒側からは概ねプラスの評価を受けている。この評価の根底にあるものは何なのであろうか。そのキー・ワードは「発見」である，と筆者は考える。

　聞き手の立場から考えてみよう。「発音がいいな」に始まり「へー，あいつがこんなこと考えているんだ」等々。前章でも何度か述べたとおり，級友に対する様々な再発見である。

　話し手の立場ではどうだろうか。まずは原稿を書く作業がある。そもそも「書くこと＝発見」といえよう。書くことを通して，私たちは自分の言いたいことや伝えたいことを発見していくことができるからである。このことを Zamel（1982）は自らの論文のタイトル "Writing: The process of discovering meaning" に端的に表している。

　また母語以外の言語で表現する場合には，当該言語への新たな発見があろう。Swain（1995）はアウトプット（output）の機能の一つに "noticing function" を挙げる。

> ...output gives rise to noticing.... In other words, the activity of producing the target language may prompt producing the target language learners to consciously recognize some of their linguistic problems....

学習者は目標言語と格闘しながら，様々なことに気づき，新たな発見をしていくというのだ。さらには，リスナーズ・シートでのフィードバックにより自分や他者を再発見することがあろう。

　こう見てくると「未成年の主張」というスピーチ活動は実にいろいろな発見に満ちていることがわかる。教育とは「自己と他者の発見」を用意してやること（寺島，2002）という定義もある。今後もこの活動の進化を目

指したい。

注

1 筆者の勤務校では「OCI」を複数の教員で担当している。授業にスピーチを取り入れるといった基本的な事項は相談して決めているが，その他の具体的なやり方は各担当者に任されている。
2 その年度の担当であった馬場教諭，肥沼教諭（附属中学校からその年講師として担当）と3人で協議して決定した。
3 企画書はある年一緒にOCを担当した附属中学校の蒔田教諭からヒントをいただいた。書かせる項目は「結論（最も言いたいこと）」「話の流れ（小項目を箇条書きで）」「発表する際に工夫すること」である。
4 2種類の質問という発想は，ある年OCを一緒に担当した附属中学校の蒔田教諭からヒントをいただいた。
5 ボブとはTTを担当している米国人NSをさす。

◆参考文献

Swain, M. (1995). Three functions of output in second language learning. In G. Cook & B. Seidlhofer (Eds.), *Principle & practice in applied linguistics: Studies in honour of H. G. Widdowson* (pp.125-144). Oxford: Oxford University Press.
Zamel, V. (1982). Writing: The process of discovering meaning. *TESOL Quarterly, 16,* 195-209.

大井恭子（2005）「これからのライティング指導-教室指導の留意点」『英語教育』第54巻，第6号，28-30.
田中茂範（1996）「英語教育とコミュニケーション論」『現代英語教育』第33巻，第7号，24-27.
寺島隆吉（2002）『英語にとって「評価」とは何か？』東京:三友社出版
遠山顕（1992）「英語の名スピーチ実例」『英語教育』第40巻，第13号，3-5.

Local and Global Paraphrasing with Monolingual Dictionaries

Hirosada IWASAKI

1. Introduction

A large number of factors are involved in effective communication. Learners, for example, need to know how to avoid or repair communication breakdowns and work around gaps in their knowledge of the target language. Such an ability is known as *strategic competence* (Canale, 1983; Canale & Swain, 1980) and it employs *communication strategies* to make effective communication possible.

There are many models claimed for these strategies (Bialystok, 1990; Bialystok & Frohlich, 1980; Faerch & Kasper, 1983; Tarone, 1977). Tarone (1977), for example, cites paraphrase (use of synonyms, or description), together with avoidance (topic avoidance or message abandonment), conscious transfer (partial use of L1), appeal for assistance, and mime, as communication strategies. Bialystok and Frohlich (1980) contrast L1-and L2-based strategies, and explains that the latter include the following:

(1) Use of approximate synonyms: The boat is *sick*. (for 'not working')
(2) Description: It *is round.*/It *has four legs.*
(3) Word coinage: Where is the *air pusher*? (for 'air pump'; my example)

As seen here, these L2-based strategies are in essence equivalent to Tarone's (1977) paraphrase. The reason why so much importance is attached to paraphrasing as a communication strategy is that language learners can make the best use of their limited learned vocabulary knowledge (Nation, 1990, 2001). In addition, teachers can paraphrase difficult expressions so that learners can understand the message more easily.

The idea of paraphrasing as a communication strategy is also of great importance in the context of productive and receptive vocabulary. Regarding the distinction, Haycraft (1978, p.44) defines receptive vocabulary as "words that the student recognizes and understand when they occur in a context, but which he [sic] cannot produce correctly," and productive vocabulary as "words which the student understands, can pronounce correctly and use constructively in speaking and writing." (For critical views on this distinction, see Belyayev, 1963; Crow & Quigley, 1985; and Hatch & Brown, 1995.) While building up vocabulary is one of the most fundamental practices in EFL environments, learners may well do without low-frequency lexical items, especially for productive purposes. In order to use limited vocabulary effectively, paraphrasing can be a valuable tool for EFL learners.

2. Two Kinds of Paraphrasing

At this point, a specific definition of paraphrase used in this paper is in order. Some dictionaries and authors lay emphasis on 'different' wording when it comes to paraphrasing.

(1) If you **paraphrase** someone or **paraphrase** something that they have said or written, you express what they have said or written in a different way. (*Collins COBUILD Advanced Learner's English Dictionary,* 5th ed.)

(2) you may also *paraphrase* – use an equal number of your own words in place of someone else's words' (Langan, 2005, p.388)

Such definitions, however, ignore an important function of paraphrasing as a strategy substituting difficult wording with less difficult one, as seen in the discussion of communication strategies. Therefore, the present paper, following the definition by Tarone, Cohen and Dumas (1976), defines paraphrasing as 'the rewording of the message in an alternate acceptable, target language construction, in order to avoid a more difficult form or construction' (Tarone, Cohen & Dumas, 1976) and assumes that description of objects is part of it.

Next, I would like to make a distinction between *local paraphrasing* and *global paraphrasing*. Local paraphrasing does not involve any major change in sentence structures and practically substitutes one lexical sequence with another. Global paraphrasing, in contrast, entails major changes in sentence structures. See the following sentences:

(1) This shirt is *conducive* to active movements.
(2) a. This shirt is good for active movements
    b. You can move actively in this shirt.

Suppose that the target expression in 1) for paraphrasing is *conducive*, and 2a) and 2b) are paraphrased sentences from sentence 1). While 2a) maintains the same subject *this shirt* and just substitutes *conducive to* with *good for*, 2b) has undergone a total change in its sentence structure, resulting in a different subject *you* rather than *this shirt*. Hence, 2a) is an example of local paraphrasing, while 2b) indicates global paraphrasing. As we see later, global paraphrasing usually requires more elaborate lexical and syntactic knowledge.

3. Monolingual Dictionaries for Paraphrasing

Little has been explored, however, about practical and concrete learning techniques about this strategy, except some researchers recommending the use of monolingual dictionaries (e. g., Baxter, 1980).

The use of a monolingual dictionary assumes that learners can elicit necessary information from monolingual definitions for paraphrasing. This idea is based on the premise that monolingual definitions function as paraphrasing expressions, whose structure can be illustrated as follows:

Headword = Hypernym + Modifiers

For example, in the definition of *miser* taken from *Random House Webster's English Learner's Dictionary*, *person* is a hypernym, or more general word of the headword, and the rest are modifiers.

miser :   a   person   who saves his or her money
       (*modifier*) (*hypernym*) and doesn't like to spend it
                                        (*modifier*)

The idea is to refer learners to such a definition when they cannot express *miser*, for example, in trying to say "My brother is a miser," and have them substitute *miser* with the definition above; this produces sentences such as "My brother is a person who just saves his money and doesn't like to spend it," or "My brother just saves his money and doesn't like to spend it."

In what follows, we further explore the use of monolingual dictionaries as a tool for improving learners' paraphrasing skill, dealing with a number of problems and their solutions.

4. Defining Frames and Intra-Definition Paraphrasing

As we saw in section 1, paraphrasing is closely related to describing things, especially when learners do not know a specific name or a noun labeling a particular thing.

Suppose a learner wants to mention *peach* but does not know the word; then he or she has two choices for paraphrasing: a) to refer to the definition of a similar fruit and apply the general frame to *peach*, or b) to use a Japanese-English dictionary and find the word for *peach*, and then see its monolingual definition for paraphrasing practice.

The first choice can be done by looking at the definition of related fruits such as *banana* or *watermelon*.

> **banana**: a long curved fruit with a yellow skin and soft, sweet white flesh inside (*Cambridge Advanced Learner's Dictionary*, 2nd ed.)

There is a frame for a fruit definition the learner can observe, besides specific lexical choices. This frame, which I call a *defining frame*, for fruit, is as follows:

> a (*physical shape*) fruit with a (*color, etc.*) skin and (*color, taste, etc.*) flesh inside

Once this is observed, the learner can easily apply this to many other kinds of fruit. *Peach*, then, can be defined as 'a round fruit with a soft red and yellow skin and sweet yellow flesh inside,' and *watermelon* as 'a round fruit with a black and green skin and red sweet flesh inside.' Note again that although a monolingual dictionary is used, it may be used without looking directly at the definition of the target word ; this is often more practical in that it simulates the authentic situation in which learners do not know the corresponding target word in English.

The notion of the defining frame can be applied to various things. For example, to describe *hippopotamus,* learners can refer to such words as *monkey* and *tiger* to learn the defining frame for wild animals.

There is an important spin-off in describing or paraphrasing things with reference to a monolingual dictionary: Learners can unintentionally learn how to paraphrase esoteric words or notions inside definitions of observed words. Consider, for example, the shape of a banana. Some dictionaries use the word *curved* as seen above and some others use *J-shaped* as in *Longman Dictionary of American English.* The latter expression can be reused to paraphrase the low-frequency word *oval,* when learners try to define an oval fruit *lemon,* for example. This is because *J-shaped* can be easily converted to *O-shaped* or *egg-shaped* to replace *oval.* In fact, many monolingual dictionaries define *oval* as 'egg-shaped.'

> **oval**: having the general form or outline of an egg; egg-shaped
> (*Random House Webster's English Learner's Dictionary*)

Note again that *oval* cannot be morphologically and automatically produced from *curved,* but that *egg-shaped* can be easily derived from *J-shaped.*

Another example is *nocturnal.* Many languages have a specific term for 'nocturnal.' The Japanese equivalent, for example, is *yakosei.* It then follows that many learners cannot express this feature well when they try to define any kind of nocturnal animals, for they believe there should be a special English term for this and they believe they do not know it. This is an instance of L1 interference. It is true that there is the English low-frequency word *nocturnal,* but learners can learn how to paraphrase it from a definition of a nocturnal animal such as *owl.*

> **owl**: a bird with large eyes that hunts at night
> (*Longman Dictionary of Contemporary English,* 4th ed.)
> **owl**: a bird that hunts small animals for food and is mainly active at night
> (*Random House Webster's English Learner's Dictionary*)

It can be observed that the idea of 'nocturnal' is expressed as 'hunt at night' or 'be active at night.'

As seen in this section, learners can learn defining frames and intra-definition paraphrasing when they practice describing things as part of local paraphrasing.

Specific suggestions to implement this skill will be discussed later.

5. Problems Arising from Different Syntactic Structures

5.0 Three Structural Problems
This section deals with three structural problems commonly observed in paraphrases, and give suggestions as to how to work them out.

5.1 Modification structures
Including the descriptive paraphrasing discussed in the previous section, most local paraphrases entail simple substitution. For example, with a monolingual dictionary at hand, sentence a) can be paraphrased as c) below, simply by replacing the target word with the corresponding monolingual definition. (Target words are in italics. Students' sentences were those collected from paraphrasing practice.)

(1) a. Target sentence: She was a friendly *detective*.
    b. Definition of *detective:* a person, especially a police officer, whose job is to examine crimes and catch criminals
       (*Oxford Advanced Learner's Dictionary*, 5th ed.)
    c. Student's paraphrase: She was *a* friendly *police officer whose job was to* examine crimes and catch crimes.

(2) a. Target sentence: They adopted a *stern* policy on the issue.
    b. Definition of *stern*: serious and difficult (*ibid.*)
    c. Student's paraphrase: They adopted a *serious and difficult* policy on the issue.

It should be noted, however, that paraphrasing words with different parts of speech or grammatical categories often entails a structural problem. This is often observed when, for example, a prenominal adjective is paraphrased with a prepositional or participle phrase. ('*' indicates an inappropriate structure.)

(3) a. Target sentence: We had a *stimulating* discussion.
    b. Definition of *stimulating*: full of interesting or exciting ideas (*OALD5*)
    c. Student's paraphrase: *We had a *full of interesting ideas* discussion.

(4) a. Target sentence: We only have *sketchy* information about your plan.
    b. Monolingual definition of *sketchy*: containing few details (*CALD2*)
    c. Student's paraphrase: *We only have *containing few details* information about your plan.

These problems take place when learners just focus only on substituting a target word with a corresponding definition found in a monolingual dictionary. Learners, then, should be informed of modifying structures of nouns, with the distinction between prenominal and postnominal modification, as shown below.

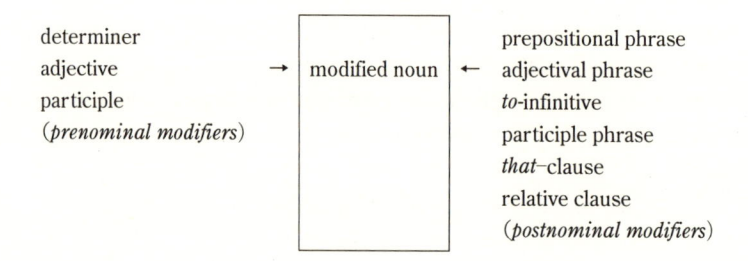

determiner				prepositional phrase
adjective	→	modified noun	←	adjectival phrase
participle				*to*-infinitive
(*prenominal modifiers*)				participle phrase
				that-clause
				relative clause
				(*postnominal modifiers*)

Although the target words in 3a) and 4a) above are adjectives, paraphrasing expressions are an adjectival phrase and participle phrase, respectively, in 3b) and 4b). Therefore, both phrases should be placed after the modified noun.

(5) We had a discussion *full of interesting ideas*.
(6) We only have information *containing few details* about your plan.

5.2 Locating Object Slots

The second structural problem is that learners need to locate *object slots* when dealing with transitive verbs. See the following inappropriate paraphrases.

(7) a. Target sentence: She *scrutinized* the data.
    b. Definition of *scrutinize*: to examine carefully
       (*Random House Webster's English Learner's Dictionary*)
    c. Student's paraphrase: *She *examined carefully* the data.
    d. Correct paraphrase: She *examined* the data *carefully*.
(8) a. Target sentence: He *enumerated* the advantages of email use.

b. Definition of *enumerate*: to name things separately, one by one (*CALD2*)
   c. Student's paraphrase: *He *named things separately one by one* the advantages of email use.
   d. Correct paraphrase: He *named* the advantages of email use *separately, one by one*.

It should be noted here that transitive verbs have *object slots* in their definitions, so learners need to locate them in monolingual definitions. That is, transitive verbs may be defined using transitive or intransitive verbs, but what counts is the presence of object slots in their definitions. Basic defining patterns of transitive verb are shown below with objects slots as '#'.

(9) a. Vt + # (+ PP) (Vt = transitive verb; PP = prepositional phrase)
   b. Vi + [P + #] (Vi = intransitive verb; P = preposition)
   c. [Vt + NP] + [P + #] (NP = noun phrase)

Regarding the monolingual definitions 7b) and 8b), their object slots can be shown with '#' and the parenthesized part, respectively, as shown below.

(10) examine # carefully
(11) to name (things) separately, one by one

To avoid the failure to notice these slots, learners are encouraged to be careful about two things. First, they need to pay closer attention to structures of transitive definitions to locate object slots, as shown above. The second is to use a monolingual dictionary with sentential definitions. This is because in such dictionaries, definitions are full sentences, showing the structural and semantic correspondence between the headword and its defining expressions. See the following definitions. (Italics are mine.)

(12) a. If you **scrutinize** something, you *examine* it *very carefully*, often to find out some information from it or about it.
   b. When you **enumerate** a list of things, you *name* each one *in turn*. (*COBUILD Advanced 5*)

Monolingual dictionaries with sentential definitions for every headword include such dictionaries as *Collins COBUILD Advanced Learner's English Dictionary* and *Chambers Essential English Dictionary*. Those which have partially adopted sentential definitions include *Oxford Advanced Learner's Dictionary, Longman Dictionary of Contemporary English,* and *Cambridge Advanced Learner's Dictionary.*

5.3 Structural Changes in Global Paraphrasing

The third structural problems can be found in global paraphrases. Global paraphrases, by definition, involve major syntactic and lexical changes, which often result in structural errors. This is quite common when idioms or near-idioms are paraphrased.

(13) a. Target sentence: The appointment to meet with my advisor completely *slipped my mind*.
 b. Definition of *slip someone's mind*: to be forgotten (*CALD2*)
 c. Student's paraphrase: *The appointment to meet with my advisor completely *forgot* me.
 d. Correct paraphrases: The appointment to meet with my advisor *was completely forgotten./I* completely *forgot* the appointment to meet with my advisor.

It is observed that this learner confused the voice of the verb even though the monolingual definition is correctly given in a passive form. In such cases involving major structural changes, sentential definitions are often more illustrative, because they show the structural contrast between paraphrased and paraphrasing sentences. See *COBUILD's* definition below.

(14) If something **slips your mind**, you forget about it. (*COBUILD Advanced 5*)

This clearly shows that the subject *something* of the defined phrase corresponds to the object of *forget about* in the defining clause.

In this section, we have seen three kinds of structural problems when paraphrasing is carried out. It has also been shown that drawing learners' attention to grammatical structures, and referring to sentential definitions are of great help to work out these problems.

6. Concluding Remarks with Suggested Activities

This paper has defined two kinds of paraphrasing, local and global paraphrasing, has shown specific problems found in learners' paraphrases, and has suggested solutions to them. It has also been claimed that monolingual dictionaries can be effectively employed for improving paraphrasing skills.

Various classroom activities can be used to enhance paraphrasing skills with monolingual dictionaries. 'Define and Guess' may be a first step to familiarizing learners with monolingual definitions. In this group work, each member simply reads aloud the definition of their choice, preferably a noun initially, to the rest of the group. The rest listen and guess what it is about. When someone gets it right, then the next person asks another question by reading aloud a different definition. When necessary, the questioner can read the definition again or add his or her information until someone gets the right answer. After learners feel more comfortable with monolingual definitions, they may be encouraged to try defining something without referring to a dictionary, using defining frames they have learned. In addition, a newspaper article (or any text) can be given to learners with 'difficult' words underlined, and learners can be instructed to paraphrase them in context with a monolingual dictionary.

Practiced this way, paraphrasing can be of great help both in spoken and written English as a communication strategy : it makes up for lack of vocabulary and contributes to fluency. Monolingual dictionaries, then, can be an effective tool to enhance this skill.

References

Baxter, J. (1980). The dictionary and vocabulary behaviour: A single word or a handful? . *TESOL Quarterly, 14*, 325-336.
Belyayev, B. V.; translated by Hingley, R. F. (1963) *The psychology of teaching foreign languages*. London: Pergamon Press.
Bialystok, E. (1990). *Communication strategies*. Oxford: Blackwell.
Bialystok, E., & Frohlich, M. (1980). Oral communication strategies for lexical difficulties. *Interlanguage Studies Bulletin, 5*, 3-30.
Canale, M. (1983). From communicative competence to communicative language pedagogy. In J. C. Richards & R. W. Schmidt (Eds.), *Language and*

communication. Harlow: Longman, 2-27.

Canale, M., & Swain, M. (1980). Theoretical bases of communicative approaches to second language teaching and testing. *Applied Linguistics, 1*, 1-47.

Crow, J. T., & Quigley, J. R. (1985). A semantic field approach to passive vocabulary acquisition for reading comprehension. *TESOL Quarterly, 19*, 497-513.

Faerch, C., & Kasper, G. (1983). Plans and strategies in foreign language communication. In C. Faerch & G. Kasper (Eds.), *Strategies in interlanguage communication*. London: Longman, 20-60.

Hatch, E., & Brown, C. (1995). *Vocabulary, semantics, and language education*. Cambridge, UK: Cambridge University Press.

Haycraft, J. (1978). *Teaching vocabulary*. London: Longman.

Langan, J. (2005). *College writing skills with readings* (6th ed.). Boston: McGraw Hill.

Nation, I. S. P. (1990). *Teaching and learning vocabulary*. Boston: Heinle & Heinle.

Nation, I. S. P. (2001). *Learning vocabulary in another language*. Cambridge, UK: Cambridge University Press.

Tarone, E. (1977). Conscious communication strategies in interlanguage. In H. D. Brown., A. Yorio, & R. C. Crymes (Eds.), *On TESOL '77*. Washington, DC: TESOL.

Tarone, E., Cohen, A., & Dumas, G. (1976). A closer look at some interlanguage terminology: A framework for communication strategies. *Working Papers on Bilingualism, 9*, 76-90.

大学における
プロセス・ライティング

望月 昭彦

　ライティングに関して高校の学習指導要領（1998）では，談話の文章を書くことを勧めていることがうかがわれる。しかし，宮田（2002, pp. 6-7）が，愛知県と岐阜県にある2つの短大，4つの大学において高校時代の英作文に関する実態調査を実施して得られた300名の回答を分析した結果，実態は「文や表現の暗記・反復練習」「和文英訳」が主流であると報告している。そして更に，高校3年間で自由英作文に取り組んだ回数について，7割以上の生徒がせいぜい1年に1回程度しか取り組まなかったことを記している。大学の実態調査は筆者の手元にないのでわからないが，大学の一般英語では談話レベルの文章を書かせることは大変稀であろうし，専門英語の作文の授業でも人数が多い場合にはあまりなされていないだろうと思われる。

　本稿では，英語専攻の学生対象の科目でのプロセス・ライティングの指導を 1. プロセス・ライティングの理論と歴史，2. 大学におけるプロセス・ライティングを使った授業，3. 1年間のプロセス・ライティングの指導の結果の分析，の順に述べたい。（本稿では，プロセス・ライティングとプロセス・アプローチを同じ意味で使っている。）

1. プロセス・ライティングの理論と歴史

　プロセス・ライティングは米国で1963年頃に生まれ1970年代に風靡した。これは，1950年代から1960年代まで続いたプロダクト中心の作文（Clark, 2003, pp. 5-15）に対する概念であり，White and Arndt（1991）は，

両者の違いについて次の2点，即ち，(1) プロセス・ライティングは，モデルとする作品が前もって決められておらず生徒と同じ数だけ異なる作品があり，ときに，他の人によって書かれた文が示されることもあるが，それは，生徒が書いたあとに模倣すべきモデルとしてというよりむしろアイディアをさらに刺激する材料として示されることがある，(2) 一方，後者のプロダクト中心の作文は，理解と本文の操作練習を中心とするために，モデルの文が提示され，前もって決められた目標に向かうこと，生徒がどのようにしてモデルとする作品の文を実際に書くのかというプロセスが明らかになっていないことを挙げている。

プロセス・ライティングの2つの分類について，Casanave（2004, pp. 76-78），Ferris and Hedgcock（2005, pp. 5-6）は，作文を認知的な問題解決のプロセスとみなす見方と表現主義運動の2つに分類した。前者は，第1言語の作文研究者 Flower and Hayes（1981）によって触発され，「考えたことを口に出す」（think-aloud）方法で生徒に問題を言わせ，決定と選択をさせる方式をとらせ，意味を重視させ，推敲させた。この方法が第2言語に取り込まれ，書き手は，考案，立案，発見，推敲をしていくプロセスを辿った。後者の表現主義運動では，作文の活動がアカデミックな課題及び評価から生徒を解放し，個人的に重要な問題を扱わせた。書き手は，自己を知る必要があり，作文はその手伝いをしてくれるのであるとされた。表現主義者の方法として，自由作文，ブレインストーミング，ジャーナル，エッセイが使われた。

プロセス・ライティングの段階として William（2003, pp. 101-120）は，「考案」，「立案」，「草稿」，「休止」，「読み直し」，「推敲」，「編集」，「公表」の8段階を設けて，それぞれ説明している。「考案」は，第1草稿を書き始める前の議論，要約，自由作文，talk-write（生徒に頭で立案させたあとにクラスの仲間に口頭で作文を言わせる）などの活動，「立案」は，目的を果たす計画を発展させるために，書き上げるものの対象者，目的などに考えを巡らすこと，「草稿」は，作品の最初の計画に合致するようパソコン又は紙に書くことで2回以上書くとよいこと，「休止」（pausing）は，それまで書いたものとそれが如何に計画に合致しているかを手を休めて振

り返ること,「読み直し」は,休止の間に,書いたものを読み自己の計画と比較すること,「推敲」は本文と計画が合致するよう大幅な変更をする目標を持って本文を見直すこと,「編集」は,句読点や綴りなど文レベルに焦点を置くこと,「公表」(publishing) は,最終作品を意図した相手と共有する(冊子に印刷することに限らず,教師,上司などに提出することも含む)ことである。William は,「考案」の中の talk-write として,テープレコーダを使って作文を口頭で吹き込ませ,書き起こさせる活動を紹介しているが,この方法は,日本の作文授業でも使えそうだ。さらに,米国教育部の「1998 *NAEP* 作文報告」で,約45％の生徒が「立案」をしていないことが引用されており,日本の学生にも作文指導で実際に書く前に十分,立案させる必要がある。

次にプロセス・ライティングに対する賛成論と反対論を Hyland (2002, p.29) が要約しているので,紹介したい。

賛成論 (1) 第1言語及び第2言語の文脈での作文指導の理論及び方法論に大きな影響を及ぼした。(2) 以前,プロダクトの正確さにこだわったことへの有益な矯正策である。(3) 教師の作文が関わる事柄への意識を高め,そのことが作文指導の専門性に貢献した。(4) 生徒の間の個別の相違を尊重するようになった。(5) 未解決の多数の新しい研究質問を出した。

反対論 (1) 作文における心理的要因を強調しすぎている。(2) 焦点が,個人的な意味を発見し伝えようと苦闘している孤独な個人としての書き手に当てられ,作文は社会的活動であるということを認識しそこなっている。(3) ESL学生の作文の発達を阻害するかもしれない個人主義的なイデオロギーに基づいている。(4) 文脈の重要な影響,特に階級,性別,民族性の違いを無視している。(5) 専門的でアカデミックな社会の多岐にわたる期待及び慣習を軽視している。(6) このアプローチが学習者の作文を大いに改善するのかは不明。(以上の番号付けは筆者)

1980年代の半ばにプロセス・ライティングに対する批判が出てきたとし,Casanave は,それを以下の4点にまとめている (pp.78-81)。第1の批判は,エッセイテストのようなアカデミックな状況で生き残ることを期

して学生が必要な種類の作文をなおざりにしたこと，第2に，プロセス・アプローチは，個人的な作文を要求し，構造化されたアカデミックな作文の明示的指導を除外したこと，第3に，学校の場面で必要とされる方法で学生が作文で改善していくのを手助けするようにならなかったこと，第4の批判として，熟練した書き手が作文のプロセスを通じて意味を発見し，何回も書き直し，綴りなど機械的事項は最後に点検するなどプロセスを前提にするプロセス・アプローチを支持する証拠は殆どないことの4点である。しかし，同氏は，プロセス・アプローチとアカデミック・ライティングは互いに排除するのではなく相互補完をする（p.79）と，述べている。

Williamは，上述のとおり，プロセス・ライティングを8つの段階に分けたが，stage modelというより「局面モデル」(phase model) を提唱した（p.120）。これは，「考案」から「立案」などのように段階別に進んでいくのではなく，立案，草稿，推敲のように次から次へと状態が変化していくがこれらは繰り返し起こる流動状態として捉えることができる。例えば，草稿を書きながら推敲し，編集しながら立案するといったことである。

又，Clark（2003）は，プロセス・アプローチについて，批判はあるが，新しい学際分野を作り出す知的な道徳的なエネルギー及び，作文指導をいろいろな段階で影響し続ける重要なイデオロギー的な焦点を特徴とするアプローチであると述べている。更に作文が繰り返し起こるプロセスであり，作文指導は自己に有効に働くプロセスを伸ばすよう学生に手助けすることを意味するのだという考えが，今や，米国全土の作文カリキュラムのための基盤をなしている（p.22）と締めくくっている。日本の高校及び，大学での作文指導では，恐らく単文レベルの和文英訳が主流ではないかと思われるので，米国でプロセス・アプローチがこんなに浸透していることは驚きである。

このプロセス・アプローチに対抗して出現した作文指導アプローチとして，Casanaveはジャンル・アプローチを挙げて，これには，テキスト的又は言語的な焦点をおく型と文脈又は社会的場面に焦点をおく型の2つがあると述べている（pp. 82-83）。前者は，異なるジャンルの形式的特性を特徴づける目的のために，又は，アカデミックで専門的作文の社会的相互

交流的性質を推測するために異なるジャンルの目立つ特性を確定しようとするものである。後者は，人と場面をより多く記述し，未経験の書き手は，異なる共同社会の作文と作文関連の活動に参加してジャンルを制御する能力を改善させるものである。

Casanaveは，1990年代にプロセス・アプローチのあとは，ポスト・プロセス運動とみなす人達がいるとして，社会的，政治的な文脈を考えて作文を書かせる試みを述べている。「どの教材を使うか企画すべきか，どの程度の重要性を草稿又は最終作品におくべきか，流暢さと正確さの両方を伸ばす手助けをすべきか又，それはいつか，作文指導を広い社会的，政治的，イデオロギー的文脈の中で文脈化すべきかを各々の教師又は，作文関連のグループは，決めていくのである。」と結論づけている (p. 86)。

上述の米国の作文指導法の流れを見ると，日本の作文指導においては，少なくとも中学・高校では，更に，大学の作文指導でも，プロセス・ライティングの域に恐らく達していないであろうし，それを超えた「ジャンル・アプローチ」「ポスト・プロセス・アプローチ」ははるか遠い先にあると思われる。

2. 大学におけるプロセス・ライティングを使った授業

筆者がプロセス・ライティングを2年生〜4年生の英語専攻対象の「対照言語学演習」の授業で実践しているので簡単に述べる。授業の目標として，卒業論文を英語で書けるようになることを目指し，英語で自己表現できる能力を養うこと，及び，パラグラフ・ライティングの書き方ができるようになることを挙げている。

まず，1学期に4〜5回の授業を使い英語の文章を英語で要約する練習を行い，その後，年間を通して，パラグラフ・ライティングのため（プロセス・ライティングのためではない）のテキスト[1]を使い，毎時間，テキストの説明，パラグラフ・ライティングの練習問題を扱った。年間を通じて，(1) 300語程度のエッセイを5本，書かせる，(2) 指定参考書[2]を使い，日英語の比較のレポートを夏休みと冬休みに1本ずつ，計2本作成させ

る，(3) 夏休み15日間と冬休み10日間，作文の流暢さをつけるために英語の日記を書く活動を行わせた。

　成績評価については，年間を通じて，エッセイ，レポート，日記，期末テスト，出席をすべて数値化して成績をつけた。又，1学期は英語での要約の課題も，1学期と3学期は英文日記も成績の対象とした。

　年間5本のエッセイについては，ブレイン・ストーミング，下書き作成をし，相互採点により，年間5編300語以上のエッセイを完成させた。それぞれの作品を提出したあと，授業中にグローバル・エラー，ローカル・エラーの分類に従って教師からコメントを受ける。このグローバルとローカル・エラーの区別は，小川他（1997, pp. 47-49）に従った。

　5本のエッセイを扱う際にプロセス・ライティングの指導法を使った。それらのトピックと指示は以下のとおり。((1) = Situation, (2) = Audience（対象），(3) = Judges（審査員），(4) = Content を示す。）

Essay 1　The Person I Respect the Most.　　　5月実施
(1)「青年の主張」英作文コンテストに出場する。(2) 一般の青年 (3) 大学の教師，文部科学省の係官，県教育委員会の委員 (4) 感動させる何かがあればよいのだが。

Essay 2　The Country I Want to Visit the Most　　6月実施
(1) 旅行会社主催の英作文コンテストに出場する。入賞者にハワイ旅行3日間と仮定する。(2) 一般の青年，大人 (3) 大学の教師，旅行会社の役員 (4) その国のことを調べること。読んだ人が扱った国に行きたいと思わせるように。

Essay 3　The Happiest Moment in My Life　　10月実施
(1)「青年の主張」英作文コンテストに出場する。(2) 一般の青年，大人 (3) 大学の教師，文部科学省の係官，県教育委員会の委員 (4) 感動させる何かがあればよいのだが。人生，生きていてよかったと思わせるように。

Essay 4　How should we stop bullying at schools?　　11月実施
(1) あなた方は教員志望の学生で採用試験でこのタイトルで作文を書くことになった。「いじめ」の防止策を提案する。(2) 県教育委員会の指導主事，

中学校及び高校の校長，保護者の代表（3）大学の教師，県教育委員会の委員（4）具体的な方策を示すこと。
Essay 5　Should English be the Nation's Second Official Language?　2月実施
(1)「青年の主張」英作文コンテストに出場する。(2) 一般の青年，大人 (3) 大学の教師，文部科学省の係官，県教育委員会の委員 (4) 将来の日本の姿を考えて，よくここで考えてみよう。

　ご覧のとおり，最初は，個人的なトピックを，次第に社会的なトピックを扱っている。また，コミュニカティブな作文指導を考えて，目的，場面，誰を対象としているか（audience）を必ず，話してから書かせている。

　プロセス・ライティングの手順は，第1時限〜第4時限に分けてみる。第1時限目の普通の授業（75分）の最後の20分程度を次のように扱っている。第1に，「考案」として，トピック（1）の場合，15〜16人のクラスで2人ずつペアワークで，主題の事柄を日本語か英語で10分程度，話させる。事前に話し合いの結果を皆の前で発表するspokespersonをペアのどちらかに決めさせておく。毎時間ストップ・ウオッチを必ず持参して，Three more minutes.などと言い，活動をせかせる。spokespersonに次々と日本語又は英語で結果を言わせ，筆者が英語で簡単に黒板に記していく。これで必要な語彙の幾分かを理解させる。第2に，「立案」として，時間を与え，introduction, discussion, conclusionの構成，introductionにtopic sentenceがあるか，discussionとして理由を3つは挙げているか，conclusionはdiscussionを要約しているか，又はtopic sentenceと同じ意味の英文を他の表現で書いているか，などと質問を投げかけている。これは約20分程度の時間を要するが，授業であてがうことができる長さである。この後は，「休止」「草稿」を自宅で書いてこさせ，翌週の授業で「相互採点」（peer correction）を実施する。
　第2時限目の授業の「相互採点」は，フィードバックであり，プロセス・アプローチではとても重要な手順である。その手順を紹介しよう。
　まず，学生を2人ずつ組み合わせ，持参させた作品をペアの相手と交換

させたあとで，時間を10分間与えて「Grammar」,「Content」,「Organization」の3つの観点で誤りの部分に赤ペンで印を付けさせる。次に，時間を7～8分与えて，相手に3つの観点について口頭で講評させて，次に相手からも同じように講評を受けさせる。更に，2番目の活動として，4人のグループを作らせ，同じ内容の相互採点を10分で行わせる。その後，口頭の講評活動を7～8分間させる。3番目の活動として，更に大きなグループを作らせ，同じ相互採点をさせる。これで同一人物が3人の異なる読み手から講評を聞くことができる。残りの時間があれば，これらの講評を考慮して「推敲」の段階を踏ませる。

　第3時限の授業までに，15～16人の作品を「Grammar」,「Content」,「Organization」の3つの観点から各5点ずつ，合計15点満点で6時間半かけて筆者が採点していく。文法的誤りの箇所は，赤の下線を引いてWhite and Arndt（1991）をもとに修正した訂正用記号 GR = grammar, Prep = preposition, W.O. = word order, T = tense, VOC = vocabulary, SP = spelling, A = article, (　) = unnecessary word(s), P = punctuation, reg = register, ? = don't understand, ∧ or ∨ = word missing を書き込み，文章の構成については，「理由をもう一つ挙げるとよい」などを追加しておく。採点後，文法的正確さの向上のために「文法的誤り」を global errors, local errors の2種類に分類して印刷物にまとめておく。

　第3時限で，印刷物に従って講評を発表し，特に優秀な2作品を選んで印刷し，全員に配布する。次に，global errors, local errors をまとめた印刷物を配布して口頭でも説明する，といった手順をとる。

　第4時限は，第3時限目に配布した印刷物の講評を参考にして Revised Edition として提出させる。これが最後の手順である。

　以上，筆者が授業で実践しているプロセス・ライティングの手順を紹介させていただいた。

3. 1年間のプロセス・ライティングの指導の結果の分析

　本稿のために，保存してあった2002年度の対照言語学演習の受講者の

データを使って，プロセス・ライティングの指導の結果を分析してみた。

研究質問として，以下の3つを設定した。

研究質問（1）1年間のプロセス・ライティングによる指導の結果，内容の一貫性が向上したか。（2）1年間のプロセス・ライティングによる指導の結果，文法的正確さが向上したか。（3）1年間のプロセス・ライティングによる指導の結果，流暢さが向上したか。

3.1 調査

対象者：2002年度の対照言語学演習の受講者は16名。しかし，プレ作文とポスト作文の両方のテストを受けた12名のデータを使用した。

期間：授業は，2002年4月初旬から2003年3月初旬までの1年間。

測定具：同じタイトルのプレ作文及びポスト作文。

手順：2002年4月の最初の授業時にプレ作文テストを制限時間30分で実施し，1年間上記のシラバスに従って授業を行い，エッセイ5本，課題のレポート2本，夏季及び冬季に英文日記をそれぞれ15日間，10日間書かせた。1年後の最後の授業でポスト作文を同じタイトルで制限時間30分間で書かせた。タイトルは，Which do you prefer, staying in one place or moving in search of another place?（説明：人によっては，生涯を1つの場所で送ります。又，人によってはよりよい仕事，住宅，共同社会，ときには気候を求めて，生涯，何回も移動します。）とし，場面（situation）：大学生の作文コンテストに出場。自分の作品を送る；誰を対象とするか（audience）：英作文コンテストの審査員，として設定した。

熟達度と作文の成績は，相関がかなりあると思われるが，熟達度と作文の熟達度の関係を測定することを目的としないので熟達度テストは実施しなかった。

統計処理：プレ作文・ポスト作文の内容の一貫性について総合的評価及び文法的正確さ，流暢さについての分析的評価を行った。データが12名だったのでSPSS13.0E.を使いノンパラメトリック検定のウィルコクソンの符号順位検定及び手計算でHedges' g の効果量の計算の2種類を実施した。前者の計算は帰無仮説有意性の検定であり，効果量のHedges' g はそれを

超えるものであるので，最終的に効果量の計算の結果を採用した。また，内容の一貫性の評定者間信頼性については，筑波大学の英語教育学専攻の博士課程1年生とともに評価者間訓練をしたあとで，採点し，筆者とその学生との採点結果についてピアソンの相関係数を計算した。その結果，プレ作文の評価者間信頼性は 0.7 で高く，効果量の点から Cohen の r (1988) の立場からは large，ポスト作文の評価者間信頼性は，0.8 で高く，効果量の点から Cohen の r によると large とみなされた。相関の計算については，人数が 12 人だったのでスピアマン（Spearman）の順位相関係数でも計算した結果，プレ作文，ポスト作文はともに 0.7 で，評価者間信頼性は上述の場合と同様，高かった。

3.2　結果と考察

内容の一貫性は，望月（2005, pp.25-26）の総合的評価の 6 点法を使い，筆者がプレ作文及びポスト作文を採点した。

文法的正確さについては，Wolfe-Quintero 他（2002）に従い，4つの指標，(1) global errors も local errors も含まない誤り無し（以下「誤り無し」）の T-unit (Hunt, 1970)（eft），(2) 誤り無しの T-unit の数と T-unit の総数の比率（eft/t），(3) 誤り無しの節の数と節の総数の比率（efc/c），(4) 1 語当たりの綴りの誤りの数の平均総数を総語数で割ったもの（sp/w）を使った。

流暢さについては，Wolfe-Quintero 他に従い，5 つの指標，(1) 総語数 (w)，(2) 文の総数 (s)，(3) 1 文の平均語数 (w/s)，(4) 1 T-unit の平均語数 (w/t)，(5) 1 節の平均語数 (w/c) を使った。

まず，表1に上述の指標の記述統計を示す。

次に，2 つの統計処理方法による結果を述べる。

3.2.1　ウィルコクスンの符号順位検定を使った場合

内容の一貫性について有意で（$Z=-2.392$, $p=0.017$）ポスト作文の方が高かった。

文法的正確さについては，(1) eft はポスト作文の方が高かった（$Z=-2.944$, $p=0.003$）。(2) eft/t は，高くなかった（$Z=-1.452$, $p=0.147$），(3)

表1 一貫性，正確さ，流暢さの指標の記述統計

構成概念	指標	Mean	SD	構成概念	指標	Mean	SD
一貫性	holis2	4.000	1.044	流暢さ	w2	238.250	68.864
	holis1	2.917	1.084		w1	166.667	47.900
正確さ	eft_l2	12.000	5.343	流暢さ	s2	17.833	5.573
	eft_l1	6.250	2.701		s1	13.417	5.035
正確さ	eft/t2	0.584	0.167	流暢さ	w/s2	13.590	2.240
	eft/t1	0.478	0.211		w/s1	12.944	2.042
正確さ	efc/c2	0.707	0.108	流暢さ	w/t2	11.704	1.487
	efc/c1	0.581	0.155		w/t1	12.569	2.094
正確さ	sp/w2	0.004	0.006	流暢さ	w/c2	8.087	0.606
	sp/w1	0.006	0.005		w/c1	7.826	0.716

注：N = 12；構成概念 = 測るべき能力・技能；各指標の後の数字 1 は，プレ作文，数字 2 はポスト作文を示す。例えば，holis2 = ポスト作文の総合的評価；holis1 = プレ作文の総合的評価；Mean = 平均値；SD = 標準偏差

efc/c は，ポスト作文の方が高かった（Z = −2.847, p = 0.004），(4) sp/w は，高くならなかった（Z = −0.845, p = 0.398）。指標 (1) eft (2) eft/t (3) efc/c の数値は，上昇すれば指導の効果が向上したことを示すが，(1) eft と (3) efc/c が向上したことがわかる。(4) は，数値が上昇すれば綴りの正確さが減少するが今回の分析では上昇は認められなかった。

流暢さについては，(1) w は，ポスト作文の方が高かった（Z = −2.667, p = 0.008）。(2) s は，ポスト作文の方が高かった（Z = −2.318, p = 0.020）。(3) w/s は，高くなかった（Z = −0.549, p = 0.583），(4) w/t は，高くなかった（Z = −1.177, p = 0.239），(5) w/c は，高くなかった（Z = −0.549, p = 0.583）。(1) から (5) まですべて上昇すれば，流暢さが向上したことを示すが，本調査では，(1) w, (2) s が向上したことがわかる。

3.2.2 効果量 Hedges' g を使った場合

Kline（2004）の公式で $s_p^2 = ((グループ1の人数 − 1)s1^2 + (グループ2の人数 − 1)s2^2)/(グループ1の人数 + グループ2の人数 − 2)$，$s1^2$ と $s2^2$ は分散の意味。次に $g = (グループ1の平均値 − グループ2の平均値)/s_p$

表2 効果量と判定

	一貫性	eft	eft/t	efc/c	sp/w
g	1.018	1.358	0.559	0.946	−0.204
判定	Large	Large	Medium	Large	Small
	w	s	w/s	w/t	w/c
g	1.207	0.832	0.302	−0.476	0.393
判定	Large	Large	Small	Small	Small

注：$g=|0.2|$ のとき Small；$g=|0.5|$ のとき Medium；$g=|0.8|$ のとき Large

を計算する。効果量は，差がある場合，Small＝$|0.2|$，Medium＝$|0.5|$，Large＝$|0.8|$で効果量の大きさを判別されている。効果量の判別については厳密なものではなく一応の基準と考えられている。以下，計算の結果及び判定の結果を記述する。

表2は，内容の一貫性，正確さの4指標 eft，eft/t，efc/c，sp/w において，又，流暢さの5指標 w，s，w/s，w/c，w/t において効果量の差が認められたこと，特に，効果量が「大」は一貫性，正確さでは，eft，efc/c，流暢さでは，w，s の指標であったこと，但し，正確さの sp/w はポスト作文で減少した，即ち，綴りの誤りが減少したこと，流暢さの w/t はポスト作文で減少したことを示す。これの解釈については，文の複雑さを示す T-unit 当たりの語数が減少し気楽に文を書くようになったとも考えられる。

3.3 結論

調査の結果，以下のことが明らかにされた。

研究質問(1)の内容の一貫性が向上したかについては，内容の一貫性が向上した。研究質問(2)の文法的正確さが向上したかについては，4指標のすべてで向上が認められたといえる。研究質問(3)の流暢さが向上したかについては，5指標すべてで向上が認められたといえる。

英語専攻の大学生を対象としたプロセス・ライティングを取り入れた授業では，内容の一貫性で向上した，又，正確さ及び流暢さの点で概ね向上

したといえそうである。この調査によって，将来，英語教師，海外留学，英語を使う職業を志望する学生のためには，このプロセス・ライティングの指導法は有望と思われる。プロセス・ライティングによる指導の効果については，今回は英語専攻の12名からの1年間のみのデータであるが，3年間くらい継続してデータを収集して調査するか，参加者の人数を増やして実験群と統制群に分けて，データを収集して調査すると確固たる証拠が得られると思われる。又，今後の研究として，相互採点の結果，作文がどんな風に変わったかを記録して分析するとよいと思われる。

注

1. テキスト＝Kitao, K. S., & Kitao, K. (1988). *Writing English paragraphs*. Tokyo：Eichosha Shinsha.
2. 指定参考書＝望月昭彦（1991）『英作文用法事典 [I]』東京：大修館書店

◆参考文献

Casanave, C. P. (2004). *Controversies in second language writing*. Ann Arbor, MI: The University of Michigan Press.
Clark, I. L. (2003). *Concepts in composition*. Mahwah, NJ: Lawrence Erlbaum Associates, Publishers.
Cohen, J. (1988). *Statistical power analysis for the behavioral sciences* (2nd ed.). New York, NY: Academic Press.
Ferris, D. R., & Hedgcock, J. S. (2005). *Teaching ESL composition* (2nd ed.). Mahwah, NJ: Lawrence Erlbaum Associates, Publishers.
Hunt, K. W. (1970). Syntactic maturity in schoolchildren and abults. *Monographs of the society for research in child development, 35,* No.134.
Hyland, K. (2002). *Teaching and researching writing*. Harlow, England: Pearson Education.
Kline, R. B. (2004). *Beyond significance testing*. Washington, DC: American Psychological Association.
White, R., & Arndt, V. (1991). *Process writing*. London: Longman.
Willam, J. D. (2003). *Preparing to teach writing* (3rd ed.). Mahwah, NJ: Lawrence Erlbaum Associates, Publishers.
Wolfe-Quintero, K., Inagaki, S., & Kim, H. (2002). *Second language development in writing：Measures of fluency, accuracy & complexity*. Honolulu: University

of Hawai'i at Mānoa. Second Language Teaching & Curriculum Center.

小川邦彦, 古屋貴雄, 手塚司, 鷹野英仁共著 (1997)『オーラル・コミュニケーションテストと評価』東京：一橋出版

宮田 学 (編) (2002)『ここまで通じる日本人英語』東京：大修館書店

望月昭彦 (研究代表者) (2005)『中学校と高校における意味中心のライティング指導が英作文の質及び量に及ぼす影響』課題番号 15520348 文部科学省科学研究費補助金 (基盤研究 (C) (2)) 研究成果報告書

第4章　評価・テスティング

中学校におけるテストの波及効果の実際

杉本 博昭

1. はじめに

1.1 波及効果

　テスティングにおける「波及効果」(washback effect)とは，テストが学習や教授に及ぼす影響とされている。テストに「波及効果」が存在しているであろうことは，日々教育活動を実践している教師にとっては想像に難くない。テスト受験者は，自分が受けるテストで高得点を取るために，テスト問題を分析して，テストの内容（問題）に合わせた学習をするからである。特に中学校では，進路決定という最重要課題に関係するテストで良い点を取るために，テストの問題に合わせた勉強方略を立てる傾向が明確に認められる。

　波及効果は，教える側の教師にも及ぶ。例えば，都道府県や地域（地区）等で行うテストや高校入試のテストなどに関して，教師はシラバスを組んだり，指導内容を考えるとき，それらのテストの内容を意識し，自分の作成するテストにそのような外部のテストの問題形式等を取り入れることも少なくない。

　テストがもつ波及効果には，一般的にプラスとマイナスがあるといわれている。よく例に出されるプラスの例としては，インタビューテストを行ったところ，学習者が意欲的に授業中の言語活動に参加したり，家庭学習で練習するようになり，コミュニケーション能力育成という授業のねらいがテストによって達成度が上がった例などが知られている。また，マイナスの波及効果では，テストで多肢選択問題ばかり出題し，英語を書かせ

る問題を出さないと，学習者は書くことを重要なことと考えなくなるといったことがある。

　テストの波及効果については，Hughes（1989），Weir（1990），Cohen（1994），Brown（1994），Alderson, Clapham and Wall（1995），Cheng and Watanabe（2004）等の言語テストに関係した文献において，必ず言及されている。

　Alderson and Hamp-Lyons（1996）は，TOEFLがもつ教師への波及効果を調べ，波及効果の影響や度合いにばらつきはあるが，影響を与えていると述べている。静（2002）はテストの波及効果を認め，妥当性のあるテストを作成することの重要性を指摘している。松沢（2002）も，テストや評価の波及効果を認め，プラスの波及効果をもたせるための具体的な方法や注意点を提案している。

　しかし，テストの波及効果が限定的であるとする研究結果もある。Wall and Alderson（1993）は，スリランカで行った実際的かつ長期的な調査の結果として，試験内容の変化が与える授業の内容への波及効果は限定的であるが，局面によって変化するとしている。Watanabe（1996）は，アンケートや聞き取り調査ではなく，実際に教育現場での調査に基づき，大学入試が文法訳読の指導方法に影響を与えているかを検証し，結論として教師の教え方に対する波及効果は見られなかったとしている。

　一方，波及効果の研究は，量的，質的ともに不十分であるといわれており，特に実証的な研究が不足していることが指摘されている。テストの波及効果について，すべてを網羅する理論や説明があるわけではない。その表れ方は一様ではなく，様々な要因が複雑に組み合っていると理解されている。

1.2　波及効果の範囲と程度

　テストの波及効果を教師も受けていることを述べたが，この場合の教師とは，学校の教師をさしていると考られるが，多くの中学生が塾や予備校等に行って英語を学習していることを考えると，中学校におけるテストの波及効果は，学習者（生徒）と学校の教師に留まらず，塾や予備校等への

影響も考慮することが現実的であると考える。

　学習者（生徒）へのテストの波及効果については，その範囲（広がり），深さ（程度）を考えることが重要である。つまり，どのような生徒に対して，どの程度の波及効果が生じているのかの研究の蓄積が，波及効果の研究や分析には欠かせないことである。

　テストの波及効果は，波及効果を受ける側から見たテストの重要性も密接に関係している。中学校で実施されるテストの種類としては，一般的には，単語テストなどの小テスト，ユニット等のまとまりごとに行われるユニットテスト（単元テスト），ロールプレイやインタビューテストのようなパフォーマンステスト，中間テスト，期末テストなどの定期テスト，そしてテスト範囲の広い実力テスト（進路選択の資料になる）等がある。下記の表は，波及効果の対象とその程度を簡単にまとめたものである。先に述べたように，英語科においては高い通塾率を考慮して，塾等への波及効果も調査する必要があると考え，対象に塾等も加えた。

表1　各種テストが与える対象者と波及効果の程度

	生徒	学校の教師	塾・予備校等の教師
小テスト	△	−	×
単元テスト	△ or ○	−	×
パフォーマンステスト	○	−	△ or ×
定期テスト	○ or ◎	−	○ or ◎
実力テスト	◎○ or ◎	◎	
高校入試	◎	◎	◎

◎：かなり高い　○：ある程度ある　△：多少はあるが限定的　×：低い

　まず，小テストや単元テストであるが，学習者はそれらのテストが通知表の「評定」に影響するがゆえに，それらに対しての勉強を行う。しかし，全員が一生懸命取り組むというわけではないであろう。塾等においては，学校でそのようなテストをすることを聞いても，具体的な対策はあまり行わないようである。

パフォーマンステストについては，評定を決める際の重要な資料としている教師も多く，生徒の様子の観察から，かなり入念に準備して，テストに臨む様子が見られる。しかし，インタビューテストがあるからといって，塾等でその対策をしたという話は今まで聞いたことがない。インタビューテスト，ロールプレイ，スピーチ，レシテーションなどの実技的な内容を含んだパフォーマンステストが評定の重要な資料になることが増えてきている。これは実践的コミュニケーション能力育成の授業の反映であり，妥当性の高い評価方法である。しかし，塾等への波及効果は少ないようである。

「実力テスト」とは，進路選択の資料としても用いられるようなテスト範囲が広く総合的なテストを意味している。静岡県の場合は，1年生と2年生については1月中旬に，3年生については9月上旬と12月上旬に全県一斉テストがあり，生徒も学校の教師もこのテスト問題には高い関心を示している。しかし，このテストの波及効果は，学校以上に塾等に強い。過去の問題を分析して，予想問題を提示する塾の講習は多くの生徒を集めている。

1.3　静岡県の公立高校入試制度

　本稿では生徒へのアンケートを基礎資料として，テストの波及効果について述べる。そのためには，入試制度を簡単に説明する必要がある。まず，公立（県立）高校については，県内を10の学区に分けている。公立志向が強い県なので，各学区のトップ校には学力の高い生徒が集まる。各学校ごとに作成した問題を用いる前期選抜（2月上旬）と全県共通の問題（5教科250点満点）を用いた後期選抜（3月上旬）の2回の試験が行われる。選抜方法は，調査書と当日の試験と面接から総合的に判断する。調査書は9教科5満点（絶対評価）で合計45点である。特徴として調査書の比重が比較的高いといえる。

1.4　リスニングテストの波及効果

　中学校の学習指導要領では，英語科の目標は「実践的コミュニケーショ

ン能力」育成を目指し，4技能の中でも特に「聞く」「話す」を重視している。入学試験の波及効果を考えた場合，スピーキングテストは実用性等の問題により，実施に困難があり一般的にはなっていないが，リスニングテストはすべての都道府県で実施されており，コミュニケーション重視の授業を評価するためにも，リスニングテストの波及効果が期待される。

表2は，全国都道府県（配点を公表しているところのみ）の公立高校入試におけるリスニング問題の配点割合の変化である。全国的に見て，公立高校のリスニングの配点割合は平成16年までは増加の一途をたどってきた。移行期間を経て，現行の学習指導要領が本格実施されたのが平成14年である。「実践的なコミュニケーション能力」を入試において適切に評価しようとしたことが，リスニングテストの割合を高めた理由と考えられる。しかし，平成16年3月の入試から平成18年3月の入試にかけては，26%前後で推移している。コミュニケーション能力の育成が叫ばれ，普段の授業でも「聞くこと」と「話すこと」の指導が重視されている現状を考えると，リスニング問題の割合を40%程度までは増加させる必要があると考える。参考までに，リスニング問題の割合は，高校入試に近い英検3級で約46%，準2級では40%である。

表2　年度別全国公立高校入試問題におけるリスニング問題の配点割合

	H10	H13	H14	H15	H16	H17	H18	(%)
平均	20.9	21.8	23.3	24.9	26.0	26.2	26.1	

2. 調査

2.1　目的　①各種テストのもつ波及効果が生徒の学力によって違いがあるのかを明らかにする。
　　　　　②塾，予備校等での生徒の学習状況を調査し，波及効果を調査する。

2.2 **対象** 中学3年生105名

2.3 **方法** 3月の入試が終わった時期に，書面によるアンケート形式で，各種テストに関する生徒の意識を問う質問をした。アンケートの結果を，実力テスト成績によって分けた35人ずつの集団ごとにまとめ，それらの間に特徴や差異が見られるかどうかを調査し，考察を加えた。

3. 結果と考察

3.1 定期テスト（中間テスト，期末テスト）について

表3 質問1：定期テスト（中間，期末）の内容，出題傾向を気にしましたか

	気にした	少し気にした	あまり気にしなかった	気にしなかった(%)
上位群	31.4	40.0	25.7	2.9
中位群	22.9	48.5	20.0	8.6
下位群	28.6	25.7	31.4	14.3

　出題傾向というのは，どのような問題が出るのか，あるいはどのような問題形式で出題されるのかということである。「気にした」と「少し気にした」を合わせた割合を見てみると，上位群で71.4％，中位群で71.4％，そして下位群では54.3％であった。上位群と中位群は同じ数値であり，下位群はそれらに比べてかなり低い結果であった

　中学校における定期テストは，「評定」を決める際の重要な資料となる。少し古いデータではあるが，筆者（1997）が行った英語教師への調査では，定期テストが評定を出す際に占める割合（重要度）は，63.6％とかなり高い数値を示していた。下位群の生徒たちは，上位，中位の生徒に比べると意識は低いといえる。それは，テストに向けての勉強の意欲や成績への執着度も反映しているのかも知れない。

表4　質問2：定期テスト（中間，期末）を作成する先生を気にしましたか

	気にした	少し気にした	あまり気にしなかった	気にしなかった（％）
上位群	20.0	34.3	31.4	14.3
中位群	17.1	20.0	48.6	14.3
下位群	8.6	34.3	34.3	22.8

　同学年を複数の教師で分担している場合，一般的には同じ教師が年間を通して問題を作成することは少ない。テストが近づくとテストの作成者が誰なのかを聞きに来る生徒もいる。たいていの場合，成績の良い生徒たちである。表4からも，「気にした」と「少し気にした」の合計は，上位群54.3％，中位群47.1％，下位群42.9％と成績上位の生徒ほど，作成する教師を気にしていることがわかる。生徒たちは教師のテスト問題に「くせ」があることを知っている。

　また，作成する教師を気にする生徒の背後には，塾等があることも忘れてはならない。定期テストは通知表の評定の基礎となるテストだけに，このテストで良い点を取ることが重要となる。塾等では，中学の過去の定期テスト問題をストックしており，教師の問題作成の方法や傾向を把握している。塾の先生が生徒を介して，定期テスト作成教師を聞いている場合もある。中学校の教師が作成するテストが，塾での指導にも影響を与えているのである。

3.2　「全県一斉実力テスト」について

表5　質問3：全県一斉実力テストの出題傾向を気にしましたか

	気にした	少し気にした	あまり気にしなかった	気にしなかった（％）
上位群	37.1	48.6	11.4	2.9
中位群	17.1	42.9	28.6	11.4
下位群	17.1	31.4	37.2	14.3

3年生にとっては9月と12月に行われるこのテストは、現実として進路決定の上で重要な資料となっている。「気にした」と「少し気にした」の合計の割合は、上位群85.7%、中位群60.0%、下位群48.5%と上、中、下の順で高かった。また、注目すべき点は「気にした」と答えた割合が上位群が37.1%であり、中位群、下位群の倍以上である点である。また、「気にしなかった」という項目も、上位群、中位群、下位群の順で高くなっており、テストの成績が高いほど、このテストへの注目度も高く、テストの波及効果も強いという傾向が表れているといえる。

3.3 高校入試について

表6 質問4：「私立高校入試」の出題傾向を気にしましたか

	気にした	少し気にした	あまり気にしなかった	気にしなかった (%)
上位群	13.0	21.7	34.9	30.4
中位群	20.0	26.7	33.3	20.0
下位群	23.5	47.1	17.6	11.8

ここでいう私立高校入試とは、私立高校を第一希望としている生徒にとっての入試ではなく、公立高校が第一志望校で私立高校はいわゆる「すべり止め」の生徒にとってのものである。公立高校が「本命」の生徒が多いので、「気にした」と「少し気にした」の割合は、全体的にあまり高いとはいえない結果であった。上位群が34.7%、中位群が46.7%、下位群が70.6%と下位群の数値が一番高く、続いて中位群、そして上位群であった。これは、予想とは異なった結果であった。下位群の高い割合は、公立高校入試を失敗して、私立高校入試も失敗したら困るという生徒の厳しい状況を反映して、私立の入試問題にも注意を払ったことがその理由と考えられる。

表7　質問5:「私立高校入試」の過去問題を解きましたか

	解いた	少し解いた	あまり解かなかった	解かなかった（％）
上位群	30.4	17.4	39.2	13.0
中位群	42.9	42.9	14.2	0.0
下位群	17.6	64.7	11.8	5.9

　質問4は質問5と関係している。質問4は，「気にする」かという気持ち（情意面）を質問し，質問5は，実際にその気持ちが「解く」という行動に繋がったかどうかを質問している。「解いた」，「少し解いた」の合計は，上位群47.8％，中位群85.8％，下位群82.3％であった。表6では中位群の割合がそれほど高くなかったが，表7では下位群を凌いでいる。出題傾向は気にしないが，一応解いてみたという生徒が多かったことが考えられる。一方，上位群は，表7の結果どおり，「あまり解かなかった」と「解かなかった」で52.2％と半分を超えていた。公立入試の前期試験と私立高校の試験日が接近しているため，上位の生徒は，公立高校志望者が多いので，公立入試（前期）対策を優先させたと考えられる。

表8　質問6:「公立高校入試」の出題傾向を気にしましたか

	気にした	少し気にした	あまり気にしなかった	気にしなかった（％）
上位群	57.1	28.6	14.3	0
中位群	60.0	20.0	20.0	0
下位群	38.5	46.2	0	15.4

　公立高校を第一志望にする生徒にとっては，公立高校の受験は自分の進路を決める大切なものであるので，その試験問題を気にしない生徒はいない。したがって「あまり気にしなかった」に上位群で14％，中位群に20％，「気にしなかった」に下位群では15.4％の生徒がいたことは驚きである。「気にした」の割合は，上位群と中位群は同じくらいであったが，下位群の数値はそれらに比べてかなり低い結果となった。上位群の生徒だ

けでなく，中位群の生徒も同様の割合で注意を払っていたことがわかった。一方，下位群の生徒は，「気にした」の数値が上位群，中位群に比べてかなり低い結果であった。下位群の生徒の関心の低さが感じられる。

表9　質問7：「公立高校入試」の過去問題を解きましたか

	解いた	少し解いた	あまり解かなかった	解かなかった(％)
上位群	75.0	15.0	10.0	0
中位群	44.4	44.4	11.1	0
下位群	23.1	53.8	15.4	7.7

「解いた」,「少し解いた」の合計は，上群で90.0％，中位群で88.8％，下位群で76.9％であった。どのグループも入試に対する意識の高さが，高い割合に表れているようである。特に注目したいのは，「解いた」とはっきり答えた割合が，上位群75.0％，中位群44.4％，下位群23.1％となり，テスト成績によって行動に明確な差が見られたことである。公立高校の入試問題の波及効果もその順で強いと考えられる。

3.4　塾，予備校等について

表10　質問8：3年生の時，塾等や家庭教師を利用して英語を学習しましたか

	通塾率(％)
上位群	88.6
中位群	60.0
下位群	65.7

本調査の対象の中学は，都市部の学校ではない。しかし，かなり高い割合の生徒が塾等を利用していることがわかる。特に上位群の88.6％は，塾等に通っていない生徒が，約1割という驚くべき数字であった。調査前には，上位群，中位群，下位群の順で通塾率が高くなっていると予想したが。本調査では，中位群よりも下位群の方が多少であるが通塾率が高かった

が，有意な差ではなかった。

表11　質問9：3年生の時，1週間当たりの塾等での英語学習時間はどうでしたか

	平均英語学習時間（分）
上位群	145
中位群	169
下位群	130

　1週間当たりの塾等での学習時間については，予想に反して中位群が高く，上位群，下位群の順であった。ただし，各グループの人数が30数名ずつであるので，この数字をもって一般論を導くことはできないあろう。ここで重要なことは，一番少ない下位群でも2時間以上の学習時間があることである。学校では英語の授業時間は，1週間で最高で150分である。中学生にとって，塾等で学習する時間と学校で学習する時間は，ほぼ同じであるといえる。このことから，中学生の英語力は学校と塾等の両方で育成されているという基本認識に立つことが重要である。

表12　質問10：塾等では「定期テスト対策」を行いましたか

	行った	少し行った	あまり行わなかった	行わなかった（%）
上位群	45.1	41.9	6.5	6.5
中位群	52.3	42.9	4.8	0
下位群	34.8	47.8	17.4	0

　「行った」と「少し行った」を合計すると上位群は，87.0%，中位群は95.2%，下位群は，82.6%であった。静岡県では3年生の2学期の通知表の評定が調査書に記載され，高校入試の合否に影響を及ぼす。したがって，塾等としては，生徒および保護者のニーズに合わせて，評定の重要な基礎資料となる定期テストで得点を伸ばすための授業を行う。その際，より精度を上げた「対策」を行うために，表4にあるようにテスト作成教師の過

去問を調べ，傾向と対策を行う。学校の教師の作成する定期テストは，それを受ける生徒だけでなく塾等にも影響を与えている現状がある。

表13　質問11：塾等では「実力テスト対策」を行いましたか

	行った	少し行った	あまり行わなかった	行わなかった（％）
上位群	64.5	29.0	6.5	0
中位群	52.3	38.1	4.8	4.8
下位群	30.4	47.9	21.7	0

「実力テスト」とは，全県一斉のテストであり，進路決定するための資料となっている。どの塾でも，このテストで高得点を取らせることを目指す。中には，夏休み中にこのテスト名を冠した講習を組み，講習を行うところもある。結果としては，上位群，中位群，下位群ともに高い割合を示している。下位群の生徒が通ういわゆる「補習塾」では，まず基礎作りということで，あまり実践的なテスト対策は行わなかったのかも知れない。

表14　質問12：塾等では「リスニングテスト対策」を行いましたか

	行った	少し行った	あまり行わなかった	行わなかった（％）
上位群	35.5	32.3	9.7	22.6
中位群	14.3	19.0	19.0	47.7
下位群	8.7	39.1	17.4	34.8

先にも述べたように，リスニング問題の波及効果に関する結果は，注目に値する。静岡県ではここ数年，入試におけるリスニング問題の割合が28％程度で推移している現状からすると，もう少し塾等がリスニング対策を行っていると予想していた。しかし，塾等とひとことで言っても，英語の成績が良い生徒を対象とした塾と英語が苦手な生徒を対象とした塾もある。英語が苦手な生徒が多い塾（コース）では，あまりリスニングに時間

をかけず，文法力や読解力の育成に力を入れていることが考えられる。

4. まとめ

まず，本稿では，筆者が興味を持った事象を中心にアンケート作成したため，中学校におけるテストの波及効果の全体像をバランス良く明らかにすることはできなかったが，アンケートの結果から，テストが及ぼす影響は成績の下位群，中位群，上位群と増大する傾向があることが見られた。テスト成績の良い生徒はそれだけテストに注意を払うので，この結果は当たり前の結果であるが，具体的な数値が示せたことが成果であると考えている。

上位群の生徒が，すべてのテストにおいて波及効果を受けているわけではないことも明らかになった。テストの重要度によって学習者の行動様式が異なり，その結果として波及効果が異なることも調査から導き出せた。

英語という教科については，中学生の高い通塾率を考えるとテストの波及効果は，学校だけでなく塾等まで含めた範囲で考える必要がある。塾等では，テストに向けての傾向と対策を集中的に行うので，テストの波及効果は塾等への方が直接的であり，塾での学習時間を考えるとその影響力は大きいといえる。少なくとも学校の教師は，自分たちが問題を作成する定期テスト等を妥当性の高いものにし，プラスの波及効果が生まれるようにする必要がある。

現在のところ入試のリスニング問題の波及効果は，塾等に対してはあまり強くないようである。リスニング問題の配点がどのくらいになれば，塾等への波及効果が生まれるか注目される。

◆参考文献

Alderson, J. C., & Hamp-Lyons, L. (1996). *TOEFL preparation course: A study of washback. Language Testing, 13*, 280-297.

Alderson, J. C., & Wall, D. (1993). Does washback exist? *Applied Linguistics, 14*, 115-129.

Alderson, J. C., Clapham, C., & Wall, D. (1995). *Language test construction and evaluation*. Cambridge: Cambridge University Press.

Baily, K. M. (1996). Working for washback: A review of the washback concept in language testing. *Language Testing, 13*, 257-279.

Brown, H. D. (1994). *Teaching by principles*. New York: Prentice Hall.

Cohen, A. (1994). *Assessing language ability in classroom*. Boston: Heinle & Heinle.

Hughes, A. (1994). *Testing for language teachers*. Cambridge: Cambridge University Press.

Cheng, L., Watanabe, Y., & Curtis, A. (2004). *Washback in language testing*. Mahwah, NJ: Lawrence Erlbaum Associates.

Wall, D., & Alderson, J. C. (1993). Examining washback: The Sri Lankan impact study. *Language Testing, 10*, 41–69.

Watanabe, Y. (1996). Does grammar translation come from the entrance examination? *Language Testing, 13*, 319-333.

Weir, C. J. (1990). *Communicative language testing*. New York: Prentice Hall.

靜哲人（2003）『英語テスト作成の達人マニュアル』東京：大修館書店

杉本博昭（1997）「コミュニケーション能力の測定・評価」諏訪部真，望月昭彦，白畑知彦（編著）『英語の授業実践』（pp. 230-240）東京：大修館書店

杉本博昭（2003）「全国公立高等学校入試リスニング問題の分析」*STEP Bulletin*, 15, 171–179.

杉本博昭（2005）「中学校におけるテストの波及効果」日本言語テスト学会全国大会シンポジウム資料

松沢伸二（2002）『英語教師のための新しい評価法』東京：大修館書店

Factors Affecting Reading Item Difficulty in the National Center Test

Yuji USHIRO

1. Introduction

The National Center Test for University Admissions (hereafter, the NCT) has been administered since 1970. Because more than 500 thousand applicants for universities take this test every year, it has become a high-stakes test and its backwash effect has been the subject of frequent argument. However, detailed test results of the NCT, such as proportion correct and item discriminability, have never been reported. The aim of this study is to analyze the reading comprehension questions of the test, and through this analysis, to investigate what kinds of item are difficult for second-year high school students. This paper focuses on No. 6 of the test which is the last block of reading questions. This section has been chosen because it measures pure reading ability, which is not the case for other reading sections. For example, No. 3 has the characteristics of a rational cloze, No. 4 requires the readers to understand graph information, and No. 5 includes the oral ability as well because the passage is a dialogue, not an explanatory or narrative text. We used tests from the last three years (2004-2006), because they are available on the web.

In this section, the number of words and readability are compared between recent and past NCT. Moreover, the former is compared with four textbooks for high school students to see what differences there are in terms of the number of words and readability. This is followed by a review of past studies.

1.1 Comparison of Recent and Past National Center Tests

First, let us compare the reading comprehension questions of the last three years (2004-2006) and the eight years from 1990 to 1997 from two points of view: the number of words and readability. As shown in Figure 1, the general tendency is

Factors Affecting Reading Item Difficulty in the National Center Test

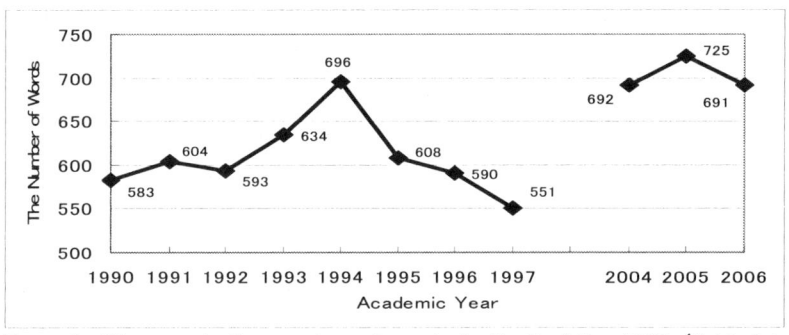

Figure 1. Changes in the number of words in No.6 of the NCT (Added to Taniguchi, 1997)

that the number of words used in the passages has increased in recent tests compared to past tests, except for 1994. How does this increase in the number of words affect examinees? In order to answer this question, the numbers of words in passages were compared between section 6 of the NCT and four Senior High English textbooks A-D, which are sample versions of the 2007 English I textbook. These textbooks are supposed to be the top four best sellers for Japanese senior high schools from which most of the students go on to universities.

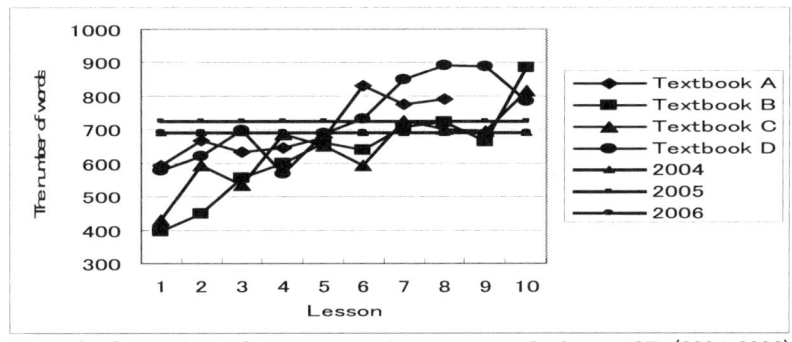

Figure 2. Comparison of the number of words in No.6 of the NCT (2004-2006) and in English I, senior high textbooks

Figure 2 shows the result of the comparison. The textbooks B-D have 10 lessons, while textbook A has only eight. The figure indicates that the number of

-245-

words in passages of NCT from the last three years is close to that in textbook passages for students in the middle of the first year of senior high school. This result seems to be appropriate because the purpose of the NCT is to assess senior high students' basic English knowledge. However, the number of words in Figure 2 means the number in each whole lesson, not each section. In the most classrooms, students learn textbooks section by section, in smaller units of each lesson; hence students are not used to reading longer passages in a limited time. On this point, the increase in the number of words might have a great impact on the examinees.

Another dimension of the analysis of the passages in reading comprehension questions is readability, that is, the difficulty of the passages. We compare the readability (Flesch-Kincaid Grade Level) between the recent three years (2004-2006) and the past eight years (1990-1997), as described in Figure 3. The reason for the sharp decrease of 1995 is that the passage in that year had many short conversational sentences, such as, "probably," and "I don't know." Apart from this one exception, we can see a gradual decrease in readability.

Comparing these readability levels with those of senior high English textbooks I (see Figure 4), the passage of 2004 is lower than that of English textbooks, but those of 2005 and 2006 are in the same zone as English textbooks. It can be assumed that most examinees can read the passages in the recent NCT quickly and without difficulty.

In sum, the passages in No.6 of the NCT have become longer but easier, according to Figures 1 and 3. This is affected by a change in the style of the reading instructions. We used to consider good readers to be those who can analyze and interpret difficult sentence structures. However, in communicative reading instructions, our aim is to assess the examinees' ability to grasp the gist of passages in a limited time. Therefore, the NCT now uses longer passages in order to see whether learners can skim the whole meaning of the passage. However, the number of examinees is huge, and they have a wide range of English proficiency levels. If examiners wish most participants to finish the reading passages in a limited time, this readability decrease is the only option to choose.

1.2 Review of Past Studies

Although we can calculate the number of words and readability, it is impossible to obtain the mean scores of each section or each item because this information is

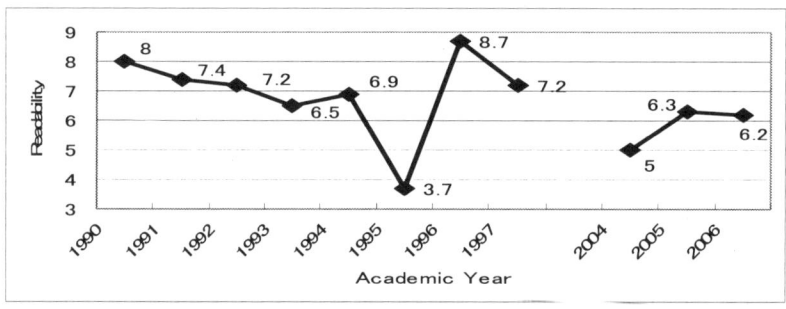

Figure 3. Change of readability of No.6 of the NCT

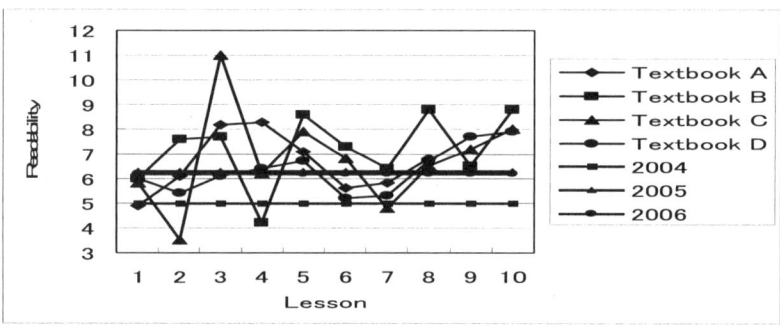

Figure 4. Comparison of readability between the No.6 of the NCT and English textbooks

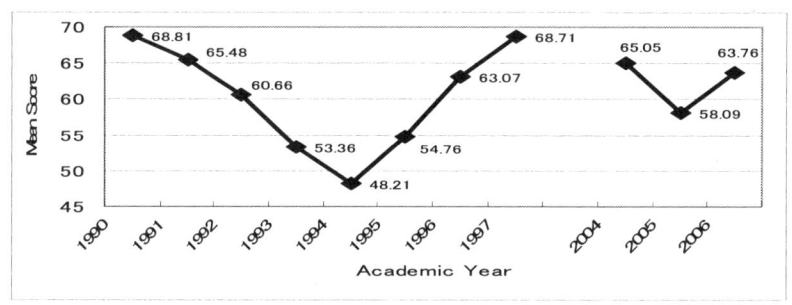

Figure 5. Changes in the average of the Center English Test (Modified based on Taniguchi, 1997 ; conversion full scores to 100).

not available to the public, let alone item discriminability or how distractors work. The only score we can obtain is the mean score of the whole test (see Figure 5); therefore it is impossible to recognize what kinds of item are more difficult than others, or what types of item have more discriminability. What can be done is to infer which items are more difficult, based on the results of past studies which have investigated what factors influenced the difficulty of reading tests.

Freedle and Kostin (1993) was one of these studies. They classified text variables and item variables in detail, using the TOEFL reading test. Item variables include the distractor and answer variables, such as the number of words, negations, 'fronting' (words other than subjects coming at the beginning of the sentence, Swan, 1995), and anaphora. The study concluded that the more negations there were, the more difficult the items were. Furthermore, the more words in the test, the more difficult the items became.

Another study examining the factors that made reading tests difficult was Farr, Pritchard, and Smitten (1990), which investigated answering processes and strategies of examinees when they solved multiple-matching (hereafter, MM) reading tests. Their study found that examinees excluded choices which did not contain the same words of the passage, but they looked for specific words in the texts. Davey (1988) also investigated the factors influencing the difficulty of reading tests, and found that the stem length, incorrect choice of content words, and correct choice of unique content words (*unique words* are words not appearing in the passage) were significant factors for successful readers, while the stem length and stem unique content words were significant for unsuccessful readers in the multiple-choice (hereafter, MC) reading tests. Although these studies considered the factors affecting difficulty, none reported on the effects of distractors based on the analysis of semantic relations between texts and MC items. Thus, this study considers No.6 of the NCT and investigates what kinds of item are difficult for second-year high school students. Analysis and discussion will follow based on the results of difficulty, discriminability of MC items and effects of distractors.

2. Method

2.1 Participants

The participants in the present study were second-year senior high school students. A total of 224 students took the tests but 19 of them were excluded because they could not read all the text; hence they could not solve all the questions. One more participant was excluded because of misfit by using the item response theory. The final number of participants was 204.

2.2 Materials

For the tests, three No. 6 reading passages from the NCT from 2004 to 2006 were selected. Each section had eight questions. Five of them were MC with four choices, and the other three were MM, which shared the same eight choices including three correct answers and five distractors.

2.3 Procedures and Scoring

The participants had 55 minutes to finish the three passages. They marked the answers using a mark sheet, which was the same procedure as with the NCT.

Scoring was done based on the model answers of the NCT, allotting six points each to MC items, and five points to MM items. The full score of each section was 45 points.

3. Results and Discussions

3.1 Descriptive Statistics

Table 1 is a summary of descriptive statistics. The mean scores of our participants decreased from 2004 to 2006. This tendency is the same as the description of the results given by the National Center for University Entrance Examinations (2005). As for the 2006 NCT, since their report has not been published yet, a comparison between the result of this study and that of the NCT is impossible. The standard deviations, the numbers of words, and readability (Flesch-Kincaid Grade Level) of the sections among the three years were almost equal.

3.2 Comparison of Item Difficulty and Item Discriminability

The Table 2 focuses on MC items. This table includes proportion correct of each item and its rank order, and discriminability (point-biserial) of each item and its rank order. The table shows that items with higher proportions correct were those with higher discriminability.

To investigate the reason that rank order of proportion correct and

Table 1 Means and Standard Deviations

	Mean	SD	n of Words	Readability
2004	23.25	9.03	692	5.0
2005	19.90	8.82	725	6.3
2006	15.33	8.15	691	6.2

Note. Full scores are 45 each.

Table 2 Difficulty and Discriminability of Items

item	%	Discriminability	Rank Order of %	Rank Order of Discriminability	% of Upper Group	% of Lower Group
2004 – 43	0.66	0.52	1	1	0.91	0.33
– 44	0.43	0.28	6	11	0.58	0.26
– 45	0.60	0.51	3	2	0.89	0.20
– 46	0.39	0.30	10	9	0.53	0.31
– 47	0.42	0.16	7	15	0.44	0.33
2005 – 43	0.34	0.36	12	7	0.58	0.18
– 44	0.39	0.35	8	8	0.60	0.24
– 45	0.49	0.43	4	5	0.76	0.22
– 46	0.62	0.49	2	3	0.93	0.35
– 47	0.39	0.44	9	4	0.67	0.16
2006 – 43	0.47	0.43	5	5	0.75	0.31
– 44	0.31	0.19	13	14	0.36	0.20
– 45	0.36	0.29	11	10	0.55	0.20
– 46	0.30	0.27	14	12	0.46	0.15
– 47	0.25	0.27	15	13	0.46	0.18

Note. % indicates proportions correct.

discriminability are related, we divided the participants into three groups based on the total scores: upper (55 participants: 27%, 68-135 points), middle (95 participants: 46%, 48-68 points), and lower (55 participants: 27%, 17-47 points). In the lower group, the proportions correct was almost equal in all of the items. On the other hand, in the upper group, they differed widely. Therefore, when more upper students answered correctly, the higher their proportion correct and the item discriminability became. In other words, when many students in the upper group gave the correct answers for the item, the difference in proportion correct between upper and lower students became wider and discriminability became higher.

3.3 Analysis of Distractors

Davey (1988) claims that plausibility of distractors affects the difficulty of tests, but there is no definition of the kinds of distractor that are plausible. Thus the participants were divided as shown in 3.2 and then items chosen by more than 25% of the upper group of participants were selected and analyzed in order to investigate why those distractors worked. Three examples from MC questions and two from MM questions will be discussed in the following two sections.

3.3.1 Analysis of Distractors in the Multiple-Choice Questions (*-Key)

In question 46 of 2004, 32% of the upper group selected choice 2. A brief summary of the passage is that Angela and Kate take part in a race to choose the members of a relay team, and Kate loses.

Why was Kate disappointed immediately after the final race?
1*. She thought she would not be going to the Nationals
2. She thought Angela had lost
3. She had decided to give up swimming
4. She found that Angela was not her friend

Choice 2 was selected by a larger number of participants, because the passage contained the line "…I thought I had dropped behind Angela and lost the race when I looked in her direction.…" The expression, "drop behind," seemed to be difficult to understand for the participants; therefore they may not have been able to grasp the meaning of the sentence. Another interpretation could be the link with "Angela and lost the race." Here some students may have thought that Angela lost the race, although actually she did not.

Another distractor which attracted learners more was choice 1 in question 47 from 2004. A total of 33% of the upper group selected this choice. The passage is the same as the above.

What did Angela mean when she said,"You're not the only one"?

1. She knew that both she and Kate had won the race
2. She believed that only Kate would get a scholarship.
3*. She thought that she had made a friend, too.
4. She guessed that she would be given more than one scholarship.

The part of the passage corresponding to this choice is "Well, Angela will be in the relay, but you swam so fast, Kate, that you, too, have won." In fact, Angela won the race, but in this passage, it says "Kate also won," based on the fact that both Angela and Kate got the scholarship. Therefore, many participants selected choice 1.

Another example is illustrated below. This item is question 43 from 2005, and for this, 27% of the upper group selected choice 1.

What happened on the first day of camp?
1. *Tommy felt a responsibility to talk with the lonely boy*
2. *Tommy left the camp to return to his house*
3. *Tommy tried to get to know other campers*
4*. *Tommy did not feel at all comfortable*

In this passage, Kevin is the assistant of the camp, and Tommy is the boy. However, when there was more than one character, participants misunderstood and mistook one character for the other. Hence, they became confused about which character was Kevin and consequently selected choice 1.

3.3.2　Analysis of distractors in Multiple-Matching

As in the analysis of MC items, the participants were divided into three groups: upper, middle, and lower. The probability of choosing three correct items out of eight choices can be calculated as follows.

$$1 - \frac{{}_7C_3}{{}_8C_3} = 0.375$$

From now on, we analyze the distractors that more than 37.5% of the upper group participants chose.

In question 48 from 2005, 44% of the upper group selected choice 7.

Factors Affecting Reading Item Difficulty in the National Center Test

1. Kevin did not enjoy his summer job at camp because he did not like uneasy campers.
2*. At the beginning of camp life, Tommy looked as if he wished he were somewhere else.
3*. Campers who did not join the activities were given special attention by the assistants.
4*. Most of the children at the camp enjoyed participating in singing after lunch.
5. Kevin asked the other campers to help Tommy because he did not want to.
6. The camp staff found that Tommy was a failure on the final day of camp.
7. If Kevin had failed to help him, Tommy would not have remained lonely at the camp.
8. Tommy learned to make friends with others by hiding his true feelings.

Choice 7 could be the correct answer if the word *not* were omitted from the sentence. It was considered that Japanese EFL readers, especially senior high school students, did not have time to check detailed information. Furthermore, this passage includes negative words, such as, "fail" and "lonely." Therefore, another negation, "not," may have confused participants. This interpretation corresponds to the study of Freedle and Kostin (1993) which found that the more negative words there are in the choices and distractors, the more difficult the item becomes.

The other example is question 48 from 2006, for which 42% of the upper group selected choice 6.

1*. Sarah's parents did not want their daughter to bother their neighbor.
2. When Sarah was in her classroom, a student introduced himself.
3. The mother was worried that she and her children would miss the bus.
4. While they were walking, a truck approached the young man's family from behind.
5. Mr. Peal offered to stop in Rosemont for ice before going on to the next town.
6. Mr. Peal was kind to the young man because he had a daughter around his age.
7*. Sarah and the young man never became friends although they both knew Mr. Peal.
8*. Mr. Peal helped make it possible for the young man to play the guitar.

The passage says, "…his [Mr. Peal's] next-door neighbors had a daughter named Sarah around my age, so he knew how Mom must have felt.…" Many participants thought that Mr. Peal, himself, had a daughter, but actually he did not. Here again, similar to question 43 from 2005, when plural characters appear, the test-takers are more likely to mistake one character for the other.

3.3.3 Summary of the Analysis of Distractors

The analysis shows that some distractors functioned more than others. With the first type of distractor, the methods of expression in the choices are different from that in the passages (e. g., question 46 in 2004). Since senior high students are not yet advanced readers, when they are considering the items, they tend to look for similar words or phrases to those found in the passages. Then they fail to grasp the content if the expressions are paraphrased. The second type of distractor is when the story of the passage is complicated regarding the question item; therefore test-takers fail to comprehend the key sentences (e. g., question 47 in 2004). The third type is having one character replaced by other in the choice (e. g., question 43 from 2005 and question 48 from 2006). This can result in testees becoming confused about which character is which, causing them to select the wrong choices. The last type is having plural negatives in the choices, as Freedle and Kostin (1993) had already suggested (e. g., question 48 from 2005).

4. Conclusion

This study shows that the easier the item, the higher the item discriminability is in the NCT. The proportion correct of the lower group students is constantly low. Therefore discriminability depends on the proportion correct of the upper group students. However, item difficulty and discriminability changes depend on the participant's proficiency. Since our participants were second year senior high students in their first term, the results of the real NCT might not be necessarily the same. Moreover, the results of the analysis of distractors show the difficulty of getting precise information for Japanese readers in a limited time. Several factors easily make distractors more attractive.

Here, there are some pedagogical implications. Firstly, when we adopt comprehension questions in classrooms, we should use various types of question. Even when we ask fact-finding questions, the English should be paraphrased so as to check whether the students are only searching for word stems or whether they truly understand the key sentence. Secondly, we should give our students more practice in reading and checking their comprehension in a limited time, since test-takers might not have enough time to look back over the passage when they take the NCT. This deficiency of time probably causes more confusion for participants. Thirdly, when we ask questions, we should also ask students their reasons for the answers they choose. Even if they choose correct answers, it is possible that they have still misunderstood something but have given the correct answer from pure luck. Moreover, of course teachers should ask their students the reason they misunderstand the passage when they select wrong answers. By doing this, our students can learn and share the best strategies to use to find the correct answers.

5. Reference

Davey, B. (1988). Factors affecting the difficulty of reading comprehension items for successful and unsuccessful readers. *Journal of Experimental Education, 56,* 67-76.

Farr, R., Pritchard, R., & Smitten, B. (1990). A description of what happens when an examinee takes a multiple-choice reading comprehension test. *Journal of Educational Measurement, 27,* 209-226.

Freedle, R., & Kostin, I. (1993). The prediction of TOEFL reading item difficulty: Implications for construct validity. *Language Testing, 10,* 133-170.

National Center Test for University Admissions. (2004-2005). Heisei 16-17 nendo daigaku nyushi center shiken : jisshi kekka to shiken mondai ni kansuru iken & hyouka [National Center Test in 2004-2005 : the opinions and assessment about the results and test items].

Swan, M. (1995). *Practical language usage. New edition.* Oxford University Press.

Taniguchi, K. (1997). Shin-Gakushu-Shidou-Youryou de Center-shiken wa dou kawatta ka [How the Center Test has changed according to the new course of study?]. *Modern English Teaching, 6,* 8-12.

クローズテストと英語教育

望月 昭彦

1. はじめに

　本稿は，2005年11月12日に，英語研究者の研究会「大塚英語教育研究会」の11月例会で講演した内容を本書のためにかなり修正したもので，以下のことを取り上げている。1. 言語テストの流れ―1910年代から現在まで，2. 言語能力に対するBachman and Palmer（1996）の枠組み，3. クローズテストの種類，4. クローズテストの問題点，5. クローズテストの利用法

2. 言語テストの流れ―1910年代から現在まで

　将来，IELTSなどヨーロッパの言語テストも，米国のTOEFLなどのテストと並んで，日本の英語テストに大きな影響を与えると思われる。そこで，Weir（2005）が，ヨーロッパの言語テストの歴史について述べているので，図1（筆者作成）のように簡単にまとめてみよう。Weirは1970年代から既に英国（UK）は米国（USA）より早く心理言語学的，社会言語学的な方向に転換したことを説明している。

　Cambridge ESOL Certificate of Proficiency in English（CPEと略）は，どんなEFLの言語テストよりも長い歴史をもっているので，20世紀の言語教授とテスティングに対するヨーロッパのアプローチを調べるのに有用な手段となる。

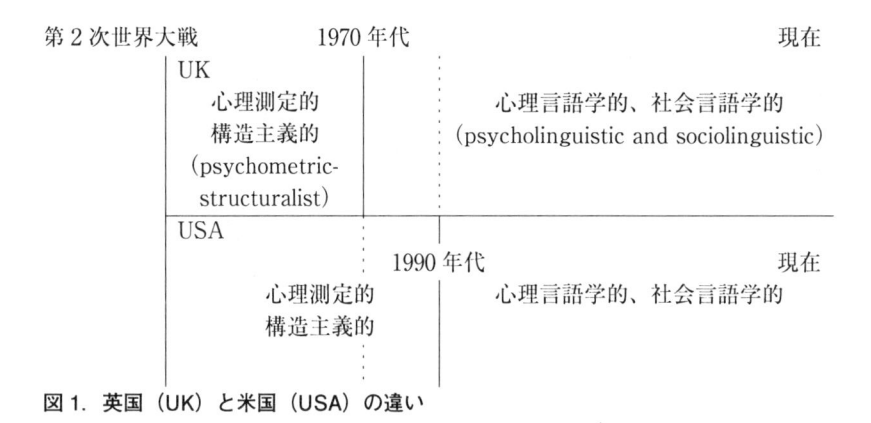

```
第 2 次世界大戦         1970 年代                      現在
         UK
         心理測定的         心理言語学的、社会言語学的
         構造主義的         (psycholinguistic and sociolinguistic)
         (psychometric-
         structuralist)
         ─────────────────────────────────────────
         USA
                   1990 年代                       現在
         心理測定的         心理言語学的、社会言語学的
         構造主義的
```

図1. 英国（UK）と米国（USA）の違い

2.1　1913～1945 年の CPE：科学以前の時代（the pre-scientific era）

　1913 年に開始された CPE は，筆記とオーラルの 2 種類に大別され，筆記は，a. 英語から仏語又はドイツ語へ翻訳（2），b. 仏語又はドイツ語から英語へ翻訳，英語文法（2.5），c. 英語のエッセイ（2），d. 英文学（3），e. 英語音声学（1.5），オーラルは，書き取り（0.5），音読と会話（0.5）（（　）内は時間数を示す）であった。

　上記の CPE は，言語使用を強調したもので，テスト信頼性という科学的な問題は，米国以外では殆ど理解されていなかった。したがって，1913 年という早い時期に国際的な EFL のテストでオーラルの部分（音読と会話）が存在したのは特筆に値する。個別項目，総合的及びコミュニカティブなタスクをもつこの多面的構成要素的アプローチ（multi-componential approach）が CPE と他の大部分のテストと違う点である。英国・ヨーロッパは，特性（trait），即ち，*what* we are testing（我々は何をテストしているか）に熱中したのに対して，米国は，方法，the *how* of testing に熱中したのである。

　英国では，20 世紀の前半，妥当性を作り上げ，信頼性にとりかかることを目指した。信頼性は常に高いが価値あるもの（例えば，speaking, writing をテストする）をあまり測っていない客観的なテストよりも，たとえ完璧な心理測定的特質を提示しないとしても妥当性をもつテストの方

が，好まれたのである。

　一方，米国では逆に，信頼性の追求の中で妥当性のある部分が犠牲にされた。TOEFL Next Generation の開発で現実生活のアカデミックな勉強の要求に合うテスト活動に焦点が当てられ，標準テストの妥当性の面に，一般大衆も関心を払うようになっている。

　英国では，言語テストの初期の頃，テスト作成の際，注意すべき信頼性と妥当性の2つの内，どちらに優先権が与えられるかが問題であった。CPE の原則は，まず，構成概念妥当性，即ち，測られているものにおける適切性であり，次に有用性（utility）であった。信頼性を求めようとしなかったわけではないが，テストに必要な決定的な要素ではなかったのである。Spolsky（1995）によると，英国の CPE は 1940 年代 Roach の評定者間の信頼性についての研究まで米国の影響を受けなかったようだ。

2.2　1960 年代の開発：言語基盤のテストへの動き

　1960 年代初期，英国においては言語テストは，言語，文学，文化のいろいろなものを扱うのではなく言語に焦点をおくテストに移行した。

　1966 年の CPE は，オーラルと筆記からなり，オーラルは，書き取り，音読と会話，筆記は，a. 英語（作文，1つ又は複数の文章）(3)，b. 英文学又は科学テキスト，又は英国の生活と制度，又は産業と商業の調査（b においては1つだけ選択のこと。）(3)，c. 英語使用（3），d. 英語からの及び英語への翻訳（3）（（　）内は時間数）。（受験者は，a. 英語および b. c. d. から他の2つの部門を受験。）

　この 1966 年版が以前と異なる点は，受験者が英文学もその代替えも受けなくてもよいことである。b の部分で多肢選択式項目が導入されていることは，テストの信頼性への関心の高まりを表している。Spolsky（1978）は，構造主義言語学の流行と相まって，この時期を，心理測定構造主義者の時代（psychometric-structuralist era）と呼んだ。

2.3　1975 年と 1984 年の CPE の改訂版

　1975 年改訂版の CPE 試験は，今日のケンブリッジ試験の受験者になじ

みがあり，世界中の言語テストの内容を表しているといえる。Weir（2003, p. 24）は，1970年代に言語を体系として教えることから，コミュニケーションの手段として教えることに変化したと述べている。

多肢選択形式に頼ることは，国際試験が客観性に注意を払わなくてはならないということを認めたことになり，1980年代以降，採点者信頼性を改善したいという関心は，発表的テスト（＝スピーキング，ライティングのテスト）の得点への依存の改善を目的とするものとなった。

1975年版 CPE は，Paper 1＝作文（3），Paper 2＝読解（1¼），Paper 3＝英語使用（3），Paper 4＝聴解（0.5），Paper 5＝インタビュー（約12分）からなっており（（ ）内は時間数），これにより，試験と英国文化の直接な関係は完全になくなった。Weir（2003）は，5つの papers が以前のオーラルと筆記に取って代わり，言語熟達度は単一であり信頼性さえ高ければ何が測定されるかは殆ど問題ではないという米国の言語学者の考えとは英国の言語学者の考えは異なり，言語熟達度は単一ではなく部分的に分割できるという考えに注目する必要を認識するようになったことを示していると述べた。

しかし，1980年代及び1990年代，テスト論の見解は，国際的に Language Testing Research Colloquium（LTRC）の影響力で収束した。ランカスター大学の週末の小グループの会合の結果生まれた *Language Testing* は，大西洋を越えての意見交換を実現させた。1990年代のネットの議論会議も同様に意見交換に貢献した。

コミュニケーションの経路が開かれ以前の頑な立場も軟化した現在，テスト論の分野の将来の発展は，テスト開発，実施，分析の枠組みを明確にし，分類をして広めることによる。以上，Weir（2005）が1910年代から現在までの言語テストの歴史を概括したものである。

3. 言語能力に対する Bachman and Palmer（1996）の枠組み

「コミュニケーション能力」育成は，1989年告示の中学校学習指導要領及び，翌年告示の高等学校学習指導要領ではじめて唱道されたが，1998

年の新学習指導要領においても実践的コミュニケーション能力が強調されている。これは，Hymes（1972）によってはじめて提唱されたものであるが，Canale（1983）は，この能力を（1）「文法的能力」，（2）「社会言語学的能力」と（3）「談話能力」，（4）「方略的能力」の4つに分類した。

Savignon（1983, pp. 35-48）がこのコミュニケーション能力をイメージ化した図2は，大変わかりやすい。

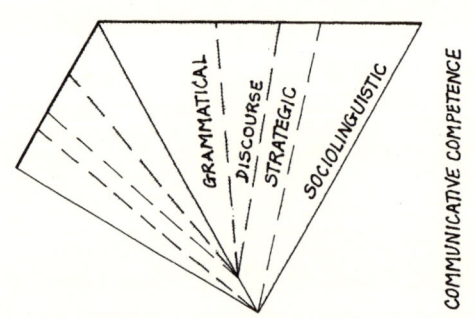

図2. THE COMPONENTS OF COMMUNICATIVE COMPETENCE

この図を見ると，誰もが最初から社会言語学的能力及び方略的能力を持っていること，前者は次第に伸びていくが後者は変わらないこと，又，談話能力と文法的能力は最初は存在しないが，学習することによって後日次第に増していくことなどが読み取れる。

日本の文部科学省の学習指導要領におけるコミュニケーション能力という用語は，このCanaleやSavignonなどを理論的根拠としていると思われるが，最近のテスティングでは，コミュニケーション能力は，Buck（2001, pp. 102-106），Alderson（2000, pp. 138-166），Weigle（2002, pp. 39-57），Read（2000, pp. 150-187），等によると，Bachman（1990）と更にBachman and Palmer（1996）を理論的根拠とするようになっていることがわかる。そこで，Bachman and Palmerのコミュニカティブな言語能力（communicative language ability）を図示してみよう。

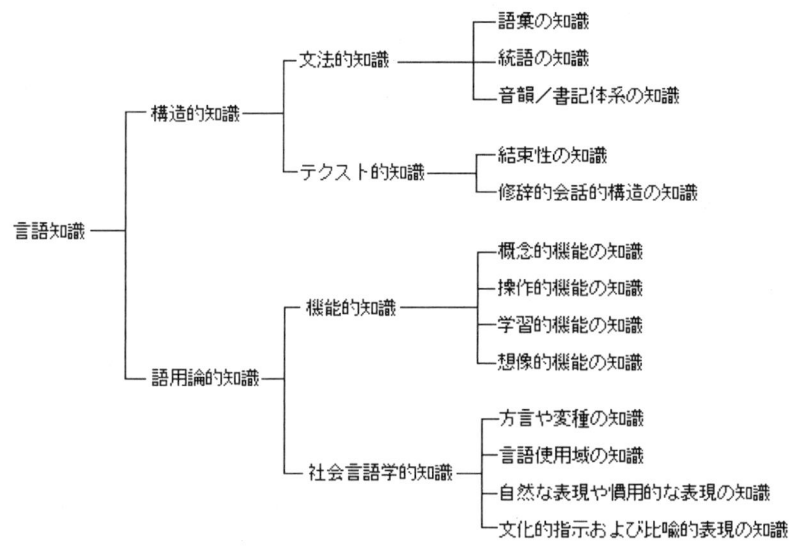

```
                                    ┌─ 語彙の知識
                    ┌─ 文法的知識 ───┼─ 統語の知識
                    │                └─ 音韻／書記体系の知識
        ┌─ 構造的知識┤
        │           │                ┌─ 結束性の知識
        │           └─ テクスト的知識┴─ 修辞的会話的構造の知識
言語知識┤
        │                            ┌─ 概念的機能の知識
        │           ┌─ 機能的知識 ───┼─ 操作的機能の知識
        │           │                ├─ 学習的機能の知識
        │           │                └─ 想像的機能の知識
        └─ 語用論的知識
                    │                    ┌─ 方言や変種の知識
                    │                    ├─ 言語使用域の知識
                    └─ 社会言語学的知識 ─┤
                                         ├─ 自然な表現や慣用的な表現の知識
                                         └─ 文化的指示および比喩的表現の知識
```

図3. Bachman & Palmer の言語知識
（『言語テスト作成法』大修館書店 p. 79 をもとにして筆者作成）

　Bachman（1990）は，概念を広げて，コミュニカティブな言語能力は，言語能力と知識構造（人間社会に関する知識）からなり，その2つを統括するものとして方略的能力を中核に置いた。又，Bachman and Palmer（1996）では，「話題の知識と情意的または感情的に関係しあうもの」である「情意スキーマ」を組み入れ，言語使用における情意反応を重視している。1990年のコミュニカティブ言語能力の枠組みは基本的に踏襲しているが，一般的知識を「トピックの知識」に替えたりするなど，若干の変更がある。

4. クローズテストの種類

　クローズテストは，余剰性削減テスト（reduced redundancy test）に属し，母語話者が言語の余剰性（＝メッセージを伝える場合，その意味が理解されるのに必要とされる以上の情報が含まれている度合い）を利用して

不明な言語箇所を補ってコミュニケーションを継続するのに対して，非母語話者は余剰性が削減された場合（例えば，印刷面のある箇所がかすれて見えなかったりする），意味がとれなかったりすることが多いので，この言語の余剰性を削減して言語能力を測定しようとしたものである。

この cloze test の cloze は，Taylor（1953, pp. 415-416）による造語で，彼は，身近であるが完全ではないパタンを完成させようとする人間の傾向，例えば，一部が欠けた円でも心のうちで補って円として捉える傾向があるというゲシュタルト心理学に理論的基盤を置いている。

Taylor が cloze test を考案したのは，散文の読みやすさ（readability）を測るためであった。このテストの作成について Alderson（2000）は，これは文脈を理解させるために，テキストの最初と最後の1～2文はそのまま残し，n 番目ごと（通常 n は5と12番目の間の数）に機械的に語を抜いて作成し，受験者に削除した語を補わせるテストで，Alderson はこのテストの作成について過去の研究は最低50の削除項目がある場合信頼性の高い結果が得られるということを示していると述べている（pp. 207-208）。これは，標準型クローズテスト（standard cloze test; fixed-ratio cloze test）と呼ばれるもので，クローズテストはいろいろな目的—例えば，ESL のクラス分けテストや，EFL のクラス分けテストの代替方法など—のために使われてきた。

クローズテストには，標準型クローズテストとこれを修正した変形クローズテスト（modified cloze tests）の2つに大きく分けられる。

変形クローズテストには，以下の種類がある。

(1) rational cloze tests（Alderson（2000）は gap-filling tests と呼ぶ）：限られた目的（例えば，内容語の知識を調べるため）をもって意図的に該当の語だけを抜き，参加者にその部分を補わせる。

(2) summary cloze tests（Hughes, 2003）：予め要約文をテスト作成者が書いておき，意図的にある語だけを抜き，参加者にその部分を補わせる。Alderson（2000, p. 240）は the gapped summary と呼んでいる。

(3) multiple-choice cloze tests（Jonz, 1976; Mochizuki, 1991, 1992）：第1

文はそのまま残し，第2文目から正解の他に，錯乱子（distractors）を設けて参加者に選択させる。

(4) C-tests: Klein-Braley（1981）が考案したもので，第1文をそのまま残し，第2文目から2語目の後半部分（偶数文字からなる語は半分の文字数，奇数文字からなる語は前半部より1文字だけ多い文字数（larger halfの原則））を抜き，その部分を参加者に補わせる。テキストは，いろいろな分野から通常4～5種類ほど選び，最低合計100項目とする（Klein-Braley, 1997, pp. 63-64）。

(5) Cloze elide tests: 1960年代にデイビス（Davies）によって発案され，介入語技法（Intrusive Word Technique）として知られたが，1980年代に再発見されてcloze elide技法と名づけられた（Alderson, 2000, pp. 225-226）。このテストでは，テスト作成者が語を削除する代わりに語を余分に挿入し，参加者は文脈に合わない語を削除する。正しく削除した語ごとに1点を与え，誤って削除した場合は1点ずつ減ずる。

5. クローズテストの問題点

標準型クローズテストは，いろいろな知識・技能を測ることができるとされているが，以下に述べるいくつかの問題点も指摘されている。

(1) 削除箇所: 同じテキストを使用した場合でも，削除を開始する場所が6番目，7番目，8番目など異なるにつれて，参加者の得点が異なってしまう（Porter, 1978）。無作為抽出になっていない（Alderson, 1979；Klein-Braley, 1981）。

(2) 測定の尺度: Lado（1986）は米国の54名の大学院生及び学部生に50項目のstandard cloze testを実施した結果，Carroll他（1959）のクローズテストはESLのグループの違いを評価するのには適切なテストだが，個人の違いの尺度としては不十分だという結論を支持し，更にクローズテストはYes, Noの疑問文などを作らせないので，単一の言語使用域（a single register）の狭い標本しか扱って

いないと述べている。
(3) 採点法: (1) 正語法（オリジナルのテキストにある語だけを正答と見なす），(2) 適語法（文脈に合う語はすべて正答とみなす）の2つがある。

又，Brown (1980) は，ESL クラス分けテスト，選択式クローズテストを UCLA の学生に実施し，4つの採点法，(a) 多肢選択式，(b) 正語法，(c) 適語法，(d) clozentropy（適語法の変形で自然対数で処理）で分析した結果，全体的に最善の方法は適語法であると結論を下した。

(4) 信頼性の不安定: Alderson (1979)，Klein-Braley (1981) は，等質の集団（例えば，クラスの生徒や一言語しか話さない生徒）にクローズテストを実施すると信頼性，妥当性が不安定になると述べている。

(5) 何を測っているか: 大きく3つの見方がある。
 (a) L2 学習者の総合的言語能力を測っている（Klein-Braley, 1997; Hughes, 2003）。
 (b) 言語の基本的要素（文法，語彙）だけを測っている（Alderson, 1979）
 (c) 談話レベル（上位のレベル）の要素を測っている（Oller, 1975）
以上の3つの見方があるが，現在，「L2 学習者の総合的言語能力を測っている」という見方が大方，受け入れられている（Read, 2000, p.103）。変形クローズテストの中でも，他の形式と全く異なる C-Test について，Eckes and Grotjahn (2006) が熟達度テストと比較して IRT，FACETS，確認的因子分析を使い，4テキスト20項目ずつの計80項目の C-test が信頼性，妥当性が高く，総合的言語能力を示したことを報告している。

6. クローズテストの利用法

このクローズテストが L2 学習者の総合的言語能力を測るものとして大

方認められていることは既に述べたが，その他に，4技能のうち，主として，受容的技能であるリスニング及びリーディングで利用されているので，2つの技能のための利用法を述べる。

6.1 リスニング

Buck（2001）がリスニングに使えるクローズテストを紹介している。

6.1.1 Listening cloze tests

15語目ごとに語を抜き，ビーという音を挿入し，次に統語的な境界でビーという音のあと次の適切な統語境界で4秒の休止をおく。受験者は第1回目の放送で最初から最後までスクリプトを聞き第2回目に休止の部分で消された語を書き込む。

By way of introduction let's have some information on just how far British industry ········· Commerce have been computerized // how many machines are in use here compared with other ······ of the world// well the（以下省略。Templeton, 1977, p. 293 as cited in Buck, 2001, p. 69）

6.1.2 Gap filling tests: Buck（2001, p. 70）

（空所）を設けてテキストを聞かせると，参加者は問題を聞かずに語を入れてしまい，リスニングのテストではなくなってしまう。そこで，Henning et al.（1983）は内容語だけを抜き，リスニングのあとに想起（recall）させて記入させた。信頼性も妥当性も高く，熟達度の低い学習者に勧めている。この形式は listening recall test と呼ばれている。

The Porters live in Dartmouth a <u>small</u> English town at the <u>mouth</u> of the River Dart. Mr Porter is a lecturer in <u>engineering</u> at the local <u>college</u>. Mrs Porter is a <u>nurse</u> and works in a <u>nearby</u> hospital. The Porters have their <u>friends</u>, the Saids, visiting them from Egypt. They've been there a <u>week</u> now. What they really enjoy doing is（以下省略。）

6.1.3 Summary cloze tests

話し言葉の特色（語の言いよどみ，途中で言い換えすることなど）をもつスクリプトを聞かせたあと，予め作成した要約の文章から測定すべき知識・技能を示す語を意図的に抜いて，その語を1語ずつ，受験者に補わせ

る形式のテスト。Buck はこの形式を強く勧めている。

 On arrival at the ＿＿＿＿, he discovered there were only ＿＿＿＿ people signed up. The ＿＿＿＿ wondered whether they should even bother to play or not, but the speaker thought it was a good opportunity to get easy ＿＿＿＿ for（以下省略。）(Buck, 2001, p. 72)

 上記のスクリプトの一部は以下のようになっている。

1　and i got there, and it turned out i was only the second person
2　signed up for the entire tournament. And so there__ the people who
3　ran it were like 'do you even want to bother playing the tournament?'
4　and i was like__ 'let's it a great opportunity (Buck, 2001, p. 44)

6.2　リーディング

　Alderson (2000), Read (2000), Hughes (2003) がリーディングに使えるクローズテストを紹介している。

6.2.1　Cloze tests

　標準型クローズテストの例は省略し，Hughes (2003, p. 194) が Mini cloze と名づけた短いクローズを挙げておく。授業で使えそうである。

　　A : What time is it?
　　B : ＿＿＿＿ a quarter to three.
　　A : You look tired.
　　B. Yes, I stayed ＿＿＿＿ really late last night. Had to finish that book.

6.2.2　Gap filling tests（通常は rational cloze tests と呼ばれる）

　Alderson (2000, p. 209) は，削除する語1語1語で測りたい能力が異なると述べ，標準型クローズテストよりこの Gap filling tests を勧めている。

　Typically, when trying to test overall understanding of the text, a tester will delete those words which seem to carry the 1) (main) ideas, or the cohesive devices that make 2) (connections) across texts, including anaphoric references, connectors, and so on.（空所の語は正解例。あとの部分は省略。）

6.2.3 C-tests

Hughes (2003) は，以下の例を挙げている (p. 194)。

There are usually five men in the crew of a fire engine. One o f___ them dri ves___ the eng ine___. The lea der___ sits bes ide___ the dri ver___. The leader kn ows___ how t o___ fight diff erent___ sorts o f___ fires. S o___, when t he___ firemen arr ive___ at a fire, it is always the leader who decides how to fight a fire. He tells each fireman what to do. (Cited from Klein-Braley & Raatz, 1984)

6.2.4 Cloze elide tests: Alderson (2000, p. 226) で一部を挙げている。(_____) の語が削除すべき余分な語である。

Tests are actually (a) very difficult to construct in this way. One has to be sure (over) that the inserted words do not belong (with)：that it is not possible to interpret (great) the text (albeit in some (of) different way) with the added words. If so, candidates will not be (therefore) able to identify the insertions.

◆参考文献

Alderson, J. C. (1979). The cloze procedure and proficiency in English as a foreign language. *TESOL Quarterly, 13,* 219-227.
Alderson, J. C. (2000). *Assessing reading.* Cambridge: Cambridge University Press.
Bachman, L. F. (1990). *Fundamental considerations in language testing.* Oxford: Oxford University Press.
Bachman, L. F., & Palmer, A. (1996). *Language testing in practice.* Oxford: Oxford University Press.
Brown, J. D. (1980). Relative merits of four methods for scoring cloze tests. *Modern Language Journal, 64,* 311-317.
Buck, G. (2001). *Assessing listening.* Cambridge: Cambridge University Press.
Canale, M. (1983). From communicative competence to communicative language pedagogy. In J. C. Richards & R. W. Schmidt (Eds.), *Language and Communication* (pp. 2-27). Harlow: Longman.
Carroll, J. B., Carton, A. S., & Wilds, C. (1959). An investigation of 'cloze' items in the measurement of achievement in foreign languages. *College Entrance Examination Board Research and Development Reports.* Laboratory for

Research in Instruction, Graduate School of Education, Harvard University. (ERIC) Ed. 21-513.

Eckes, T., & Grotjahn, R. (2006). A closer look at the construct validity of C-tests. *Language Testing, 23,* 290-325.

Hughes, A. (2003). *Testing for language teachers* (2nd ed.). Cambridge: Cambridge University Press.

Hymes, D. (1972). On communicative competence. In J. B. Pride & J. Holmes (Eds.), *Sociolinguistics* (pp. 263-193). Harmondsworth: Penguin Books.

Jonz, J. (1976). Improving on the basic egg: the M-C Cloze. *Language Learning, 26,* 255-265.

Klein-Braley, C. (1981). *Empirical investigation of cloze tests: An examination of the validity of cloze tests as tests of general language proficiency in English for German university students.* Unpublished doctoral dissertation. University of Duisberg, Germany.

Klein-Braley, C. (1997). C-Tests in the context of reduced redundancy testing: An appraisal. *Language Testing, 14,* 47-84.

Lado, R. (1986). Analysis of native speaker performance on a cloze test. *Language Testing, 3,* 130-146.

Mochizuki, A. (1991). Multiple choice (MC) cloze tests, *Annual Review of English Language Education in Japan, 2,* 31-40.

Mochizuki, A. (1992). Effectiveness of a multiple choice (M-C) cloze test and the number of words in its text, *Annual Review of English Language Education in Japan, 3,* 33-42.

Oller, J. W., Jr. (1975). Cloze, discourse and approximations to English. In M. Burt & H. C. Dulay (Eds.), *New directions in second language learning, teaching, and bilingual education* (pp. 345-355). Washington, DC: TESOL.

Porter, D. (1978). Cloze procedure and equivalence. *Language Learning, 12,* 334-341.

Read, J. (2000). *Assessing vocabulary.* Cambridge: Cambridge University Press.

Savignon, S. (1983). *Communicative competence theory and classroom practice.* Massachusetts: Addison-Wesley Publishing Company.

Spolsky, B. (1995). *Measured words.* Oxford: Oxford University Press.

Taylor, W. L. (1953). Cloze procedure: A new tool for measuring readability. *Journalism Quarterly, 30,* 415-433.

Weir, C. J. (2003). A survey of the history of the Certificate of Proficiency in English (CPE) in the twentieth century. In C. J. Weir & O. Milanovic (Eds.), *Continuity and innovation : The history of the CPE 1913-2002.* (pp.1-56). Cambridge: Cambridge University Press.

Weir, C. J. (2005). *Language testing and validation*. Hampshire, England: Palgrave Macmillan.

望月昭彦（編著）(2001)　『新学習指導要領にもとづく英語科教育法』東京：大修館書店

第5章　展望・戦略

行政と研究の連携について
―小学校英語のシラバス・デザイン

髙梨 庸雄

1. "花はどこへ行った？"

　1960年代，アメリカではベトナム戦争（1954-73）に対する反戦運動が盛んになり，「花はどこへ行った」（Where Have All the Flowers Gone）というプロテスト・ソングが一世を風靡していた。作詞作曲はピート・シーガー（Pete Seeger）であるが，キングストン・トリオ（The Kingston Trio）をはじめ，ジョン・バエズ（Joan Baez）などグループやソロで多くの歌手が歌っていた。5節からなるこの歌は各節にWhen will they ever learn？（＜人間は＞いつになったら＜戦争の愚かさを＞悟るのであろうか）という歌詞が2行ずつリフレーンになっている。

　筆者は最近，小学校の英語教育が話題になると「花はどこへ行った」を思い出す。読者は「この歌と小学校英語がどんな関係にあるのだろうか」と不審に思うであろう。この歌の「花」に喩えられるのは「研究開発学校」の研究報告書のことである。研究開発学校制度が始まったのは昭和51年度であり，その制度が「小学校における英語教育に関する研究」にも適用されるようになったのは平成4年度からである（文部科学省2006a）。最初は数県内の数校が指定されただけの小規模なものであったが，その後，次第に増えて，一時期にはすべての都道府県に数校ずつの指定校があった。この制度はその後も続いているので，参加した学級数は日本全体でかなりの数になるであろう。"研究開発学校"に指定されたのであるから，研究テーマを持ち，研究を通して確認する目標があったはずである。2〜3年間の研究期間の過程で，指導法，教材，タスク，評価法，視聴覚メディ

ア等々，いろいろな研究視点からテーマに迫ることができたのではないかと期待するのは当然であろう。相当数の仮説検証の研究に加えて，小学校英語教育に関連する要素間の因果関係並びにそれらの相関や比較の関係がわかったのではないか，と期待に胸がふくらむ。

ところが，どんなテーマで何を研究し，その結果何がわかったのかを知ろうとすると大変難しい。松川（2004）は小学校英語に関する平成12年度までの研究開発指定校について年度別に学校名と研究課題をリストアップし，さらに同書（2004）の第2章「新たな研究開発学校」では平成12年度以降に指定を受けた研究開発学校の研究概要を良心的な詳しさで整理している。また，文部科学省（2006b）のホームページを見ると，平成12年度以降の指定校についてもう少し詳しい一覧表を見ることができる（第2節参照）。しかし，「どんなテーマで何を明らかにすることを意図したのか」については大体わかるが，研究の結果「実際にわかったのは何であるか，特に研究者の予想に反した結果や研究課題にはどんなものがあったか」という一番知りたい情報は入っていないか，「成果」だけが欄を飾っているのが実情である。研究開発学校が目標にした（と思われる）実践研究の「花」はどこへ行ったのか？

2. 行政と研究の連携

教育に関する行政と研究の連携の方法としては，一つには大学教官が科学研究補助金を活用する方法がある。大学教官が教育の現場を対象に調査・研究をすることによって，教育の実践面を分析したり，実践のための方法を編み出したり，それに適した教材を開発する場合などがそれに相当する。研究テーマにより，教育現場の協力を依頼することがあるが，近年は個人情報の管理等もあって，いわゆる"お上のお墨付き"がないと，協力してもらえる確率は低くなっている。

もう一つは，学校や地区が文部科学省や教育委員会の指定や認定を受けて，現場により密着した調査や研究を行う場合である。この場合にも大学教官が指導・助言者の形で関与することが多いが，教育の現場がより主体

的に研究主題や研究方法を考えるのが通例である。小学校英語に関する研究開発学校は後者のケースであるから，適切な研究方法を用いれば，現場で確認したい様々なテーマに迫ることができるはずである。

　小学校への英語導入を巡っては，賛否両論がある。残念なのは理念的な議論が多く，実践データの裏付けがある議論が非常に少ないことである。その点，小学校英語活動の研究開発学校は延べ15年以上にわたる蓄積があるのだから，小学校に英語を導入することに反対する人々の懸念について，これまで確認・検証したデータで論駁できるであろうと期待していたが，前述のように，そういう資料（報告書）がどこに保存されているのか，いろいろな方にお聞きしてみたが，「わからない」，「聞いたこともない」という回答が返ってくるだけだった。結局，インターネットで検索するしかないと決めて，ようやく報告書の要約を探し当てたのは文部科学省の下記のアドレス（URL）であった。

http://www.mext.go.jp/b_menu/shingi/chukyo/chukyo3/siryo/015/04042301.htm

　ここには「小学校における英語教育に関する研究開発学校」という標題で，平成12年度からの研究開発学校について，学校名，名称，指定年度，目標，授業時数，主な成果等の順にまとめられている。この項目の中で，一般の人にわかりにくいのは「名称」である。大部分は「英語」になっているが，他にコミュニケーション，ABC, Content-based Approach in English, カナダ入門などがある。

　この一覧表は情報源としての価値はあるので，まとめられた事務局の労に感謝するが，残念なのは「（研究）目標」があまりにも似たり寄ったりな点である。「コミュニケーション」，「異文化（国際）理解」，「生き生きと」という3つのキーワードで足りると言っても過言ではない。確かにコミュニケーションも異文化理解も大切ではあるが，小学校の授業の中でどのように展開するのがよいのかについて，英語活動に従事している小学校教員も共通の枠組みを持てないでいるのが現状である。結果的に「コミュニケーションを図ろうとする態度」に指導の重点がかかる傾向があるが，態度と実質は必ずしも一致しないので，研究目標としてはかなりやっかいで

ある。現に観点別評価の「コミュニケーションへの関心・意欲・態度」で，どのようにすれば客観的な基準で評価できるのか，現場の先生が苦労している話をよく耳にする。「平成15年度　小・中学校教育課程実施状況調査」における扱い方では，Writingのテストで第1学年では「3文以上できるだけたくさん書きなさい」，第2，3学年では「4文以上できるだけたくさん書きなさい」という方式で評価するに留まっている。(http://www.nier.go.jp/kaihatsu/katei_h15/index.htm)

　研究開発学校であるから，研究の結果がすべて良好に出るとは限らない。3年間の指定期間中，特に初年度は指導法の効果に有意差が出ないこともある。また，関連する要素が多すぎて因果関係がはっきりしないこともあるだろう。しかし，それを試行期間として分析し，その結果に基づいて改善を加えてアクション・リサーチ (Action Research) 的に研究を継続すれば効果が見えてくることも十分考えられる。大切なことは，研究期間中に生じたことをありのままに記録し，検討することである。

　小学校の英語教育に関しては，実践を通して確認しなければならないことがたくさんある。それを一つ一つ明らかにしていくために研究し開発するのが研究開発学校の仕事である。その結果，「うまく行かなかった」，「難しかった」，「評価法は修正する必要がある」などというケースもあり得る。そういうことが明らかになっただけでも一歩も二歩も前進したことになるのである。この点について，良い結果が出なかったからといってごまかさないことである。前ページに載せた文部科学省URLの「小学校における英語教育に関する研究開発学校」にある「主な成果」の欄には「成果」だから当然かもしれないが，「意欲が表れた，成績が伸びた，興味・関心の持続」等の文言が羅列されている。こんなに多くの成果が得られるのであれば，もっと現場の教育水準が向上して然るべきであろう。

3. シラバス・デザインの過程における理念と研究

　我が国では，教育改革や学習指導要領の改訂に際し，通常，次のような審議・検討の段階を経る。まず，中央教育審議会が文部科学大臣の最高諮

問機関となり，教育・学術・文化に関する基本的施策について調査審議し，建議する。中央教育審議会が答申した基本方針は，次に教育課程部会の検討に付され，さらに各教科・領域ごとの委員会で細部についてより具体的に検討される。この間，必要に応じて専門部会を設けて検討することがある。近年の例でいえば，小学校の英語教育については外国語専門部会で検討されたことは時の話題としてテレビ，新聞等で報じられた。

　カリキュラムの開発や改訂に際しては，大別2つのアプローチがある(Richards, 2001)。1つは理念から理論的に提案される場合である。少子化時代を迎えて，子どもがいわば"投資の対象"になり，親の過保護が目立つようになった。その結果，子どもたちが自分で考えようとしないで親・先生からの指示を待っているという"指示待ち族"がマスコミの話題となったことがある。情報の選別が不可欠な情報化時代において，子供たちがただ指示を待つだけというのでは将来が思いやられる。今のうちに「考える力」を身につけさせなければならないと考えて，「考える力」が学習指導要領改訂のキーワードになったのは理念からの提案の例である。

　一方，外国語（特に英語教育）に対する社会各層の意見やニーズを分析することによって，天然資源の乏しい日本にあって世界経済や国際政治のグローバル化を考えると，語学教育は日本の子どもたちの将来を左右する重要な鍵になるという声が聞こえてくる。このようにニーズ分析によって社会が必要としていることを的確に把握して，それをカリキュラムに反映させる場合がある。文部科学省並びに報道機関が独自のアンケート調査を行い，小学校における英語教育への声を聞くのはニーズ分析の例である。ニーズの中には必ずしもその分野について詳しくない人の意見も入ってくる場合があるので，それも検討し，教育現場で実践可能かどうかを教育課程部会や専門部会で検討する必要が出てくる。

　理念からの提案が公的検討委員会に最初に出てくるのは，日本の場合は中央教育審議会である。その委員はそれぞれ分野の専門的識見の持ち主が委嘱されているので，複眼的かつ総合的に検討してもらえるというメリットがあるが，各教科の専門家というわけではないので提案された理念のすべてが教育の場で実践可能になるわけではない。趣旨はごもっともだが学

校教育になじまないものもある。小学校英語教育における国際理解教育も，その趣旨に反対する人は稀であろうが，外国語習得より優先させるべきかについては異論も多い。次節では小学校教員に対するアンケート調査をもとに考察を加えることにする。これは英語活動（会話）の授業を年間20時間以上実施している小学校教員100名に依頼したアンケートの回答を分析したものの一部である（Yukawa et al., 2006）。

Table 1　Association between the mean ratings (Q8) and each variable

Variable	Significance of Association		N	M	(SD)	Statistical Test
Type of School	×	Public Private	65 34	2.24 2.07	(.66) (.65)	$t = 1.21$
Type of Instructor	○	English HR	48 51	1.88 2.47	(.60) (.57)	$t = 5.02^{**}$
Age	×	-30 30-40 40-50 50-	18 19 34 16	2.14 2.00 2.24 2.50	(.70) (.74) (.61) (.53)	$F = 1.77$ ($\eta^2 = .06$)
Experience in Teaching Plan Development	○	Yes No	85 13	2.11 2.58	(.66) (.43)	$t = 2.50^{*}$
Experience in Curriculum Development	×	Yes No	46 50	2.05 2.27	(.63) (.67)	$t = 1.65$
Educational Background： (1) English Education	×		94			$r_s = -.15$
Educational Background： (2) International Education	○		97			$r_s = -.24^{*}$

Note.　$^{*} = p < .05$；　$^{**} = p < .01$；　r_s = Spearman rank order correlation
　　　Q8はアンケートの項目8番のこと。

4. 小学校英語教育シラバスにおける国際理解

　国立教育政策研究所『外国語カリキュラムの改善に関する研究』（平成

16年8月）などを踏まえ，外国語専門部会事務局は参考資料として文部科学省のホームページに「諸外国における小学校段階の英語教育の状況」を一覧表にまとめて公開している（2006b）。調査対象の国（地域）は大韓民国，中華人民共和国，台湾，タイ，フランス，ドイツ（バーデンビュルテンベルク州）である。内容としては導入時期，開始学年，授業時数，目標，内容，教材，教員，ネイティブスピーカーの8項目である。この具体的な中身については上記ホームページに譲るが，それを踏まえて前ページのTable 1を見ると，小学校の英語教育に関する諸外国と日本の違いがよくわかる。

Q8. 英語活動・教育を通して「積極的にコミュニケーションを図ろうとする態度」の育成を目指した結果，小学校段階を終了するまでに，子どもたちにどのような行動や心的態度が育つべきだと思われますか？　現在の勤務校の体制，目的とは関わりなく，先生ご自身のお考えを聞かせて下さい。

1) 歌やチャンツ等を通じて英語の発音や抑揚を楽しみ，意欲的に英語活動に参加しようとする。
   [①育つべきだと強く思う　②育つべきだとかなり思う　③育つべきだと多少思う　④育つべきだとあまり思わない　⑤育つべきだと全く思わない　⑥その他]
   <以下，選択肢は省略する>
2) 学校へALTや交流会でこられた外国人のお客さんなどと交流しようと，みずから積極的に近づいていく。
3) 学校で学んだ英語語彙・表現を教室内外の場面で使おうとする。
4) 学校で学んだ英語に関連した，興味関心のある英語の語彙・表現を，学校内でさらに知ろうとする。
5) 英語を使ったり，学んだりするチャンスを学校以外の場でも求めていき，実際に体験，学習などをする。

Table 1の内容を要約すると，「積極的にコミュニケーションを図ろうと

する態度」の育成を目標に指導した場合，1)～5)の態度がどの程度育つと思うかを調べた結果，英語専科教諭とHR担任教諭とでは専科教諭の方が育つべきだと考えていること，及び指導案を作成した経験のある教諭の方が育つべきだと考えていることの2点を除けば，教諭集団の他の特性とは有意な関係は見られない。これは「積極的にコミュニケーションを図ろうとする態度」の育成については教諭間の共通認識はなく，あるのは個人の考え方の違いだけであることを示している。月に1回程度の授業回数であれば，そのようなこともあり得るかも知れないが，調査対象の教諭集団は少なくとも年間20時間以上教えていることを考えれば，「積極的にコミュニケーションを図ろうとする態度の育成」について担当者が明確な共通認識を持っているとは思われない。Table 2では，「英語に触れ，慣れ親し」ませる英語活動・教育を続けた結果，小学校を卒業するまでにどのような英語力が育つべきかを問うたものであるが，回答数の多い順に挙げれば1)，3)，7)，2)であった。7)は英語の読み聞かせであることを考えれば，授業数が20時間以下の学校では順位がもっと下がる可能性が高い。

Q9. 「英語に触れ，慣れ親し」ませる英語活動・教育を続けた結果，小学校段階を終了するまでに，子どもたちにどのような英語力が育つべきだとお考えですか？　現在の勤務校の体制，目的とは関わりなく，先生ご自身のお考えを聞かせて下さい。

1) 歌やチャンツ等を通じて英語の発音や抑揚に聞き慣れる。
2) ALTや交流会でこられた外国人のお客さんと，英語でにこやかに挨拶をしたり，相手の出身国や，日本での滞在期間などについての簡単な会話をすることができる。
3) 色や，食べ物，数，曜日，スポーツの名称，日本になじみの深い国名などを英語で聞いて認識でき，また英語で言える。
4) 道案内をしたり，自分の国や，住んでいる町，学校，家族，自分自身のことなどについて簡単に説明できる。
5) 小学校終了時までに，外来語で日本語の中に既に入っている語彙な

Table 2 Association between the mean ratings (Q9) and each variable

Variable	Significance of Association		N	M	(SD)	Statistical Test
Type of School	○	Public	66	2.58	(.66)	$t = 2.24^*$
		Private	34	2.26	(.73)	
Type of Instructor	○	English	48	2.14	(.67)	$t = 5.22^{**}$
		HR	52	2.78	(.57)	
Age	×	-30	18	2.54	(.63)	$F = .15$
		30-40	20	2.46	(.71)	($\eta^2 = .01$)
		40-50	34	2.58	(.61)	
		50-	16	2.48	(.67)	
Experience in Teaching Plan Development	○	Yes	86	2.41	(.70)	$t = 2.20^*$
		No	13	2.86	(.58)	
Experience in Curriculum Development	×	Yes	47	2.39	(.68)	$t = 1.08$
		No	50	2.54	(.72)	
Educational Background: (1) English Education	×		95			$r_s = -.15$
Educational Background: (2) International Education	○		98			$r_s = -.24^*$

Note. $^* = p < .05$; $^{**} = p < .01$; $r_s =$ Spearman rank order correlation
Q9 はアンケートの項目 9 番のこと。

どを中心に、300 語程度の語彙を認識し、産出できる（日本の中学校 3 年間に履修すべき目安は 900 語，韓国の小学校で 3 年生から 6 年生の 4 年間で履修すべき語は 450 語）。
6) 小学校終了時までに，簡単な日常会話などを中心に，7 語程度からなる文章を聞いて理解し，また自分でも言えるようになる（日本の中学校 3 年間に履修すべき文章の長さに制限はなし，韓国の小学校で指導される文の長さは 3～4 年で 7 語程度，5～6 年で 9 語程度）。
7) 繰り返しの多い，ストーリーのわかりやすい英語の絵本の読み聞かせを楽しんで聞き，意味がわかる。
8) 繰り返しの多い，ストーリーのわかりやすい英語の絵本が自分でも

読める。

　この項目の1)～8)に対する回答数を教諭集団の特性間で差があるかどうか、また、教諭特性との関連があるかどうかを見てみると、私立・公立間では私立が、専科教諭・担任教諭間では専科教諭が有意差を持って「育つべきである」と考えている。また、項目8と同様に、指導案作成の経験を持つ教諭の方がより多く「育つべきである」であると考えていることがわかる。何らかの国際理解教育を受けた教諭集団とも弱い相関がある。

5. 行政と研究の調和ある発展のために

　行政には行政の立場と責任があるので、情報の開示に慎重になる理由も理解できるが、試行の結果、「成功」と出ない場合でも意味があることを忘れてはならない。理工系に「失敗学会」という特定非営利活動法人がある。その設立趣旨には「～「失敗学」は、こういった事故や失敗発生の原因を解明する。さらに、経済的打撃を起こしたり、人命に関わったりするような事故・失敗を未然に防ぐ方策を提供する学問である。」と謳っている。

　このような考え方は文科系の領域においても大切なことである。特に教育課程の基本方針や重点事項が、ほとんど試行（piloting）を経ることなく、理念からトップダウン的に教育現場に下ろされたような場合には、行政の面子にこだわらないで、早急に改善策を打ち出すことが必要になる場合もある。英語科の学習指導要領は戦後だけでも12回改訂されている。その中で一度でも試行して確認したことがあったのだろうか？ 12回も改訂したということは、その間、社会の変化はあったにせよ、改訂を必要とする箇所があったということであるから、もっと行政と研究の連携を密にして試行・確認をすべきではなかったのか。

　第2節で紹介した研究開発学校の英語教育一覧について疑問に思ったことがある。それは多くの学校が同じようなテーマで研究を行わなければならなかった必然性についてである。もっと確認しなければならないことが

他にあったのではないか。例えば，小学校に英語を導入する場合，何学年から始めるのがよいか。中学校と連携させるために5，6年から導入するというのは，小学校に英語を導入する本質的な意義とは違うのではないか。また，文字導入の意義や方法など，学年によって異なる対応が必要なのではないか，等々，確認しなければならないことがたくさんある。

小学校段階の英語教育の目標について，外国語専門部会は，まず，次の2つの考え方を紹介して，最後に下記のようにまとめている。少し長いが原文のまま引用する。

① 小学校段階では，音声やリズムを柔軟に受け止めるのに適していることなどから，音声を中心とした英語のコミュニケーション活動やALT（外国語指導助手）を中心とした外国人との交流を通して，音声，会話技術，文法などのスキル面を中心に英語力の向上を図ることを重視する考え方（英語のスキルをより重視する考え方）。

② 小学校段階では，言語や文化に対する関心や意欲を高めるのに適していることなどから，英語を使った活動をすることを通じて，国語や我が国の文化を含め，言語や文化に対する理解を深めるとともに，ALTや留学生等の外国人との交流を通して，積極的にコミュニケーションを図ろうとする態度の育成を図り，国際理解を深めることを重視する考え方（国際コミュニケーションをより重視する考え方）。

「外国語専門部会としては，こうしたことを総合的に勘案すると，中学校での英語教育を見通して，何のために英語を学ぶのかという動機づけを重視する，言語やコミュニケーションに対する理解を深めることで国語力の育成にも寄与するとの観点から，②の考え方を基本とすることが適当であると考える。

そして，この場合においても，①の側面について，小学校の柔軟な適応力を生かして，英語の音声や基本的な表現になれ親しみ，聞く力を育てることなどは，教育内容として適当と考えられる。」（文部科学省 2006a）

外国語専門部会の委員間に意見の相違があるのは別に不思議ではないし，それをまとめる立場のご苦労も理解できるが，このまま読み過ごすことのできない点が2つある。1つは要約②の末尾の文である。「国際理解を深めることを重視する考え方」を（国際コミュニケーションをより重視する考え方）と，さも言い換えが可能なように括弧書きされているが，両者はまったく別物である。「国際理解」は日本語を通じてでもある程度可能であるが，「国際コミュニケーション」はあくまでも外国語を用いての言語活動である。発音だけでなく語彙も文法もある程度正確でないと国際コミュニケーションは成立しないのである。

もう1つは「英語を使った活動をすることを通じて，国語や我が国の文化を含め，言語や文化に対する理解を深める」ことについてである。文豪ゲーテの箴言に「外国語を知らざる者は母国語を知らざるなり」とあるように，指導内容によって国語を客観的に見る視点を与える効果はあるだろう。筆者がかつて校長を兼務していた附属中学校の国語教師が「中学校で国文法の指導がしやすいのは生徒が英語を学んでいるからです」と話していたことを思い出す。しかし，国語力低下の問題は小学校への英語導入とは本質的に無関係である。さらに「文化に対する理解」という場合に日本の文化の他にどこの国（あるいは国々）の文化を想定しているのか曖昧である。小学校のカリキュラムに位置づけるためには異文化理解あるいは国際理解のどういう面をどのような教材（活動）を通してどの程度まで教えるのかについて，ある程度はっきりした見通しを持っていないと，漠然とした「方向目標」で終わってしまう危険性がある。

以上，行政と研究の連携について，我が国における小学校英語のシラバス・デザインを例に考察した。行政と研究の双方の立場を超えて，児童にとって何が大切かについてもっと率直かつ誠実な対話が求められる。

◆本稿には参考文献2番目（末尾に＊有り）の発表で用いたデータの一部を使用している。共同研究者である湯川，小山両氏とのディスカッションに啓発された面も多い。この場を借りて心からお礼を申し上げる。しかし，文責は髙梨にある。

◆**参考文献**

Richards, J. C. (2001). *Curriculum development in language teaching*. Cambridge: Cambridge University Press.

Yukawa, E., Takanashi, T., & Koyama, T. (2006). Elementary school EFL education in Japan: Teachers' conceptions of instructional goals and assessment of their attainment. (Presented in 4th Asia TEFL International Conference.)*

松川禮子 (2004)『明日の小学校英語教育を拓く』東京:アプリコット

文部科学省 (2004)「平成15年度小・中学校教育課程実施状況調査」http://www.mext.go.jp/b_menu/shingi/chukyo/chukyo3/siryo/015/04042301.htm より 2006年8月23日検索

文部科学省 (2006a)「小学校における英語教育に関する研究開発学校」http://www.nier.go.jp/kaihatsu/katei_h15/index.htm より 2006年8月23日検索

文部科学省 (2006b)「研究開発学校制度」http://www.mext.go.jp/a_menu/shotou/kenkyu/htm/01_doc/0101.htm より 2006年8月23日検索

渡邉寛治 他 (2004)『外国語カリキュラムの改善に関する研究』東京:国立教育政策研究所

中学校入学以前の英語体験が中学校入門期の学習に及ぼす影響

蒔田　守

　筑波大学附属中学校英語科では，平成12年度から15年度までの4年間をかけて「自立した学習者」の育成を目指して実践研究を進めてきたが，その中で改めて気づかされたことは入門期指導の重要性である。すなわち，中学校で3年間かけて「自立した学習者」を育成するためには，その出発点として効果的な入門期指導を行うことが欠かせないということである。その入門期指導に関しては，本校では約80年間にわたって音声を重視した入門期指導をシステマチックに行ってきており，ここ10年ほどの間もほぼ安定した指導内容・方法をとってきている。しかし，「自立した学習者」育成のための研究が一段落したところで，その視点から入門期指導内容の一層の改善を検討する必要があるという結論に達した。

　一方，全国的に小学校で英語活動の授業を受けた児童が中学校に入学してくるようになって数年がたち，中学校入学以前の英語学習経験が中学校における英語学習にどのように影響しているのかということが話題になっている。この間，中学校の英語科教師からは，「英語を話すことに抵抗感をもった新入生が少なくなった」「簡単な言語活動ならスムーズに行える」等のプラス面の評価がある中で，「既に英語嫌いになっている生徒がいる」「英語学習をなめている生徒がいる」等のマイナス面を指摘する声も聞かれる。しかし，これらはいずれも中学校教師の印象でしかなく，実証的な研究によってそれらを証明したデータは絶対的に不足している。

　そこで，約80年にわたって音声を重視した指導を行ってきた本校の入門期指導を総括する一方，新しい時代に対応した新たな入門期指導の内容・方法を開発するための基礎的データを得るために，中学校入学以前の

英語学習経験が中学校における英語学習の成果にどのような影響を与えているのかを以下のように実証的に明らかにすることにした。

1. 研究の目的

中学校入学以前に英語学習経験のある生徒の音素聞き分けテスト，前期中間考査，面接テストの結果を，中学に入学してから英語学習を始めた生徒と比較することによって，中学入学以前の英語学習効果を検証し，入門期指導改善の手がかりとする。

2. 被験者

平成 16 年度入学生　204 名

3. Materials

(1) 保護者を対象とした「中学校入学前の英語に触れる体験に関する調査」（平成 16 年 6 月 25 日）
(2) Aural Perception Test 第 1 回目（4 月 15 日），第 2 回目（7 月 14 日）
(3) 中間考査（6 月 16 日）
(4) 面接テスト（7 月 13 日）

4. 手続き

(1) アンケートにより，中学校入学以前の英語学習体験を調査する。
(2) 経験群と未経験群に分ける。
(3) 経験群をその特質により，ア）小学校のみ，イ）週 1 回・3 年以上，ウ）その他，に分け，中間考査，Aural Perception Test, 面接テストの結果を比較する。
(4) 「中学入学以前の英語に触れる体験が中学校での学習に与える影響」

「小学校英語」について，保護者の意見をまとめる。

5. 結果
5.1 経験群と未経験群の比較(1)　中間考査

帰国子女・アンケート未回収の生徒を除外した。その上で，経験群をその特質により，ア）小学校のみ，イ）週1回・3年以上，ウ）その他，に分け，中間考査の結果を比較した。「週1回・3年以上」の線引きは，太田・神白（2004）の調査結果をもとにした。

表 1.1　記述統計量

Group	N	Mean	SD
小学校のみ	57	80.4	9.3
未経験	29	81.8	7.5
週1・3年以上	34	87.8	6.1
その他	57	83.0	8.1
総和	177	82.9	8.4

Levene の等質性検定の結果，グループ間の等質性が保たれなかった（$F(3, 173) = 3.05$, $p < .05$）。よって，クラスカル・ウォリス（Kruskal-Wallis）の検定にかける。

表 1.2　Kruskal-Wallis の検定

カイ2乗	17.4
自由度	3
漸近有意確率	.001

以上の結果から，有意差あり。ただし，クラスカル・ウォリスの検定からは，どのグループ間に有意差があるのかはわからないが，平均点の結果から見ると，週1・3年以上というグループが高いということが考察される。

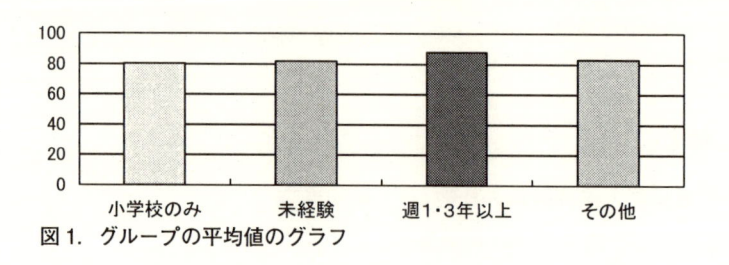

図1. グループの平均値のグラフ

5.2 経験群と未経験群の比較(2)　Aural Perception Test 1

表2　記述統計量

Group	N	Mean	SD
小学校のみ	57	37.9	3.6
未経験	28	36.6	3.4
週1・3年以上	33	38.8	4.4
その他	57	38.3	4.2
総和	175	37.9	3.9

　Levene の等質性検定の結果，グループ間の等質性が保たれた（$F(3, 171) = .82$, $p > .05$）。よって，一元配置の分散分析を行った。その結果，グループ間に有意な差は見られなかった（$F(3, 171) = 1.84$, $p > .05$）。

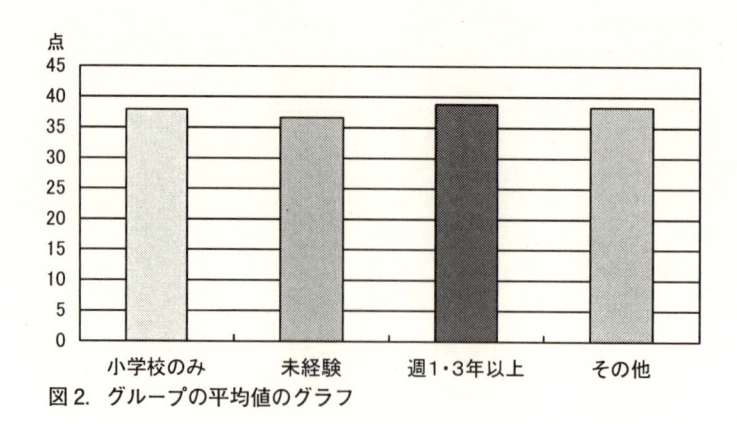

図2. グループの平均値のグラフ

5.3 経験群と未経験群の比較(3)　Aural Perception Test 2

Leveneの等質性検定の結果，グループ間の等質性が保たれた（$F(3, 171) = 1.76, p > .05$）。よって，一元配置の分散分析を行った。その結果，グループ間に有意な差は見られなかった（$F(3, 171) = 1.63, p > .05$）。

表3　記述統計量

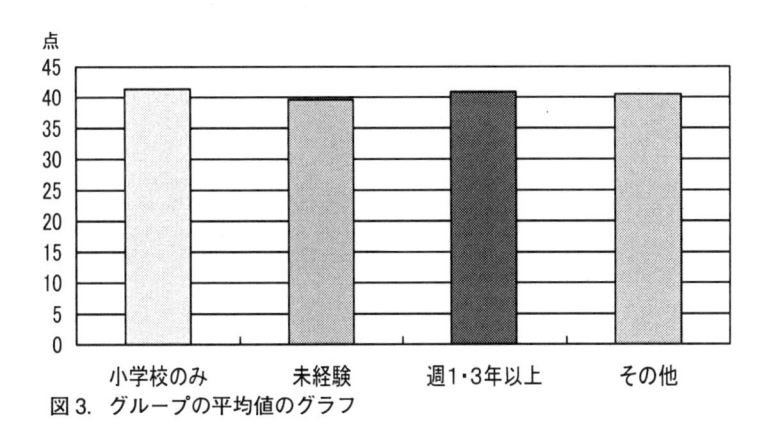

Group	N	Mean	SD
小学校のみ	57	41.4	2.9
未経験	28	39.6	4.4
週1・3年以上	33	40.9	3.5
その他	57	40.5	3.7
総和	175	40.7	3.6

図3．グループの平均値のグラフ

5.4 経験群と未経験群の比較 (4) 面接テスト

Leveneの等質性検定の結果，グループ間の等質性が保たれた（$F(3, 107) = .84, p > .05$）。よって，一元配置の分散分析を行った。その結果，グループ間に有意な差が見られた（$F(3, 107) = 5.28, p < .05$）。よって，多重比較としてチューキーの法（Tukey HSD）を行った。

表 4.1 記述統計量

Group	N	Mean	SD
小学校のみ	40	15.1	2.1
未経験	21	14.8	2.6
週1・3年以上	21	17.1	1.9
その他	29	16.1	2.1
総和	111	15.7	2.3

表 4.2 Tukey HSD の結果

グループ	比較グループ	平均値の差 (I-J)	標準誤差	有意確率 (a)
小学校のみ	未経験	.32	.59	.593
	週1・3年以上	－1.99(*)	.59	.001
	その他	－.93	.53	.085
未経験	小学校のみ	－.32	.59	.593
	週1・3年以上	－2.31(*)	.68	.001
	その他	－1.24(*)	.63	.050
週1・3年以上	小学校のみ	1.99(*)	.59	.001
	未経験	2.31(*)	.68	.001
	その他	1.07	.63	.091
その他	小学校のみ	.93	.53	.085
	未経験	1.24(*)	.63	.050
	週1・3年以上	－1.07	.63	.091

*$p<.05$

図4. グループの平均値のグラフ

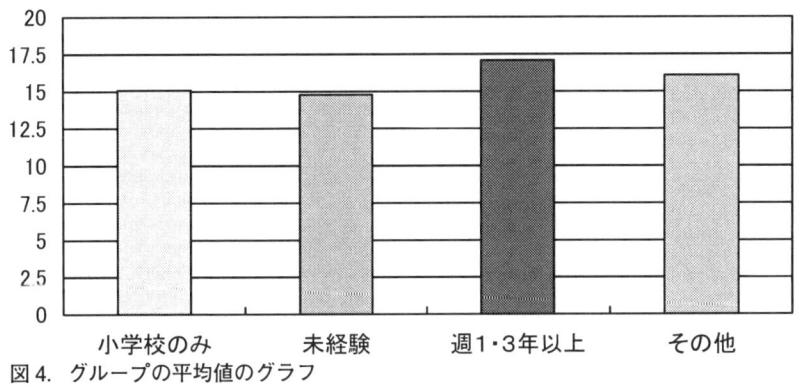

6. 考察

(1) 中間考査の結果について，クラスカル・ウォリスの検定の結果，有意な差が認められた。最も得点の高い「週1回・3年以上」グループと最も得点の低い「小学校のみ」グループとの差が最も大きいので，この差に着目することが自然であろう。

　保護者アンケートの結果にも見られるように，現在の小学校における英語への取り組みだけでは，入門期の心理的負担を軽減させるためには有効であっても，4月から学んできたことを繰り返し復習しながらその達成度を測定する定期考査のような場面には，有意な影響としては現れてこないことが示唆される。

(2) また，グラフの形は，達成度を調べた中間考査と面接試験に類似点が多く（経験者＞未経験者），Aural Perception Test のグラフとは特徴を異にしている。

(3) 4月および7月に実施した Aural Perception Test では，各グループ間に有意差は認められなかった。このことから，音素を聞き分ける能力を伸ばすということに関しては，中学校以前での英語学習体験では十分ではないと考えられる。また，音素を聞き分けるために必要な単語力に関しても，中学校入学以前の英語学習経験では確保されないと

推測される。Kajiro（2003）にも見られるような，小学生の耳の良さというものが保証されないことから考えれば，中学校での教育につなげるために，小学校ではどのような質と量の input を与えるべきかを考える際の示唆を多く含んだ結果といえよう。

(4) 面接テストの結果では，「週1回・3年以上」＞「未経験者」，「その他」＞「未経験者」の2カ所で有意差が認められた。面と向かって教師の質問に応答することは，「未経験者」にとっては心理的負担が大きいのかもしれない。また，教師の質問を聞き取り，適切に即答するといった総合的な英語力は，3ヶ月では十分に育成できていないのかもしれない。

7. 成果と課題

(1) 学習者の多様性

「中学生の英語学習は，1年生の4月に一斉にスタートする」という時代は終わった感がある。「1年生のあのキラキラした瞳が見られなくなった」という嘆きも耳にする。確かに総合学習国際理解の英会話の時間で，全国的にも多くの小学生が英語に触れて中学校に入学してくる。本校では80年来，4月の授業はじめにアンケートを実施し，生徒の学習背景や不安材料を教師が把握して授業に臨むようにしている。近年は，小学校で学んだ内容を書かせることをしてきた。

しかし今回，太田・神白・林（2004）で実施したアンケートをもとに保護者に入学前の学習履歴について調査したところ，従来の調査からは読みとれなかった生徒の多様性に気づかされた。例えば，各学級に4～5名の海外生活経験者がいることや，英会話塾や英語塾に通っていた生徒が予想以上に多く，驚かされた。

(2) 入門期指導の改善と今後の指導の最適化

基本的には何も学習してこなかった生徒を，生涯学習まで見通してその学びの基礎を指導する入門期を，本校では最も大切な時期と認識している。毎年，試行錯誤を重ねながら今日の指導内容・指導手順を

確立した。今回の調査で明らかになった事実をどう捉え，入門期指導に生かしていくかは大きな課題である。年ごとに変化し続けるであろう小学校での指導に適応した柔軟な入門期指導が必要とされている。

一方で，小学校英語の影響がどのような形でいつまで影響し得るものか，目の前の生徒を継続的に指導しつつ，最適な指導を行いたい。

(3) 継続的研究と連帯の必要性

小学校の先生方との継続的な連絡・研究の必要があることは言うまでもないが，より多くの中学校の先生方にも同じような視点で生徒を見つめ，継続的に小学校での実践に注意を払うことが生徒に最適な指導を行うために必要だと考える。

◆参考文献

Kajiro, T. (2003). *A study on age factors in L2 phonetic perception*. Unpublished master thesis, Tokyo Gakugei University.

石井光太郎，蒔田守，肥沼則明，佐野尚子（2004）「英語入門期指導を改めて考察する ～中学校入学以前の英語体験を探りながら～」筑波大学附属中学校第32回研究協議会発表要項

太田洋，神白哲史，林規夫（2004）「中学入学以前の英語学習経験が中学生の英語力に与える影響Ⅰ」全国英語教育学会第30回長野研究大会口頭発表資料

資料
保護者アンケートの結果より
【中学校での学習への影響】

(1) 中学入学前の英語に触れる経験の有無は，中学校での入門期を終了した現在のお子さんの英語力にどのように影響しているとお感じですか。

影響有り：148人　影響なし：67人

☆プラス影響あり
・中学校で学ぶ英語に対する抵抗感が減るから　　　　　　　…52人
・低年齢で「聞くこと」「話すこと」がより自然に身につくから
　　　　　　　　　　　　　　　　　　　　　　　　　　　　…36人

- 英語学習に対する興味・関心を育てられるから　　　…16人
- 中学校での英語学習に対する心構えができるから　　…15人
- 英語学習は楽しいと感じられるから　　　　　　　　… 8人
- 外国人に対する抵抗感が減るから（国際理解が得られる）… 3人
- 思春期前の小学校時代には恥ずかしがらずに発話できるから
　　　　　　　　　　　　　　　　　　　　　　　　… 3人
- 「聞く」「話す」を早く始めると，中学で「読む」「書く」を学ぶのに役立つから　　　　　　　　　　　　　　　　… 2人

☆マイナス影響あり
- 中学校での英語学習に対する素直な気持ちや新鮮味がなくなるから
　　　　　　　　　　　　　　　　　　　　　　　　… 4人
- 適切な指導を受けないと誤った英語を身につけてしまうから
　　　　　　　　　　　　　　　　　　　　　　　　… 1人
- 日本語が未熟なうちに始めても指導方法を誤ると英語嫌いになるから
　　　　　　　　　　　　　　　　　　　　　　　　… 1人

☆影響なし
- すべては本人のやる気次第だから　　　　　　　　…24人
- 時間が不十分だから　　　　　　　　　　　　　　…17人
- 学習内容が総合学習の一環の「お遊び」程度なので　… 9人
- 幼児期に英語に触れても，練習していないと身につかないから
　　　　　　　　　　　　　　　　　　　　　　　　… 9人
- 家庭学習につながらないと身に付かないから　　　… 5人

(2) 現在，お子さんが英語に関して疑問を感じたとき，ご家庭で手助けをする方はどなたですか。
　　父　101人　母　146人　兄弟　33人　他　17人　なし　6人

(3) 平成13年度（お子さんが小学校4年生のとき）から，小学校の総合で「英会話」を行うことが可能になりました。当時，どのようにお感じになりましたか。

- 小学校入学前からはじめるべき　　　　　　　　　　…28人
- 小学校からはじめるべき　　　　　　　　　　　　　…90人
- 中学校からでよい　　　　　　　　　　　　　　　　…46人
- その他　　　　　　　　　　　　　　　　　　　　　… 6人

(4) 実際には，お子さんの英語教育に関してどうなさいましたか。
- 特に何もしなかった　　　　　　　　　　　　　　　…110人
- 親が教えた　　　　　　　　　　　　　　　　　　　… 17人
- 塾などに通わせた　　　　　　　　　　　　　　　　… 45人
- その他　　　　　　　　　　　　　　　　　　　　　… 6人

(5) 小学校での「英会話」導入をどうお感じになりますか
　　　賛成　145人　反対　129人
☆小学校英語の導入について賛成
- 小学生なら，無理なく自然に学べる（音・リズム・恥ずかしさ）
　　　　　　　　　　　　　　　　　　　　　　　　　…33人
- 中学校からではなく，小学校から始めるべき　　　　…28人
- 早ければ早いほどいい　　　　　　　　　　　　　　…28人
- 楽しんで学ぶ（ゲーム・歌などで）ことはよい　　　…22人
- 興味・関心が持てる　　　　　　　　　　　　　　　…16人
- 外国人に対する抵抗感がなくなる　　　　　　　　　…13人
- 異文化理解（習慣・文化・食べ物など）が深まる　　… 5人

☆小学校英語の導入について反対
- 時間数が不足。継続しないと無意味　　　　　　　　…36人
- 英語より，まず日本語を大切に　　　　　　　　　　…26人
- 内容・カリキュラムが不十分。文法も教えるべき　　…24人
- 中学校からでよい（適切な指導・本人の努力があれば）…12人
- 他の授業や子どもの生活を圧迫する　　　　　　　　…11人
- 指導者の育成をしっかりすべき　　　　　　　　　　… 8人
- 英語嫌いを作りかねない　　　　　　　　　　　　　… 5人

- 指導方法が確立されていない　　　　　　　　…3人
- 総合学習の一環のお遊び程度では力がつかない　…3人
- 教師の負担が大きい　　　　　　　　　　　　…1人

英語教師に関わる様々な意思決定要因とその判断能力を育てる授業の試みについて

古家 貴雄

1. はじめに

　ここ数年「英語授業研究」という半期の授業を担当してきた。この授業は，主に大学2年生を対象にし，3年生になって行う教育実習に耐え得る授業能力を育成しようとするものである。本稿では，この授業の意図と方法について，さらに具体的な実践的取り組みについて述べる中で，本授業の効果・意義や反省点などを明確にしていく。

　勤務校では，英語教育に関する授業を8つ開講している。中等英語科教育法や英語教育教材教具論などで，英語科教育についてそれぞれの授業がそれぞれの機能を分担している。本授業の役割は，述べたとおり「教育実習の前準備」で，授業力の育成，指導案の書き方，模擬授業の実施，良い授業を行うための授業分析などをその内容としている。

　いわゆるこのような pre-service teacher training を目標とした授業は各大学の英語科教育担当者によって開講されているわけだが，大学の教員養成課程における英語教員志望者に対しては現場からもいろいろな要望がある。例えば菅（2001）は，授業を英語で行えるような運用能力を身につけさせることや実際に現場で行われている授業を数多く参観させたり，ビデオで見せたりして，現在の現場でどのようなことが問題となり，また，教員になったときに求められる能力とは何かを学生に認識させることであると述べている。このように教員になるために育成すべき事柄として現場からいろいろな要望が出されているわけだが，Freeman（1989, 1990）はこれまでの pre-service teacher training の問題点として，（1）実践から切り

離された状況で理論についてのみ学ぶ機会が多い，(2) 実践的なテクニックについてはしばしば教授されるが，自分の行為の選択判断の基準や前提となる情報や能力を発展させる教授にあまり注意は払われない，(3) カリキュラムや授業を作り上げるプロセスにはあまり注意が払われない，などを挙げている。この中でも特に (2) が重要で，この考えの背後には，学生が英語科教育学に関する学問的な知識を持っていれば自ずと良い実践ができるという誤解が担当者の側にあったことを否定することはできないと思われる。

　筆者は，この授業において，学生が教育実習を行う上で，もっといえば実際に授業を計画したり，実施したりということを行う上で重要な要因として，学生に「授業に関わる様々な意思決定能力をつけること」を設定し，それに向けて授業の計画を立て，それを実施した。もちろん，このような意思決定能力は「長い時間をかけて，自己の授業の観察と反省の結果として発達する（Nunan & Lamb, 1996, p. 106）」ものであるから，現場の経験のない学生についてどれだけ伸ばせるであろうかと懸念する担当者がいることも承知している。だが敢えてこれを実践した。その意義や理由，実施上の基本的考え方を以下に述べる。

2. 養成の目的となる教師の意思決定能力

　まず本授業で想定された教師の意思決定能力について述べる。それは，「種々の指導の内容や方法の選択肢の中から，ある情報（生徒の英語レベルや英語に対するニーズなど）をもとに，自己の英語授業の方針を決定でき，しかも選択の根拠や理由を説明できる能力」である。

　英語の教員を目指す学生になぜこの能力をつける必要があるのか。その理由は次の3つである。(1) 教育あるいは狭い意味での教授という行為は，各場面での複数の選択肢からの選択のプロセスである。あらゆる場面で必ず意思決定が関わってくるから，(2) 種々の選択肢の中からどれを選択すべきか，ということに正答はない。試行錯誤によって決定されるもの，あるいは目の前の生徒の状況によって選択されるものであるから。意思決定

には，教授者本人の教育的な価値観や英語教育観が深く関わる。とにかく，教育における真は「太陽が東から昇る」のような「絶対的」なものではなく，対象によって変わる「相対的」なものであるから，(3) 授業を創り出す行為は，問題解決と選択と思考発見のプロセスの総体である。ここにも意思決定のプロセスを処理する能力が深く関わるから，である。

なお，英語教師における意思決定の種類と内容については Richards and Rockhart（1994）の提示したものが参考になる。授業の最初で彼らの考えを参考にして意思決定の内容を学生に伝えた。それは（1）計画意思決定，(2) 相互作用的意思決定，(3) 評価的意思決定，の3種類である。(1) の計画意思決定とは，教育の全体計画，単元，個々の単位を関連させて授業を総合的に捉えて考え，授業の方針を決定することである。(2) の相互作用的意思決定とは，授業という特殊なダイナミクスのある状況の中で，その場に合った適切な意思決定を下すことである。例えば，生徒の授業内の活動や振る舞いに関する意思決定などはこれに含まれる。(3) の評価的意思決定とは，終わった授業の反省と次の授業への改善のためのプロセスを指す。

3. 教員養成に関する先行研究とそれからの示唆

まずは，教師経験のない学生を対象とするにあたって，教師経験の少ない者と熟練者の違いについての先行研究が参考になった。Johnson（1992）は，経験豊富な教師について，初心の教師と比べて生徒や教室の状況に関するより組織的に構成された知識を持っていて，授業の流れを崩すことなく別の指導の選択肢を選ぶことができる，としている。さらに続けて，これに対して養成中の教師たちは，授業を行っているとき，今授業はどのように動いているのかということを解釈したり，取り扱ったりすることができない（つまり，状況判断ができない）。また，頼るべき「授業ルーチン」のレパートリーを持っていないとしている。なお，「授業ルーチン (instructional routine)」とは吉崎（1997, p. 25）によれば，「授業が持つ認知的複雑さを軽減するために，教師と子どもとの間で約束され，定型化

された一連の教室行動のことであり，この教室行動が同じような授業状況において繰り返し現れる」のだという。熟練した教師たちはこの「授業ルーチン」を階層的に持っていて，予期しない行動をとる生徒が現れると経験によって発達させた別のルーチン（既に授業という文脈に適応する形になっている）や手立てを呼び起こし，しかも自発的に判断して，違う選択に反応できるようになっている。ところが，養成中の教師たちは，授業の間夥しい数の指導上の意思決定を意識的に行わないとならず，どうしても予期しない行動をとる生徒に目を奪われがちで，何とか今の活動を維持しようと考える傾向になる，と Johnson は述べている。つまり，初心の教師の場合は，授業の展開を変えなくてはと思うものの，結局対応できずに予定どおりに授業を進めてしまうことになるのである。

　さて一方 Freeman（1989）は，教員養成に指導者（担当者）が関わるスタンスを2種類に分類している。それを（1）training と（2）development と呼んでいる。

　(1) の training とは，指導者自身が教職訓練者に直接介入することによって，ある特定の期間，段階に分けて教授に関する知識を与えるなどして指導を行い，教授の効果を改善させる方法をさす。この場合，ある特定の教授上の問題点を独立させ切り離して指摘し，改善のための技術や知識などの方策を与えることで成果を出させる方法をとる。つまり，現状の認識→代案の提示→結果・改善の予想などのプロセスをとりながら，指導者がある程度決まった方法を訓練者に与えることによって授業の改善を行わせる直接的指導である。具体的には，教材の提示の仕方や宿題の出し方などがこれにあたる。

　(2) の development とは，今度は指導者が教授自身には指導として間接にしか関わらないが，教授の全体的な側面の効果を上げることを目的とし，授業の状況に関する気づき（意識）を通して授業の変化を生み出していくことを指導していく方法である。つまり，自分の授業の状況について反省する場を作り出す行為をさす。具体的には，授業における問題点の洗い出しをさせる機会を作ることで，これは主に，指導者が訓練者に問い掛けをしたり，彼らと個人的な経験を共有したり，授業観察をさせる中で考

えさせる，といった方法をとる。

この2つのスタンスの中では，特に (2) の方が，事前に予測不可能な指導ということで指導者にとって困難な指導となることもあって，教員養成の場ではあまり行われていない指導側面である，とFreeman (1989) は述べている。

さて，以上のJohnson (1992) とFreeman (1989) の研究からこの授業への示唆として得られたことは次の諸点である。

(1) 教員養成のための授業の中で，自分の授業をビデオで見ながら指導上の思考や判断を思い起こす活動を行うべきである。
(2) 実際に授業を行う際にどの程度の認知的要求（教師が何に気を配るべきなのかということ）がされるのか，熟練した教師の授業を見て研究する機会を訓練者に与えるべきである。
(3) 教員養成の学生への効果的な指導上の意思決定技能を訓練すべきである。
(4) 指導上の個々の問題を解決するために，訓練者にそれに適した知識を与えるだけでなく，授業の質を総合的に向上させるために，自分の授業に関し，気づきや反省の機会を指導者が作ってやる必要がある。

以上を踏まえて実際の14回（1時間は学園祭の当日で授業はなし）の「英語授業研究」のカリキュラムとその内容を作り上げた。

4.「英語授業研究」の授業スケジュールと内容

ある年の14回の授業のスケジュールと内容は以下のとおりである。
1. 授業のガイダンス
2. 英語授業論（講義）
3. 英語の授業分析Ⅰ（ビデオによる）
4. 英語の授業分析Ⅱ（ビデオによる）
5. 英語指導案の書き方（講義と演習）
6. 英語指導技術Ⅰ（文法項目，単語，教材の導入方法の指導とデモンス

トレーション）
7. 英語指導技術Ⅱ（板書，指示，活動形態，視聴覚機器，教科書，補助教材の利用について指導とデモンストレーション）
8. 模擬授業についての説明と打ち合わせ，それに対する質疑応答
9～11. 模擬授業
12. 模擬授業と本授業の総括（授業の反省と改善方法のまとめ）
13. 授業参観（富河中学校：テーマ「音読指導」）
14. 授業参観（富浜中学校：テーマ「オーラル・イントロダクション（Oral introduction）」）

　なお，毎時間授業の内容をまとめさせ，また，各授業の感想やコメントを書かせて，次の授業のときに提出させるという課題を学生には与えた。
　その他，この授業を行う前に学生に注意したことを2点挙げたい。まず一つは，この授業を通じて自己の受けてきた英語授業の形態に縛られることなく，縛られる自分を克服してもらいたいことである。これはビデオによる授業分析や授業参観を通して行われることを願っているが，得てして自分で授業を計画するとき，自分が受けてきた授業方法や内容の呪縛から逃れて斬新な授業を創り出すことができない場合が多いことを述べた。2つ目は最初からうまい授業ができることをこの授業は目指していないということである。最初からうまい授業をするということがこの授業における到達点ではなく，あくまで授業がうまくいかなかったとき，どのようにその授業を立て直すか，立て直すべく改善するか，その技術や能力の育成が重要であることを述べた。つまり，ここでは，教える生徒のことが十分わからない最初は，うまい授業ができない確率が高いことを指摘した。

5. 授業の内容と意思決定能力育成との関係

　上に述べた授業スケジュールに沿って，具体的にどのような指導がなされ，また各授業内容がどのように学生の授業における意思決定能力の養成に関わっているかを述べていきたい。
　最初の授業の「ガイダンス」は省略し，次の「英語授業論」から述べた

い。「英語授業論」の講義では，英語教育に関わる意思決定の種類と教師の役割の確認がされた。具体的には(1)教育実習の目的，(2)教師の役割，(3)教師の意思決定の種類，(4)授業の構造と構成，(5)良い授業をするための基本的な心掛け，などの説明である。なお，ここで提示された意思決定の種類と内容は主に Richards and Rockhart (1994) からのものである。またこの授業では，教育実習の目的として，実際の生徒の学力に合った授業を構成できるようにするなどの一般的な目的だけではなく，3週間の実習中自分なりの個人的な実習での達成目標を持つこと（例えば，時間配分や授業の手順をスムーズにこなすことなど），さらには教師が1日，あるいは1週間どのような仕事に囲まれて過ごしているのかを絶えず観察し，その情報から職業に対する自己の適性を把握すべきこと，などを示唆した。

次の2回の「ビデオによる授業分析」においては，ビデオにより現場の英語教師の授業分析を行った。まず，「授業分析Ⅰ」では国立大学付属中学校の2年生の授業を分析の対象とし，特にビデオの教師が比較級，最上級などの文法項目を生徒にわかりやすい英語でどのように効果的に指導しているか，その観察に焦点を当て，ビデオの観察後各自のコメントを引き出した。なおビデオを見せる際に，同時に授業の観察の視点を記したシートを学生に配布した（実際の観察の視点シートは省略）。

「授業分析Ⅱ」では東京の公立中学校の2年生の授業を分析の対象とし，特にビデオの教師が"Rain forests"という日常の生徒の生活からかなり乖離したテーマをいかに巧みな流れで，また非常に理解しやすい英語で「オーラル・イントロダクション」を行っているかに焦点を当てた。この授業についても，イラストや実物の使い方，前時の単語の復習方法や新出単語の導入方法などの分析の視点を事前に提示した。

以上，2回の「ビデオによる授業観察」の中では途中でビデオを止めて，ある行動のあとでなぜこの教師がこのような行為に及んだのか，その指導の根拠を学生に考えさせたり，あるいは途中ビデオを止めたところで今後この教師はどのような指導を展開すると思うかなどを考えさせ，またそう考えた理由などを答えさせたりした。これによって，授業中の教師の意思

決定，特に相互作用的意思決定の場面を学生に深く認識させる試みをここでは行った。なお，次の「英語指導案の書き方」については紙幅の関係で省略する。

「英語の指導技術Ⅰ，並びにⅡ」においては，授業内の具体的なテーマについて重要視して考えるべき事柄の確認，さらにはそれらの項目を実施する上で関わる意思決定の確認を行った。ここでの指導においては主としてDoff（1988）からいくつかのテーマ（文法，単語，教材の導入方法や板書の仕方や視覚教材や提示物の利用の仕方など）について複数の演習課題を抽出し，それを学生に家で考えさせ，それを授業中に発表させ，最後に教師（指導者）が解説やコメントを加えるという方法をとった。この演習の中では，それぞれのテーマに関わる事柄以外にも，例えばゲームや活動などにおける「指示」の大切さなどを特に強調して指導した。ゲームや活動を行う際には，教師が的確な指示を行えるかどうかで活動の成否がほぼ決まることを説き，指示に含まれる情報として，(1) 活動の目的（例：このゲームによってパートナーの好みを見つけ出してほしいなど），(2) 活動の手順，(3) 活動におけるグループやペアの組織の仕方，(4) 活動上の約束・注意（例：シートを相手に見せてはいけないなど），(5) 活動の時間，(6) 活動の最終目標，などがあることを説明した。またわかりやすい「指示の条件」とは，「誰が，何を，どのように，結局どのようになるまで，やるかがはっきり説明されている指示」であることを授業全体の結論として議論の中でまとめさせたりした。

次に，「模擬授業についての説明と打ち合わせ」，さらには「模擬授業」自身について述べてみたい。まず，模擬授業についての方法についてふれる。模擬授業は，2～3人が1組となって40分の授業を計画し，学生に実施させる。授業の計画は全員で行い，また実際の授業でも必ず1度は教壇に立つこと，という条件を与えた。実際の授業で全員が一度は登場することとしたのには，頭でイメージしているとおりには実際の教壇ではうまく行動あるいは教授ができないことを学生1人1人にはっきり理解させる目的がある。1つのチームは，教科書 *New Horizon English Course* (2001)（東京書籍）から自分たちの好きな課，あるいはセクションを選ばせ，授業を

計画させる。指導案の作成，活動のワークシートや説明用の絵の作成を義務づけ，できれば，授業中 classroom English を用いることが望ましいと指示した。実際の模擬授業では学生が生徒役になる。各グループの授業のあとには参加者全員での質疑応答が行われた。ここでは，どの学生も他のグループの分析や批判はある程度できるが，いざ自分の授業の場合となると理想的な授業ができないことを自覚させることが重要だと考えた。また，ここでは授業の反省方法と改善方法をも認識させるため，各自の各授業プロセスにおける各段階の指導の意思決定の根拠と決定の妥当性の認識と反省を行わせることにした。

「本授業の総括」では，各自の授業における意思決定の根拠と決定の妥当性の確認と反省を行った。総括で強調されたのは，教師にとっての様々な「大切なこと（大切さ）」であった。それは，(1) 自分の英語教育観を確認することの大切さ，(2) 教師としての個性をどこで出すかの大切さ，(3) 何事においても考え抜く習慣を持つことの大切さ，(4) より良い指導のための種々の情報のありかを知っていることの大切さ，(5) うまいと思った人のテクニックを盗むことの大切さ，などである。

最後は「授業参観」についてである。授業参観では，現場の教師による実際の授業を見学した。本来ならば，学生が模擬授業を実際に行う前にこの授業参観を行いたかったが，週休2日制により，土曜日の参観が不可能になったのでやむを得なかった。授業参観と模擬授業の順序の逆転は，授業の目的の達成からして正直かなりの打撃であった。結局実際の授業参観は2月の末と3月の初めになった。

2回の参観については，見学をお願いした教師にそれぞれのテーマを持ってもらい，そのテーマに焦点を当てた指導や実践を行ってもらった。その結果，最初の授業参観のテーマは「音読指導」で，具体的には非常に無味乾燥に陥りがちな音読活動にどのような意味づけを生徒に持たせるかという課題に取り組んでもらった。2回目の参観のテーマは「オーラル・イントロダクションあるいはインターラクション」で，当日の目標構文，新出語句，教科書の内容の3種類をオーラル・イントロダクション，オーラル・インターラクションとで実践してもらった。

最後に,「授業参観」についての本授業での目的を述べる。教師の意思決定との関係では,指導の各局面での意思決定の種類と指導方法の決定の根拠の確認を学生に授業実演の中で行わせること。第2に,敢えて英語だけを使う教師の授業を見せることによって,これまでの各自の授業経験に関するある種のカルチャーショックを与えることである。授業参観の意味について例えばWoods (1993) は,新人教師の能力を改善するためには,経験を積んだ教師がどのようにカリキュラムや授業を計画し,実施し,自己の授業を改善するのか,その様を新人教師がしっかりと知ることにあると述べている。

　なお,参観をする前に学生には,様々な参観教師への質問を考えておくように義務づけ,特になぜ数多くの選択肢の中からこの指導を選んだのかを積極的に当日尋ねるように指示を出しておいた。一方,授業参観をお願いする教師には,(1) 英語で授業を行う教師,特に英語が学習者のレベルに合っているという条件と,(2) 指導や教える内容にそれぞれ理由と根拠がある教師,なぜこの教える内容にこの教え方なのか,この手順なのかに明確な論拠がある人,また明確に説明できる,という条件を備えている人を敢えて選んだ。

6. 実践に対する反省

　まず,この授業実践に対する全体的な反省として,(1) より具体的な課題を与えてのより具体的な局面での意思決定のシミュレーションをあまり行えなかった,(2) 意思決定能力の定義はともかく,その能力的下位区分がしっかりできていなかったため,授業におけるある指導アプローチがどのような意思決定能力を育成するのかを今一つ特定できていなかった,(3) 個々の教授テクニックと他のテクニックとの選択の基準の関係をはっきり提示できなかった,(4) 講義の最初の方では教師の意思決定ということにしばしば触れたが,その後,触れる割合が次第に少なくなっていった,(5) そもそもこの講義によって,学生の授業内における相互作用的意思決定能力の向上を実感することがあまりできなかった,などがある。総括と

して，やはりケース・スタディー的なやり方と模擬授業を複数試みさせてリフレクションと改善とをさせる体験をある程度積ませないと意思決定能力の向上を達成することは難しいと感じた。

　次に，各授業の局面における成果と課題について述べてみたい。

　「英語授業論」については，教育行為において様々な意思決定があり，そのどれを使うかを絶えず実践の中で判断していかなければならないということをある程度学生に伝えられたと思う。ただし，今回はこのトピックスを講義という形で学生に提示したが，本来は実際の授業を見せながら「問題解決的」に学生に考えさせたり気づかせたりすべき分野だと思った。

　「英語の授業分析」については，授業中英語を用いての「文法事項の導入」と「話題の導入」がどのように熟練した教師によってされるのかを示すのにはある程度意味のある活動だとは思った。だがやはり，このビデオを見たあと，実際にオーラル・イントロダクションの原稿を学生に作らせて演じさせるなどのフォローの発展活動が必要であると思った。

　「英語指導技術」については，欧米のテキストを用いてその中の課題に答えてもらうということで，種々の指導技術について体験してもらったが，テキスト自体が日本の英語教育の状況と少し掛け離れている面があって，有効な活動になったかどうかはわからなかった。ただ，板書や単語の導入について，生徒の立場に立ちながらあくまで自分のこだわりを持って指導自体を工夫する必要があるということを学生には認識してもらえたと思う。

　「模擬授業」については，やはり，模擬授業の前に実際の中学校や高校での英語の授業を実体験したあとでなければ，自分で授業をどう作っていったらよいかというイメージが湧きにくいようだ。それから，どう努力しても自分がこれまで受けてきた授業タイプの枠内で授業を計画してしまう者が多かった。つまり知識説明型の授業が多くなったのである。また，学生が授業の生徒になるということで，模擬授業の先生の質問にすんなり答えてしまうケースが多く，生徒の誤りや理解の程度の低さを認識した上で自分の授業の方針や流れを変えるという場面が生まれることは少なかった。最後に，授業改善を実際に経験させるためには，少なくとも1人の学

生に2度以上模擬授業をさせる必要があることを痛感した。

「授業参観」については，大変意味があった。何回もいうが，やはり模擬授業の前に参観を行いたかった。ただ参観後に，実際に参観した授業の教師について学生から次のような気づきが思いがけなく語られた。それは，(1) 熟練した教師が，教える内容や場面や生徒の状況によって非常に数の多い指導のレパートリーを持っていることがわかったこと，(2) クラス・マネージメントに関わるルーチンにも優れたものを持っていたこと（普段の約束事として生徒に守らせていたこと）であった。

7. おわりに

本授業で教師の意思決定能力を育成するためにいろいろな材料を学生に投げかけたが，その内のどれが具体的に彼らのどのような意思決定能力を伸ばしたかははっきりここでは述べられない。ただ，本授業で試みた種々の事柄を材料にして，学生が彼らなりにそれぞれの局面で色々なことを考えてくれたのではないかと思う。例えば，ビデオで見たり，参観したり授業について，いろいろな場面で感心したり，不思議に思ったり，また自分の模擬授業では悩んだり，疑問に思ったりである。あらゆる文脈で，また彼ら独自のスタイルで問題解決を行ってくれたということで，本授業も一定の意義があったのではないかと今考えている。

◆参考文献

Doff, A. (1988). *Teach English*. Cambridge: Cambridge University Press.
Freeman, D. (1989). Teacher training, development and decision making: A model of teaching and related strategies for language teacher education. *TESOL Quarterly, 23*, 27-45.
Freeman, D. (1990). The "unstudied problem": Research on teacher learning. In D. Freeman & J. Richards (Eds.), *Teacher learning in language teaching* (pp. 351-378). New York: Cambridge University Press.
Johnson, K. E. (1992). Learning to teach：Instructional actions and decisions of pre-service ESL teachers. *TESOL Quarterly, 26*, 507-535.
Nunan, D., & Lamb, C. (1996). *The self-directed teacher*. Cambridge: Cambridge

University Press.
Richards, J.C., & Rockhart, C. (1994). *Reflective teaching in second language classroom*. Cambridge: Cambridge University Press.
Wood, D. (1993). Processes in ESL teaching: A study of the role of planning and interpretive processes in the practice of teaching English as a second language. *Carleton Papers in Applied Language Studies*. Occasional Papers, *3*.

菅正隆 (2001)「大学の教員養成課程ではこういう指導をしてほしい―高校の場合―」『英語教育』第50巻, 第3号, 22-23.
吉崎静夫 (1997)『デザイナーとしての教師　アクターとしての教師』東京：金子書房

アクション・リサーチと「一般化」

佐野 正之

1. アクション・リサーチとは

　アクション・リサーチにも，いろいろなタイプがある。理論研究を小規模な実験で長期的に行う立場もあるし，教育問題を社会的・政治的な運動に発展させようとする立場もある。しかし，最も多いのは，教師が自分の教室で起きている出来事を改善するために，授業をしながら継続的に行う実践的研究である（佐野，2000，pp. 31-48）。日本で広まりつつあるのは，このタイプのアクション・リサーチ（以下 AR）である。

　AR が日本で広まったのは，「英語が話せる日本人の育成」の悉皆研修の影響が大きい。『ガイドブック』の中で言及されて，いわば，公的な認知を受けたこともあるが，それ以上に，多数の教員に「授業の実態をなんとか変えたい」という思いがあり，研修を計画する側もそれに答えようとしたからである。ただ，AR を指導できる人材が不足していて，興味をもって始めても，進め方に迷い放棄する人も多い。AR の発展にはメンターが不可欠なのだが，その確保が難しい。

　にもかかわらず，いくつかの県や市町村では独自にメンターを育成し，英語教員の in-service training に AR を利用している。中でも積極的なのは高知県と神奈川県で（佐野，2005，pp. 180-96），悉皆研修や英語教育推進者育成講座の受講者全員に，研修中に AR を行うことを求めており，成果を冊子やインターネットで公開している。近い将来，これらの地域の英語教員のほぼ全員が AR を体験するわけで，英語教育の改善に期待できる。

理由は，教師の英語教育の知識が増加するからでも，学会発表が増えるからでもない。実際に，この側面は AR を実施してもあまり伸びてはいない（高知，2006）。だが，AR をすれば，教師は問題を直視し，解決の方策を実践し，効果を証拠を挙げて報告しなければならない。すなわち，AR をすることは，まさに，evidence-based の教育を実践することになるのである。この点を理解するには，AR のプロセスを知る必要があるだろう。

2. AR と実験デザインのプロセスの差

AR の特徴は，指導法の効果を調べる応用言語学の実験デザインの調査（以下実験デザインと略）と比較するとわかりやすい。誤解のないように繰り返すが，ここでの比較は応用言語学全体ではなく，指導法の効果を検証する実験的な調査との比較である。この両者は，ともに生徒を被験者とし，教室でデータを収集する点では同じだからである。説明の簡略化のために，単純化は承知の上で，両者を比較してゆく。

実験デザインは，まず，「研究目的」を定めることから始まる。多くの場合，言語学や言語習得理論などの論点から出発し，それを教育現場での実験で肯定または否定しようとする。あるいは，外国で行われた実験デザインの結論が，日本人学習者にも適合するかを確認することを目的にする。いずれにしても，理論を出発点にして，教室で生徒を被験者にして実験を行い，そこから得たデータを統計的に分析して，否定か肯定かという二者択一で結論を得る。しかも，その結論は，多くの日本人学習者に適応する「一般化」が可能でなければならない。理想的には，誰が，どこで，いつ実施しても，同じ結論に至るものでなければならないのである。

一方，AR の「研究目的」は，ある特定の教師が特定の生徒たちを相手に，教室で抱える問題を解決するための方策を授業実践で試し，結果だけでなく途中でも資料を収集し，集まった資料から期待した変化が生じたか否かを検証する。だから，ここでの結論は，あくまでもある状況での暫定的な結論であって，「一般化」できるものではない。むしろ，一般論は当初から放棄することで，状況に即応した解決策を探るのである。

実験デザインでは，次に「文献研究」を行う。調査しようとする論点を明確にし，また，同じ分野の他の調査結果を検証して，自分の調査の位置を確定する。その上で論点を否定，または，肯定するための「仮説」に設定する。問題が漠然としている場合は，検証可能な「作業仮説」に定義しなおし，数値化して処理できるように工夫する。

　一方，ARの場合は，「事前調査」が重要である。教室の現状を正確に把握することが，解決策を見つけるための最初のステップだからである。そこで明らかになった実態を踏まえて，改善のための対策を「仮説」として設定する。これは，数値的な処理になじまない場合もある。

　次に実験デザインでは，調査対象以外の要因が入りこまないよう，注意深く「実験」を計画する。例えば，ある特定の指導法の効果を調べるのであれば，英語力などの要因が同一となるように，「実験群」と「統制群」を設定する。その上で，前者には調査対象の指導法（トリートメント）を与え，後者には従来どおりの指導を行う。その後，両者の成績を比較し，有意な差があればトリートメントの効果だとする。逆に，差がなければ，「仮説」は否定され，背後にある理論の正当性が疑われる。

　一方，ARで「実験」に当たるのは，「仮説」を授業で実施することである。教師の担当しているクラスが「実験群」に相当するが，「統制群」は設けない。それぞれのクラスは独自で，授業に関わる要因の制御は不可能だという立場をとる。したがって，トリートメントの効果は，当初の問題が改善に向かっているか否かを，指導の過程と結果から検証するのである。

3. 実験デザインのあやうさ：脱文脈化と断片化

　以上の説明だけでは，ARのもつ弱点が目立つ。なぜなら，実験の結論は「一般化」できる方が魅力的だからである。ところが，ARは「一般化」を放棄している。逆に，実験デザインは科学的なので，当然，教育におけるevidenceとしても，より信頼性が高いように見える。

　だが，私の主張は，こうした見かけとは逆に，「一般化」を目指すはず

の実験デザインの結論は，教育における evidence としては不十分で，妥当性が低いということである。こうした主張は，学会の常識に反しているだろう。では，なぜ，このように主張をするのか。まず，実験デザインの最大の売りである「一般化」から検討しよう。まず，統計的な処理で「一般化」を保障するには，実験対象の被験者が母集団を反映し，無作為に選ばれることが必要である。丁度，NHK や新聞社の世論調査の場合は，電話番号などで母集団（国民全体）から無作為に選ぶのと同じである。こうしなければ，出てきた結果をいかに統計的に処理したところで「一般化」は不可能である。だが，現実問題として，指導法の効果を調べるには特定の生徒群を対象にせざるを得ない。全国から無作為に選び，実験群と統制群に分類するなど不可能だからである。そこで，実際は特定の生徒群なのに，あたかも母集団から無作為に選ばれた被験者であるかのように扱うことが，実験デザインでは黙認されている。このことは，問題の性質上仕方がないことではある。だが，調査結果を「一般化」し，教育の evidence とする際には，慎重な解釈が必要である。実験デザインの問題点はこればかりではない。状況から切り離した「脱文脈化」や，ある側面だけを取り出して調べる「断片化」がつきまとう。具体例を挙げて説明しよう。

　今，writing の指導法として，process writing が注目されている。この指導法の効果を実験デザインで調査すると想定してみよう。いうまでもなく，この指導法の特徴は，書く前の事前指導の充実と，feedback などの事後活動に特徴がある。当然のことながら，この経過のすべてを実験デザインで扱おうとすると，実験群と統制群を同じ条件に長い間置かなければならない。ところが，被験者の学習時間などの変数をコントロールすることは難しい。そこで，事前指導か事後指導のどちらかに的を絞る。すると，まずここで，実験デザインの不都合さが明らかになる。すなわち，指導法の全体像ではなく，その一部を「断片化」して扱わざるを得ないからである。この点を更に，事前指導だけに絞って探るとしよう。

　私が読んだ調査は，次のような手順で行われていた。まず，作文させる話題を設定したあとで，一定の時間を与えて思いつく単語や表現で mapping させるグループ，書きたい内容の topic sentences を書き出させ

るグループ，話題についてペアで対話させるグループなどを実験群とし，何も指示を与えずに書かせるグループを統制群とした。もちろん，事前に各グループの英語力は同等だと確認している。その後，時間を与えて書かせ，作品を内容，構成，語彙，文法の正確さ，スペルなどで点数化し，グループの平均値を出した。それを統計的に処理した結果，実験群の成績の間には有意差はないが，統制群との間にはあり，結局，事前指導の方法はいろいろだが，種類を問わず，与えた方が有効だと結論づけたのである。

　この調査は手堅く実施されており，結論に異議はない。だが，結論をストレートに教育の evidence とするには，いくつかの疑問がある。まず，この被験者たちは，実験を受ける前には，どのような指導を受けてきたのか。もし，以前に事前指導を十分経験した生徒がいたら，実験では事前指導を与えられなくとも，自主的に知識を活性化して準備することができただろう。また，トリートメントが異なる実験群の成績に有意差はなかったが，もし，3ヶ月間継続した場合でも，差は生じないだろうか。また，トピックによって，事前指導の効果は変わるのではないか。結局，これらの疑問は，実験を被験者のこれまでの学習経験や今後と切り離して，いわば，「脱文脈化」したために生まれるのである。

　更にいえば，経験のある教師になら，次のことはほぼ常識である。
(1) 効果的な事前指導は，生徒の興味や英語力やトピックによって異なる。だから，クラスの実態を知ることから始めなければならない。
(2) 教師がトピックについて，英語で話すことも事前指導として有効である。いろいろな表現の可能性に気づかせることができるからである。
(3) 教師の話を素材にして，T-P，P-P で対話して知識を活性化することも効果がある。対話が表現意欲を高めるからである。
(4) トピックによっては，関連する英文を読ませることも有効である。特に思考力を要する場合には，必要でさえある。
(5) 以上のよう刺激を与えてから，mapping や topic sentence で整理させてから初稿を書かせると効果的である。

　だが，実験デザインでは，こうした教師と生徒との相互作用のダイナミズムを取り込むことは難しいだろう。さらに，統制群に不利益な指導を長

期間与えることは教育的ではないから、リサーチは短期間に終結しなければならない。結局、「脱文脈化」や「断片化」は避けられない。一方、feedbackに関する論文も、類似した問題を抱えていた。効果を見る客観的なデータとしては、文法的な誤りの減少で検証することが最も信頼性が高いと判断して、教師に誤りを指摘してもらうグループと、友達で相互に指摘しあうグループを実験群とし、統制群としてfeedbackは与えないグループを設定した。具体的な手順としては、まず、被験者全員に初稿を書かせて、それぞれのグループに上記のトリートメントを与え、その後再稿を書かせ、初稿からの文法的な誤りの減少を数値化し統計的に処理することで、教師によるfeedbackが最も効果的だと結論を出している。

この調査の問題点は、数値化しやすい部分だけを調査し、内容面を無視したことにある。これは、あきらかに「断片化」である。さらに、たとえ、「feedbackの効果は誤りの減少で見る」という作業仮説を認めたとしても、教育的に見れば、効果の判定は再稿で判断するより、長期的にみて正確さは改善されたかどうかがより重要である。しかし、実験デザインではそれができない。結果として、「脱文脈化」が生まれるのである。

となると、実験デザインは、「脱文脈化」や「断片化」を伴うので、教育のevidenceとしての妥当性は高いとは言いがたい。

4. ARならどうなるのか。

ARは理論からではなく、教室の現実から出発する。process writingの手法も、それを必要とする現実があってはじめて導入することになる。事実、中学生や高校生を対象にしたARが実施されているので（奥山、2000；村越、2005）参照されたい。ここでは、村越論文の概要を紹介する。

論文では、まず、調査の背景が述べられている。従来の和文英訳の指導では、生徒は「書くこと」に興味をもたないばかりか、能力の伸びも見られなかった。この点を克服したいという教師の思いがあった。そこで、学年当初に実態調査を実施した。アンケートの結果、7割以上の生徒が「自分の言いたいことを英語で書けるようになりたい」と答え、8割の生徒は

英語に対して「好き」「どちらかというと好き」と答えた。だから，生徒に意欲はあるのだ。次に，書く力を調べるために，「自己紹介」と「先週にしたこと」という2つのトピックで，自由に英作文を書かせた。その結果を，ACTFL Proficiency Guidelines のスケールで調べると，クラスの全員が Intermediate-low に分類された。ということは，既成の尺度は大まかすぎて，生徒の力の伸びの判定には向かない。より細分化した評価基準が必要だと判断し，生徒の実態をもとに到達目標を設定し，評価規準を縦軸に，達成のレベルを横軸に設定したルーブリックを作成した。

　また，一方で，個々の作品を数量的に分析してデータを集め，平均値を求めた。まず，内容の豊かさを見る idea-unit（節などを単位とした意味のまとまり）の総数，流暢さを見る使用総語数，構文の複雑さを見る T-unit の平均語数，正確さを見る誤りのない T-unit の割合などである。その結果，生徒は数少ない文型を繰り返し使用しているので誤りは少ないが，30語ほどの総語数で，5から6文のまとまりのない英文を書く力しかないことが判明した。ここまでの説明で，生徒の実態を把握し，改善を目指して指導しながら調査する AR の特徴が見えてくるだろう。

　次に，リサーチ・クエスチョンを「教師や辞書の助けを借りながらも，内容が豊かで，コミュニケーションに必要な正確さをもった英文を書ける力を身につけさせ，7割の生徒が，作成したルーブリックで1ランク上のレベルに達するには，どのような指導をすればよいか」と設定した。幸い，コンピューター室が利用できたので，その利点を生かすために，仮説を次ぎのように設定した。

仮説1：送られてきた電子メールに返事を書くという活動を行えば，そのメールがモデル文となり，書きたいことを思いつく手助けになり，流暢さが伸びるだろう。

仮説2：書く前に mapping を行えば，書きたいことが整理され，より多くの内容のある英文が書けるとともに，話のまとまりでパラグラフもできるようになるだろう。

仮説3：内容に関する feedback を与えて書き直しを重ねれば，内容の深め方が身につき，読み直すことで文法の誤りに注目する習慣がつ

き，正確さも増すだろう。

このような「リサーチ・クエスチョン」や「仮説」からわかるように，現状認識が先にあり，そこから手法が選択されている。更に，事前指導も教師と生徒の interaction で行われており，また，feedback も，内容から次第に文法的な正確さを目指す指導に移行している。すなわち，この調査では，「脱文脈化」や「断片化」は無縁である。このような仮説のもとに，1年間の実践を生徒とともに実施したところ，ルーブリックの評価では7割以上の生徒が1ランク上に到達し，数値的にも文法的な正確さの項目を除いて，すべての項目で有意差のある改善が見られ，さらに最終的なアンケートでは，「書きたいことが思いつくようになった」と答えた生徒が7割以上になった。この結果から，このクラスで実施した process writing の指導法は成功だったとしている。

この AR が完璧だと主張するつもりはない。実際のところ，AR としても改善すべき点はいくつかある。まして，実験デザインの視点からすれば，問題点は数えきれない。例えば，良い結果が生まれたのは，指導法よりも，コンピューターの利用のせいだといえるかも知れない。だが，ここで注目してほしいのは，この AR と，先の実験デザインの結果とを比較したら，授業改善の evidence として，どちらが信用できるかという点である。

5. AR の一般化

繰り返しになるが，AR は結論の「一般化」はしない。だが，このことと，読者が論文の内容に共感し，自分の授業改善に生かそうとすることとは別である。実際，多くの教師にとって，「一般化」しない AR の方が，実験デザインの論文よりも興味深く得る点が多い。なぜか。

まず，AR の論文には，等身大の教師と生徒が描かれているから，身近に感じやすい。また，現実の問題が扱われているので理解しやすいし，調査方法もすぐにでも実践できるものばかりである。「ああ，こんな風にすれば，問題の解決に繋がるのか」と納得がゆくのである。しかも，専門的な用語はあまり用いずに，具体的に書かれている。さらに重要なことは，

ARには，「脱文脈化」もなければ，「断片化」もない。ある状況での教師と生徒との交渉が，ドキュメンタリー番組のように最初から最後まで描かれている。ARに親近感を抱くのは当然である。

だが，親近感は別にして，ARの「一般化」は可能なのか。「一般化」の定義を自然科学の論文のように，「誰が，どこで，いつやっても同じ結論になる」という意味だとすれば，ARの「一般化」は不可能である。だが，その点では，実験デザインも同じような条件であることは既に述べた。ただ，「一般化」を「読者に再実験してみたい気持ちを起こさせる力」と考えたらどうか。すると，この場合の「一般化」の責任の半分は読者にある。論文を読んだ人が，「これなら，自分の問題の解決に役立つ」と考えて，自分で実践したら，それも，また，「一般化」ではないか。この点に関して，Robinson and Norris（2001）は次のように述べている。

> In contrast to the classic theory of generalization, other conceptions of generalization have emerged that emphasize the cognitive content and processes of generalization. The idea of naturalistic generalization has been proposed by Stake and Trumbull（1982）as an alternative to statistical or formal generalization and as more appropriate for qualitative educational research and the development of classroom practice.（中略）In other words, the researcher's responsibility is to provide sufficient contextual information to enable the reader to make judgments about whether or not any particular case can reasonably be generalized to their own specific field of practice.

科学論文に要求される「古典的一般化」以外にも「一般化」の理論があり，その中にnaturalistic generalizationという発想がある。ARのように，質的なデータを重視したり，指導法の改善を目指すリサーチには，この発想がより適しているのではないか。そこでは，リサーチの「一般化」を判断するのは論文の書き手ではなく，読者である。読者が自分の置かれた状況に論文の内容が適合すると判断したら，そこで「一般化」は成立する。

論文を書く側に要求されるのは，判断を助けるための十分な材料を提供することだ，というのである。ARの「一般化」をこの視点で捉えたなら，「脱文脈化」も「断片化」からも自由で，かつ「一般化」できるARが，授業改善のevidenceとして貢献できるのは当然である。

現在，教育をevidence-basedにすべきだと主張されている。だが，「一般化」の概念を「古典的一般化」だけに限定すると，文脈や統合が必要な教育の分野にはそぐわない。これは授業改善のためのARだけのことではない。「一般化」をより柔軟に解釈することなしには，現在の流動的な教育に貢献する調査は不可能だとRue（2006）は主張しているが，賛成である。

6. ARとevidence-based education

それにしても，なぜevidence-basedの教育にARは利用されるのか。現在ではARは世界各地で利用されているが，最初に教育の中に取り入れたのは，サッチャー政権の教育改革に反対するイギリスの教師たちであった。それが，National Curriculumが制定されるにつれて，社会運動的な色彩を弱め，教授法の改善や教員養成に活動の場を移していったのである。だから，イギリスでは，教員養成の必修科目としてARを取り入れている大学は多い（佐野，2001）。たとえば，Univ. of East AngliaのPGCE (Postgraduate Certificate in Education) のHandout (2000) は次のように述べている。

> Action research is a distinctive feature of the UEA PGCE, reflecting the internationally recognized strength of UEA, and places at the center of the course a process of personal professional development based on systematic analysis of observation, practice and reflection. In this way we will help you to become competent, reflective and adaptive practitioners, and teachers who will continue to develop towards expert levels of competence in a wide range of teaching skills.

Univ. of East Anglia は，教育の中での AR の確立に大きな貢献をしたステンハウス (O. Stenhouse) 教授やエリオット (O. Elliot) 教授が勤務していて，国際的な AR の機関紙，*Educational Action Research: An International Journal* を発刊してきた Collaborative Action Research Network の事務局が置かれていたからでもある。ただ，これは決して，UEA に限ってことではない。教員養成に関しては，政府の評価機関である OFSTED が全英1位 (2位は UEA) と評価した Univ. of Oxford: Department of Educational Studies でも，学部紹介 (2000) の中で，教室での実践研究の重要性を次のように述べている。

> The common thread is the classroom. The Department, in partnership with schools, trains teachers for the classroom, contributes to the development and improvement of professional practice, and works collaboratively with teachers in their own classroom research.

イギリスの教員養成で AR や classroom research が広がっているのは，一つには，「教育実習」の期間が在学期間の半分以上を占め，大学の指導教官はもちろん，実習校の指導教師がメンター役を引き受け，実習生が将来，どのような場面でもプロの教師として活躍する能力や資質を育成することを義務と考えているからである。それは，また，国が期待する教員像にも合致する。そこでは，教師は実践的なリサーチの結果を利用して授業を改善したり，プロとしての力量を伸ばすことを具体的な文言で求めている。Department for Education and Employment で発行している Circular Number 4/98：*Teaching: High Status, High Standards; Requirements for Courses of Initial Teacher Training* では，随所にこのような記述がある。2箇所だけ引用する。

> Those to be awarded Qualified Teacher Status must, when assessed, demonstrate that they are aware of, and know how to access, recent inspection evidence and classroom-relevant research evidence on

teaching secondary pupils in the specialist subjects and know how to use this to inform and improve their teaching.

they understand the need to take responsibility for their own professional development and to keep up to date with research and developments in pedagogy and in the subject they teach.

とすれば，教員養成に携わる機関としては，教師に AR や classroom-relevant research に慣れ親しませる必要がある。教員養成に関わる大学が，「学問のための調査・研究」だけにとどまることは，イギリスでは許されていないのである。

7. まとめ

いうまでもないことだが，学問は基礎研究，応用研究，実践研究の3者が協力してこそ成果が出る。私は応用言語学の意義は十分に認めている。実験デザインが「脱文脈化」を余儀なくされるのは，これまでの理論や実験の成果の中で自分の研究を位置づけるためであり，「断片化」もまた，部分を精緻に調べることで，原因と結果の関係を暴き出すためであることも承知している。また，私の AR の指導法に関する知識も，大部分が応用言語学から得たものである。にもかかわらず，小論では実験デザインに厳しい目を向けてきた。理由は，日本の教員養成機関では，依然として，「実践は現場で，大学は理論を」という2分割論や，「理論が上で，実践は下」という階級意識が残っていて，それが実験デザインに固執する反面，AR への取り組みを鈍らせてきたと思うからである。

まず，こうした階級意識を克服しなければならない。それには，教員養成に関わる大学教官が，何らかの AR を実践してみることを提案したい。そうすることによって，理論と実践の関係に新しい見方ができ，結果として，AR に取り組む研究者が増えるだろう。現場は大学からの応援を期待している。それに答える義務が大学にはあると思うのである。

◆参考文献

Department for Education and Employment. (1998). *Teaching: High status, high standards: Requirements for courses of initial teacher training.* London: DfEE.

Robinson, J. E., & Norris, N. (2001). Generalization: The linchpin of evidence-based practice? *Educational Action Research, 9,* 303-309.

Rue, J. (2006). Reconstructing teaching professionalism in the new modernity; an agenda for new action narratives. *Educational Action Research, 14,* 119-138.

奥山竜一(2000)「『聞く・話す』活動を通して書く力を伸ばすアクション・リサーチ」佐野正之(編著)『アクション・リサーチのすすめ』(pp. 93-127) 東京:大修館書店

神奈川県立総合教育センター(2006)『アクション・リサーチによる授業改善ガイドブック:英語』

高知県教育センター(2006)『平成17年度英語教員指導力向上研修:授業改善プロジェクト研修報告書』

佐野正之(編著)(2000)『アクション・リサーチのすすめ』東京:大修館書店

佐野正之(2001)「アクション・リサーチ:新しい英語授業研究について」『国際化時代の英語教育』STEP英語情報12月号別冊. 14-15.

佐野正之(編著)(2005)『はじめてのアクション・リサーチ』東京:大修館書店

村越亮治.(2005)「アクション・リサーチの実践レポート(高校 writing)」佐野正之(編著)『はじめてのアクション・リサーチ』(pp. 131-138) 東京:大修館書店

英語教師としての歩み

望月　昭彦

　平成元年，大学教師として鳴門教育大学に赴任してから 18 年になる。この 3 月末日，筑波大学を去るにあたり，私の英語教師としての歩みを高校教師時代，留学と最初の単著執筆の時代，大学教師の時代の 3 つに分けて振り返ってみたい。

1. 高校教師時代

　昭和 41 年，静岡大学文理学部英文科を卒業し，静岡県立二俣高校，島田高校，清水東高校，静岡高校に勤務して，それぞれの学校で一生懸命，英語を教え，英語部というクラブ活動の顧問としての指導も行った。最初の 2 つの高校では，英語部の活動として，放課後の毎日の活動及び毎年，夏に 3～4 泊の英語合宿を行った。活動を通じて生徒と親しくなり多くの思い出も残っている。高校教師として最後の赴任校である静岡高校は，筆者の母校でもあるが，時々，同窓会に招かれた折に，卒業生達が私の授業をよく覚えていてくれて，印象深かった授業として思い出のあれこれを話してくれる。筆者自身は，すっかり忘れている若い頃の自分の授業の様子を聞く時に教師としての喜びがこみ上げてくる。教え子達が様々な分野で活躍し，今でも時々，電話で悩みを相談してくれたり，便りをくれたりすると，教職について本当に良かったとしみじみ実感する。3 年生を対象に放課後，補習をすることになり，希望者を募ったところ，思いがけず 120 名以上の希望があり，体育館で受け入れ人数の整理をした思い出やさまざまな学校行事など，いずれも筆者の教職生活の貴重な財産である。その頃の筆者は 30 代後半から 40 代前半で，毎日全力投球で教えていたのだと思う。

2. 留学と初めての単著『英作文用法事典第 1 巻』『同事典第 2 巻』

　大学 3 年生の時に，産経新聞社主催の「産経スカラシップ」制度ができた。第 1 次試験は，書類審査と論文で，恐らく全国で 3000 人程度の応募者がいたと思われるが，その中の 150 人が第 1 次試験で，又，第 2 次試験で 50 人が選抜され，筆者も第 2 次試験までは合格した。最終試験は面接で米国 15 人，英仏独にそれぞれ 5 人ずつ計 30 人が海外留学できるという

もので，東京で受験したが残念ながら不合格であった。しかし，このことを契機として，それ以来，米国留学に対する強い思いを抱くようになった。大学3年生の時に英検（STEP）が創設され，すぐに2級に合格，全国でも10人に与えられる優秀賞を頂いた。翌年，4年生の前期に1級に合格し，更に大学を卒業して高校教師1年目，毎日のように赴任した高校の図書館に通っては，国立公園や国定公園の案内書，鉄道の時間割などの勉強をして，運輸省主催の通訳案内業（ガイド）試験に合格した。その当時は，高校の教師にとって，公費留学として，ハワイ大学東西センターの留学制度の道があった。結婚したばかりの頃で，筆者の毎日，学校の授業の他に留学の勉強で忙しそうにしている姿を見て，妻が私費で行くことを勧めてくれた。逡巡する気持ちはあったが，米国の大学院に留学したいという強い思いがあり，米国ミシガン州立大学大学院の留学希望を申し出ると校長，事務長が快く分限休職1年の休暇を出してくれた。

　校長から1年に限るという留学許可を頂き，当時，33歳の私は，単身米国に留学することになった。昭和51年9月13日だった。幸い，TOEFLの成績が良かったので，入学後，語学センターでの語学研修を免除され，米国人学生と一緒にアカデミックコースで勉強することを許可された。渡米する前に，かなり英語の勉強をしたつもりだったが，リスニングには悩まされた。指導教官のMunsell教授から「日本人は全ての語を聴き取ろうとするが，main pointsがわかればよい」と言われたことが上達の道を開いてくれたように思う。大学院は4学期制で1学期10週間で，中間テスト，期末テスト及び，クイズがあり，1時間の授業のために5時間程度の予習を必要とするという厳しいものであった。多量の論文を読むことを要求される授業で，例えば，Munsell教授のTESL810の授業では，60本の論文を読み，それぞれの論文の要約と感想を記したものをA4の紙1枚にまとめ，タイプに打って毎時間提出するというものであった。準備に大変多くの時間を要する授業だったが，このおかげで，英文の内容を速くつかんで読み，まとめられるようになったと思う。毎日の生活は，食事とわずかの休憩以外は，すべての時間を勉強に注がなければならないため，日本に残した妻に手紙を書く場合にも，封筒と便箋が1枚になった格安のAerogramを使って，夕食後の休憩の時間に，30分ずつ費やして4つ折りの4分の1ずつを書き溜め，4日目にやっと1本を完成しては投函するという生活であった。人と話をするのも惜しく，大学院の寮の部屋にこもって勉強した。その努力が報われて，翌年9月に1年でMAを取得することができた。

MAを取得するという目的と共に，この留学の2つ目の目的は，語法調査の資料収集であった。日本を発つ前8年間に渡り，生徒の英文日記の添削していたが，その資料を全て持参し，昭和51年12月，ミシガン州立大学大学院の英語学部の4人の教授及び言語学部の3人の教授，計7人の教授に研究の方法を伺い，「科学的」に調査をするように勧められた。それは，(1)1つの主題（「勉強に関する表現」など）の調査に少なくとも10人の母語話者を得ること，(2)米国には4大方言地域（東部，西部，南部，中西部）があるので，各方言地域から複数（最低2人）を得ること，(3)すべての母語話者を米国4年制大学の卒業生にすること，(4)母語話者の男女の比率を半々にすること，(5)母語話者の職業の分野が多岐にわたること，(6)母語話者の年齢が20代から60代までの各年代から得ることというものであった。MA取得後，勤務先の校長，事務長の特別の配慮を頂き，更に2ヶ月米国滞在が許可されたので，昭和52年10月21日まで語法調査を実施した。又，この研究調査のためにミシガン州立大学から奨学金を頂いた。この調査資料収集後，文部省の科学研究費奨励研究Bを2カ年度受領し，静岡大学名誉教授でもあった故鳥居次好先生の御口添えのおかげで調査の一部を大修館書店『英語教育』に「いかなる英語を教えるか―統計的資料に基づく米語の実際から―」という題で18ヶ月連載させて頂いた。その後，15年かけて執筆し，1991年に『英作文用法事典第1巻』，1994年に『英作文用法事典第2巻』を大修館書店から単著として刊行して頂くことができた。大修館書店編集部鵜沢敏明編集長には大変お世話になり深く感謝している。留学して数ヶ月たった12月11日に長女が無事生まれたという電報を妻から受けた。安心と同時に，子育ての苦労をかけて申し訳ないという気持ちが湧いた。半年も冬が続く雪の深いミシガン，MA取得のための勉強だけに没頭した生活，『英作文用法事典』の資料収集のためにミシガン州立大の大学院生の仲間，教授，通った教会の牧師に依頼して，1回5～6時間の面接を実施したこと，語法について多くの項目からなるアンケート調査を実施したこと，広大で美しいミシガン州立大学のキャンパスと寮での生活等が今でも，目に浮かぶ。

3. 大学教師

　大学卒業以来，大変お世話なった静岡大学名誉教授の佐々木昭先生からある時，45歳という年齢は人生の転機となる時で，中学高校の教師の場合，一般の教師として勤めるか，指導主事などの管理職を目指すか，大学の教師になるかに分かれる時であるということを伺った。米国留学後，帰

国したその年に，高等専門学校の助教授の話があったが，当時は，静岡高校に転任したばかりだったため，仲人の北川捲平先生や，大学の恩師村松真一教授から，3年間は母校にご奉仕するようにとの助言を頂き，その助教授の道は取らなかった。45歳の時に筑波中央研修参加を命ぜられたが，鳴門教育大学の講師の応募の話があったために，お断りした。佐々木昭先生には，その際，大変お世話になった。鳴門教育大学での英語科教育法の最初の授業では，事前に一生懸命準備をして，3年生のクラスでの講義に臨んだ。授業内容は，英語学に関することだったが，講義が終わった瞬間，学生が拍手をしてくれた。四国の近県出身の純真な学生達が，着任したばかりの筆者を好意的に見てくれたのだろう。その授業以来，毎時間，黒板を拭いてくれたり，授業で使う教具を用意してくれる女子学生が現れたりした。彼等とは，今でも年賀状の交換をしている。同大学は，大学院修士課程で現職教員の再教育を行っていて，通常の大学より英語教育学の教官が多く筆者を含めて3人であった。そのため，先輩の教授から英語教育学の基礎を一からしっかり教えて頂くことが出来た。上司だった田鍋薫，織谷馨両教授を初め，西前美己教授には，特に多くのご指導を頂き感謝している。単身赴任だったため家族の住む静岡に近い赴任地をという思いから，愛知教育大学の助教授公募に応募し，採用が決定したので3年半で鳴門教育大学を離れることになった。修士課程での教え子がホテルで盛大な送別会を開催してくれた。遠くからも修了生が駆けつけ，大きな色紙に別れの言葉を寄せ書きし，別れ際に鳴門教育大学の校章が入った徳島特産の藍染めの風呂敷を2枚贈られた。その時の色紙は，記念写真と共に静岡の自宅の書斎の壁に大切に飾ってあり，風呂敷もその後の3つの大学の授業の際にいつも使わせて頂いている。

　愛知教育大学では，赴任して間もなく修士課程研究指導担当を認められ，大いに勉強した。学部生も院生も優秀であり，又，好意的に筆者を受け入れてくれた。同大学は，愛知県内で義務教育の教師の大部分を輩出し，小学校，中学校の管理職も大半は同大学の出身者であった。同大学に勤務している間，年間5回ほど講演をしたことがあったが，その際，中学校の先生方から90分間の英語による講演を依頼されたことに，時代の変革を感じて驚いた。この大学での3年半も単身赴任の生活であった。

　次に赴任した静岡大学は，筆者の生まれ故郷の大学であり，自宅から通勤することが出来るので，これが筆者の最後の勤務先になるものと思っていた。自己の出身大学でもあり，後輩ということもあってとても気楽で気持ちよく教えることが出来た。ところが，人生とは予期しないことが起き

るもの，2年目に筑波大学の教授の公募に応募しないかとの話を頂き，大変，逡巡した。佐々木昭先生，仲人，大学の恩師，友人，家族にも相談した結果，皆が応募に賛成してくれたので，応募したところ，審査に合格し採用して頂けることになった。静岡大学には2年だけ勤務させて頂いた。

　平成10年，筑波大学に単身赴任して以来，これで9年が経った。出発前に挨拶に伺った佐々木昭先生から，関東の大学でのさまざまな心構えをご助言頂いた。事前に，就職先について詳細な情報を得て万全の心構えで臨む人がいるが，筆者は，日頃から人生自分が置かれたところで頑張るしかないと思っているので，そういうことはしなかった。そのため，今までのどの大学よりも多忙で，いろいろなことが起こり，驚くことが多かった。外国語センターで，年間5件も英語の教師の人事の採用・昇任人事があり，世話人の仕事を担当した年もあったが，その年は，自分の勉強どころではなかった。この大学では，授業の他に，学類（通常の大学の学部）の学生の卒業論文指導と教育研究科修士課程の修士論文指導を担当していたが，独立行政法人となった折に，文部科学省の設置審議会の資格審査で，博士課程の研究指導担当に合格し，博士課程の博士論文指導も担当するようになった。毎週金曜日の午後3時から約3時間半ないし4時間，学部生，院生，現職教員6～10名に筆者の狭い研究室でゼミを行った。毎回，印刷物を用意して皆の前で一人ずつ発表しなければならないので，学生はよく勉強してきた。昨年3月には筆者のゼミから専攻で第1号，第2号の課程博士号を出すことが出来，修了と同時に四年制大学の専任教師として送り出せたことは大変嬉しく思っている。今年の3月にはもう一人に課程博士号を出したい。学生，院生，中学・高校の現職教師に言語テストに興味関心を持ってもらうために，4年前に筑波英語評価研究会を発足させた。毎月最後の土曜日に開催し，退職の年の最後の研究会で44回目になる。少しでも，お役に立っていれば幸いである。平成17年10月から日英・英語教育学会（JABAET）の会長をさせて頂いているので，学会のために貢献したいと願っている。退職後は，東京都下の私立大学で専任教授として第2の人生を歩むことになったが，今までのコミュニカティブ・テスト及びライティングの研究を継続していきたい。文中で名前を挙げさせていただいた方は勿論，その他数多くの恩師，同僚，友人，筆者をこれまで支えてくれた妻に心から感謝申し上げる。

編著者代表略歴

望月昭彦（もちづき　あきひこ）

1943年　静岡市に生まれる。
1962年　静岡県立静岡高等学校卒業
1966年　静岡大学文理学部文学科卒業
1977年　米国ミシガン州立大学大学院英語学部英語教育専攻修士課程修了（文学修士号取得）

静岡県立二俣高等学校，同県立島田高等学校，同県立清水東高等学校，同県立静岡高等学校，鳴門教育大学学校教育学部助教授，愛知教育大学教育学部助教授，静岡大学教育学部教授，筑波大学大学院人文社会科学研究科教授を務め，2007年3月に退職。日英・英語教育学会（JABAET）に所属し現在，同会会長。

主な著書・検定教科書・論文

『英作文用法事典〔Ｉ〕』（単著・大修館書店），『英作文用法事典〔Ⅱ〕』（単著・大修館書店），『私の英語授業』（共編著・大修館書店），『英語の授業実践』（共編著・大修館書店），『新学習指導要領にもとづく英語科教育法』（編著・大修館書店），『「書くこと」の言語活動，中学校英語科教育実践講座』（共著・ニチブン），平成8～10年度科研成果報告書（基盤研究(c)(2)『英語コミュニケーション能力の評価測定—個別/総合テスト，分析的/総合評価について—』（共著），平成15～16年度科研成果報告書（基盤研究(c)(2)『中学校と高校における意味中心のライティング指導が英作文の質及び量に及ぼす影響』（共著），検定中学教科書 *New Horizon English Course 1, 同2, 同3*（共著・東京書籍），検定高校教科書『オーラルコミュニケーション１』（共著・桐原書店），大学生用作文テキスト『状況・機能英作文』（共著・南雲堂），Effectiveness of Multiple-Choice (M-C) Cloze Tests.『中部地区英語教育学会紀要』10, Effectiveness of Multiple-Choice (M-C) Cloze Tests (2).『中部地区英語教育学会紀要』13, Multiple-Choice (M-C) Cloze Tests. *ARELE*, 2（全国英語教育学会），Effectiveness of a Multiple-Choice (M-C) Cloze Test and the Number of Words in its Text. *ARELE*, 3（全国英語教育学会），C-Tests—Four Kinds of Texts, Their Reliability and Validity. *JALT Journal*, 16（全国語学教育学会），Language Learning Strategies Used by Japanese University Students. *RELC Journal*, Dec.99 issue（国際誌），The Effectiveness of Three Kinds of Cloze Tests—MC, CT and CL—in Terms of Eight Perspectives.『筑波大学外国語センター外国語教育論集』28, 他

和文索引

あ
アイ・コンタクト ………… 193, 194
曖昧母音 …………………… 48, 49
アウトプット ………… 11, 12, 202
アカデミック・ライティング …… 218
アクション・リサーチ …… 179, 275, 310
アクセント …… 31-37, 50, 61, 62, 169
暗唱 ………………… 161-164, 180

い
イギリスの標準英語 ……………… 38
意識昂揚 …………………… 23-25
意思決定能力 ……… 298, 302, 306-308
一貫性 …………… 75, 106-108, 225
一般アメリカ英語(GA) …………… 38
一般化 ……………………………
　　19-22, 24, 25, 310-313, 317-319
異文化間伝達能力(ICC) …………… 3
意味と形式の連結 ………………… 25
意味の交渉 …………………… 4, 5
意味を音にのせる(力) …………… 158
インターアクティブ ……………… 116
インターネット ……………… 113-115,
　　117-119, 123-125, 274, 310
インタビュー・テスト …… 230, 232, 233
インタ(ー)ラクション ……………
　　　　　　　　　　180, 184, 305
インプット ………………… 55, 98
韻律的要素 ………………………… 38

う
ウィルコクスンの符号順位検定………
　　　　　　　　　　　　223, 224

え
ACT-R理論 ………………………… 21
英語が使える日本人の育成のための戦略
　構想 ……………… 55, 59, 165
英語活動 ………………… 54, 56, 57,
　　60, 63, 65, 274, 277-279, 285
英語コンプレックス ……………… 61
英語(の)指導技術 …………………
　　　　　　　301, 302, 304, 307
英語専科教諭 …………………… 279

『英語ノート』 ……………………… 55
英語発音資格講座 ………………… 52
英文読解 …………………… 128, 129
遠隔授業 ……………… 119, 120, 123

お
オーセンティック … 104, 165, 166, 175
オーラル・イントロダクション ………
　　　　　　　　302, 303, 305, 307
オーラル・コミュニケーション ………
　　　　　　　　　　　　　30, 191
音と意味と文字の一致 …………… 135
音声変化 …………………… 52, 171
音節頭 ……………………… 45, 50
音素 …… 41, 42, 48, 52, 140, 286, 291
音読(練習) ………………… 35, 37, 41,
　　52, 134, 149, 153-156, 159-163,
　　170, 172, 257, 258, 302, 305

か
外国語専門部会 …………………
　　56-58, 65, 276, 278, 282, 283
カイ2乗検定 ……………………… 92
概要・要点 ……………………… 137
会話分析 …………………… 101-104
学習指導要領 ……… 28-39, 60, 89, 90,
　　92, 96, 128-130, 137, 138, 141,
　　215, 233, 234, 260, 275, 276, 281
仮説検証 ………………………… 273
韓国 ………………… 63, 64, 280
観点別評価 ……………………… 275

き
キーワード ………………………
　　5, 162, 163, 180, 274, 276
記憶 …… 21, 65, 70-73, 138, 169, 174
規則に基づく知識 ……………… 15, 16
既知情報 …………………… 108, 109
気づき ……………… 88, 300, 301, 308
教育課程部会 ……………… 56, 57, 276
教員養成 …………………………
　　54, 59, 60, 297, 299-301, 319-321
教科書 ……… 47, 50, 88, 89, 91-98,
　　104, 115, 131, 154, 156, 158, 160,

162, 181, 189, 192, 302, 304, 305
共起語 …………………………… 75, 78
教材化 …………………………… 88, 104
教材研究 ………………………… 87-89
強勢 ……………………………… 29, 30,
　　　35-38, 48, 50, 52, 156-158
行政と研究の連携 … 272, 273, 281, 283
近似カナ ………………………… 43, 46

く
クラスカル・ウォリスの検定 … 287, 291
クラス・マネージメント …………… 308
クローズテスト ………… 256, 261-266
　　標準型クローズテスト …………
　　　　　　　　　　　　262, 263, 266
　　変形クローズテスト ……… 262, 264
グローバル・エラー …………… 193, 220
クロンバック α …………………… 79

け
形式教授 ……………………… 22-24
形式焦点化教授 …………………… 23
結束性 ………………… 105-108, 187
研究開発学校制度 ………………… 272
言語使用 ………………… 3, 5, 13, 73,
　　　　74, 87, 88, 101, 153, 257, 261
言語熟達度 ……………………… 259
現職教員の研修 ………………… 54, 63
現代の標準的な発音／英語 ………
　　　　　　　　　　29, 30, 34-38

こ
コード・スイッチング（CS）…… 5, 8, 9
コーパス ……………………………
　　　73, 74, 77, 87-90, 92, 93, 98
効果量 ……………………… 223-226
構成概念妥当性 ………………… 258
構成主義 ………………………… 114
高等学校学習指導要領 ……………
　　　　28, 33-36, 128, 137, 259
項目学習 ………………………… 19, 20
国際コミュニケーション ……… 282, 283
国際理解教育 ………………… 61, 277, 281
国家としての方針 ………………… 54
古典的一般化 ………………… 318, 319
コミュニケーション活動 …… 74, 115,
　　　　129, 137, 178, 179, 190, 282

コミュニケーション（伝達）能力（CC）
　………………………… 2, 3, 5, 36, 55,
　　　64, 100, 103, 230, 234, 259, 260
　音声によるコミュニケーション能力
　……………………… 28-30, 38, 39, 89
　実践的コミュニケーション能力………
　　　　11, 13, 29, 37, 141, 233, 260
コンピュータ・ネットワーク ………… 118
コンピュータを介するコミュニ
　ケーション ……………………… 118

さ
再生 …………………………………
　　72, 76, 79, 82, 83, 102, 143, 173
再認 ……………………… 76-78, 82, 83
作動記憶 ………………………… 140
3・3四角形 ……………………… 43

し
子音連結 ………………… 44, 45, 52
自己発信 ………………… 134-138
実用性 …………………… 142, 234
指導案 … 279, 281, 297, 301, 304, 305
自発的な学び …………………… 114
シャドーイング …… 165-171, 173-176
　コンテンツ・シャドーイング ………
　　　　　　　　　　169, 171-173
　サイレント・シャドーイング … 172
　プロソディ・シャドーイング ……
　　　　　　　　169, 170, 172, 173
ジャンル・アプローチ ………… 218, 219
10段階 …………………… 50, 52, 77
授業観察 ……………… 104, 300, 303
授業分析 …… 102, 297, 301-303, 307
授業ルーチン ……………… 299, 300
主題構造 …………………… 108, 109
出力仮説 ……………………………… 25
出力処理 ……………………………… 25
受容語彙 ……………………………… 68
受容能力 ……………………………… 150
ショウ・アンド・テル ………………… 191
情意スキーマ ……………………… 261
小学校英語 ……… 54, 55, 58, 63, 65,
　　　272-274, 277, 283, 287, 293, 295
情報構造 …………………… 108, 109
処理規則 ……………… 18-22, 24, 25

処理単位	142
シラバス・デザイン	272, 275, 283
自立した学習者	285
自律的学習	114
事例に基づく知識	15, 16
真偽テスト	144–147
シンクロ・リーディング	170–172, 175
新情報	108, 109
真正性	87, 144, 146
信頼性	224, 257–259, 262, 264, 265, 312, 315
信頼性係数	79–82

す

スピーチ	161, 162, 173, 179, 180, 191–202, 233

せ

正確さ	32, 37, 38, 41, 217, 219, 222–226, 314–317
節関係	110
センス・グループ	134
前置詞	90–94, 98, 160, 163

そ

相関	81, 82, 223, 224, 273, 281
相関係数	80, 224
総合的評価	223–225
相互採点	220–222, 227

た

帯気音	45
体系学習	21
対数尤度	92, 93
代替フォーム	78
タイプ頻度	20, 21, 24, 25
対話型	194, 196, 202
多言語主義	2
多肢選択（形式，式，問題）	76, 230, 258, 259, 264
多重比較	72, 289
脱文脈化	312–315, 317–319, 321
妥当性	231–233, 242, 257, 258, 264, 265, 305, 313, 315
多面的構成要素的アプローチ	257
単語認知	140
断片化	312, 313, 315, 317–319, 321

談話分析	100, 101, 104, 105, 108, 110, 111

ち

中央教育審議会	56, 57, 275, 276
中学校学習指導要領	28, 33–36, 89, 90, 259
中学校入学以前の英語体験	285, 293
中学校入門期	285
調査書	233, 240

て

データ支援型	87, 88
データ駆動型	87
定式表現	96, 98
ティーム・ティーチング	192
テクスト分析	101
デリバリー	201

と

トークン頻度	20, 21, 25
同義語	75, 78, 83
等質性検定	287–289

な

内容の一貫性	223, 224, 226

に

ニーズ分析	276
日本人の英語に対する意識改革	62
入門期指導	285, 286, 292, 293
入力処理	25
二様態システム	15, 16

ね

ネイティブ・スピーカー	2, 192

の

ノースカロライナ大学ウイルミングトン校	119
ノンパラメトリック検定	223

は

バイリンガルの認知	10
波及効果	141, 230–234, 237, 239, 241, 242
バズ	162
パタン，パターン	6, 7, 9, 12, 15, 51, 70, 94, 96, 102, 103, 110, 122, 143, 262
発信型	194
発信能力	150

発表語彙 ……………………………… 68
パフォーマン・ステスト ……… 232, 233
パラグラフ・ライティング …………… 219
範疇学習 …………………………… 19-21
範読 …………………………………… 159
範列的 ……………………………… 75-83

ひ

必修英語 ……………………………… 54
評価者間信頼性 ……………………… 224
標準偏差（SD）………………………………
　　　　78-81, 145, 147, 148, 225
評定 ………… 232, 233, 235, 236, 240
頻度 …………………………………………
　　　76-78, 80-83, 87, 89-98, 124

ふ

ブレインストーミング ……………… 216
プレゼンテーション ………………………
　　　137, 179-183, 185, 187-189
　　英語プレゼンテーション活動…………
　　　　　　　　　　　　　　178, 179
　　プレゼンテーション参加能力 …… 179
ブロードバンド ……………………… 115
プロセス・アプローチ ……………………
　　　　　　　215, 218, 219, 221
プロセス・ライティング …………………
　　　　　　　215-223, 226, 227
分散分析（法）……………………………
　　　　72, 145, 147, 168, 288, 289
分析的評価 …………………………… 223

へ

ペアワーク ……………… 132, 136, 221
平均 …… 56, 57, 64, 72, 78-82, 115,
　　　　　148, 224, 234, 240, 287
平均値 …………… 72, 288-291, 314, 316

ほ

方略的能力 ………………… 3, 260, 261
母語教育 ……………………………… 55
保護者アンケート ……………… 291, 293
ポスト・プロセス・アプローチ ……… 219
ポリコム ………………… 119, 120, 123

ま

マンブリング ………………………… 170

む

虫喰い音読 …………………… 160, 164

も

模擬授業 …………………………………
　　　297, 302, 304, 305, 307, 308
モデル ……… 12, 20, 28-39, 89, 155,
　　　162, 163, 170, 171, 175, 216, 316
モデルなし音読 ……………………… 156

ゆ

有意 ………………………… 72, 76, 91,
　　　93, 142-145, 147, 148, 150, 168,
　　　169, 224, 240, 279, 288-290, 312
有意差 ……………………………………
　　　72, 80, 82, 92, 142, 143, 145, 147,
　　　275, 281, 287, 291, 292, 314, 317
有用性 ………………………………… 258

よ

容認標準英語 ………………………… 32
用法依存モデル ……………………… 20
余剰性 ………………………… 261, 262

り

リーディング ……… 107-109, 128-132,
　　　　　137, 138, 140, 172, 175, 265, 266
リズム … 29, 32-34, 37, 38, 52, 167,
　　　　　170, 171, 174, 176, 282, 295
リズム・パタン ……………………… 51
リハーサル …………………………… 153
リフレクション ……………………… 307
流暢さ … 121, 219, 220, 223-226, 316

る

ルーブリック ………………… 316, 317

れ

レシテーション ……………………… 233
連語 ………………… 68, 70, 72, 74
連辞的 ……………………………… 75-83
連想 ………………………………… 75-83

ろ

ローカル・エラー …………………… 220
ロールプレイ ………………… 232, 233

わ

わかりやすさ ………………………… 38

英文索引

A
Academic Word List (AWL) ······ 77
ACTFL Proficiency Guidelines ······ 316
ALT, assistant language teacher ······
　　　　　　　　55, 59, 60, 282
analytic ······ 75
ANOVA ······ 145
association ······ 75
atomistic approach ······ 38
aural perception test ······ 286, 291
authentic ······ 104, 166, 207
authenticity ······ 87, 144

B
backwash effect ······ 244
British Council ······ 115
(the) British National Corpus, BNC
　　　　　　　　78, 87, 89, 91-93

C
classroom English ······ 305
cloze elide test ······ 263, 267
cloze test ······ 262, 266
code-switching, CS ······ 5, 8, 9
cohension ······ 105
collocate ······ 75
collocation ······ 70-74
communication strategies ······
　　　　　　　　204, 205, 213
communicative competence, CC ······ 3
computer-mediated communication
　　(CMC) ······ 118
consciousness raising ······ 23
content-based approach ······ 274
content words ······ 248
C-test ······ 263, 267

D
data-driven learning, DDL ······ 87
defining frames ······ 207, 208, 213
delivery ······ 201
discourse marker ······ 105, 187
discriminability ······ 244, 248-251, 254
distractor ······ 248, 249, 251-254, 263
d-learning ······ 113

E
e-learning ······ 113-115, 124, 125
evidence ······ 312-315, 317, 320
evidence-based education ······ 319
eye contact ······ 194

F
Flesch-Kincaid Grade Level ······ 246, 249
form ······ 69, 78-82
form-focused instruction ······ 23
function ······ 69, 202, 205, 206

G
GA, General American ······ 38
gap-filling test ······ 262, 266
gapped summary ······ 262
generalization ······ 318
　　classic theory of generalization ······ 318
　　naturalistic generalization ······ 318
global error ······ 193, 222, 224
global paraphrasing ······ 205, 206, 213

H
headword ······ 206, 211, 212
high-stakes ······ 244
holistic approach ······ 38
HRT, homeroom teacher ······ 61, 63, 279
hypernym ······ 206

I
idea-unit ······ 316
idioms ······ 212
iEARN ······ 122
IELTS ······ 256
intelligibility ······ 38
intercultural communicative

-333-

competence, ICC 3
intra-definition paraphrasing 207, 208
IRT, item response theory 264
item variables 248

J
JEARN 121, 122
Jenkins, Jennifer 45

L
Lewis, Jack Windsor 43
Lexical Approach 70
listening cloze test 265
local error 222, 224
local paraphrasing 205, 206, 208

M
meaning 16, 19, 69, 202
mental lexicon 75
Mini cloze 266
m-learning 113, 114, 125
monolingual dictionary 206-208, 213
multi-componential approach 257
multilingualism 2
multiple-choice 248, 251, 255
multiple-choice cloze test 263
multiple-matching 248

N
National Curriculum 319
native speaker 60, 62, 192
negotiation of meaning 4
NetMeeting 120
noticing 88, 202

O
object slots 210, 211
output 25, 202

P
paradigmatic 75
paraphrase 204-206, 208-213
paraphrasing 204-210, 212, 213
peer correction 221
point-biserial 249
Polycom 119

position 69, 70, 86, 131, 133, 134
pre-service teacher training 297
processing unit 142
productive 68, 205
proportion correct 244, 249-251, 254
prosody, prosodies 38, 140

R
readability 244, 246, 247, 249, 262
read and look up 163
recall 23, 76
receptive 68, 205
recognition 76
rheme 108
Roach, Peter 52
RP, Received Pronunciation 32, 38, 48

S
Shockey, Linda 52
stem 248, 255
strategic competence 3, 204
successive small steps 162
synonym 75, 204
syntagmatic 75

T
talk-write 216, 217
Team Teaching, T-T (TT) 60, 63, 192, 195, 196, 203
telecollaboration 118, 124
text variables 248
theme 108
TOEFL 141, 145, 231, 248, 256, 258, 332
TOEIC 141
T-unit 224, 226, 316

W
washback effect 141, 230
Wells, John C. 42
word recognition 140
working memory 140

執筆者一覧　（五十音順）

磐崎　弘貞　　（筑波大学）編集委員
卯城　祐司　　（筑波大学）編集委員
大嶋　秀樹　　（高知工業高等専門学校）
太田垣　正義　（鳴門教育大学）
岡　秀夫　　　（東京大学）
久保田　章　　（筑波大学）編集委員
久保野　雅史　（神奈川大学）
佐野　正之　　（松山大学）
島岡　丘　　　（聖徳大学）
島田　勝正　　（桃山学院大学）
杉浦　正好　　（愛知教育大学）
杉本　博昭　　（伊東市立対馬中学校）
鈴木　基伸　　（豊田工業高等専門学校）
髙梨　庸雄　　（京都ノートルダム女子大学）
早瀬　光秋　　（三重大学）
平井　明代　　（筑波大学）
古家　貴雄　　（山梨大学）
蒔田　守　　　（筑波大学附属中学校）
三浦　孝　　　（静岡大学）
望月　昭彦　　（大東文化大学）編著者代表
山岡　俊比古　（兵庫教育大学）
山田　登　　　（静岡産業大学）
山本　敏子　　（筑波大学附属高等学校）
渡邉　時夫　　（清泉女学院大学）

新しい英語教育のために
―理論と実践の接点を求めて―
New Perspectives on English Language Education

2007年 3月 1日 初版発行
2008年10月20日 再版発行

編 者	望月昭彦　久保田章　磐崎弘貞　卯城祐司
発行者	佐野英一郎
発行所	株式会社　成美堂
	〒101-0052　東京都千代田区神田小川町 3-22
	TEL 03-3291-2261　FAX 03-3293-5490
	http://www.seibido.co.jp
印刷・製本	倉敷印刷株式会社

ISBN978-4-7919-6590-8 C1082
Printed in Japan

●落丁・乱丁本はお取替えいたします。
●本書の無断転写は、著作権上の例外を除き著作権侵害となります。